Hermann Hesse, 1910, Foto: Gret Widmann

Hermann Hesse
Jahre am Bodensee

Erinnerungen, Betrachtungen,
Briefe und Gedichte

Herausgegeben
von Volker Michels
mit Bildern von Katharina und
Siegfried Lauterwasser

Insel Verlag

3. Auflage 2016

Erste Auflage 2010

Druck: Memminger MedienCentrum AG · Printed in Germany
ISBN 978-3-458-17487-5

Jahre am Bodensee

Vorwort des Herausgebers

Hermann Hesse war 27 Jahre alt, als er an den Bodensee kam, 35, als er nach Bern umzog. Von 1904 bis 1912, also knapp acht Jahre lang, hat er dort gelebt. Noch nicht einmal ein Zehntel seiner gesamten Lebenszeit war das, doch folgenreich für seine eigene Entwicklung wie auch für den Werdegang des immer noch schönsten und stillsten, Untersee genannten Bodenseeteils, wo der Rhein den See verläßt. Für diesen Landstrich, wie später die Südschweiz, war Hermann Hesses Ansiedlung der Auftakt, viele weitere Künstler anzuziehen und sich hier niederzulassen. Doch wurde nie eine homogene Künstlerkolonie daraus, kein Worpswede am Bodensee, so ähnlich die Beweggründe der Schriftsteller- und Malerkollegen auch waren, die in einer noch intakten und ursprünglich gebliebenen Landschaft ein alternatives, den Zerstörungen der Zivilisation und Industrialisierung abgewandtes Leben führen wollten. Sie wußten, warum. Denn allesamt kamen sie ja keineswegs aus der Provinz, sondern aus Großstädten hierher: Hesse aus Basel, Wilhelm Steinhausen aus Frankfurt, Otto Dix aus Düsseldorf und Dresden, Erich Heckel aus Berlin. Denn wo wird man sich des Gegensatzes bewußter und kann ihn genauer darstellen, als angesichts der unverdorbenen Kehrseite zur Denaturierung und Reizüberflutung der Metropolen, sei es im Abbild, sei es durch Kontrastprogramme?

Die erste bisher auffindbare Äußerung Hermann Hesses über den Bodensee berichtet von einer Erkältung, die er sich Mitte Dezember 1903 bei einer Schiffsfahrt von Meersburg nach Kreuzlingen zugezogen haben muß, anläßlich seines dritten Besuches im schweizerischen Emmishofen bei dem elf Jahre älteren Schriftstellerkollegen Emil Strauß, dessen ein Jahr zuvor erschienener Schülerroman *Freund Hein* großes Aufsehen erregt und Hesse zur Darstellung seiner eigenen Schulzeit in der Erzählung *Unterm Rad* ermutigt hatte.

»Ich habe«, berichtet Hesse am 9. Dezember 1903 nach der Rückkehr von dieser Reise, »einen solchen Katarrh, daß ich kaum mehr aus den Augen sehe. Geholt habe ich ihn mir auf dem Bodensee, wo ich beim Freund Hein-Strauß fünf Tage war. Es war ganz herrlich, und ich sah unendlich viel Schönes. Die Rathäuser in Überlingen und Konstanz, das Schloß in Meersburg, die Kirchen der Reichenau und die alte Kanzlei in Überlingen gehören zum Allerschönsten, was ich je gesehen habe, und sind mehr als einen Katarrh wert.«

Hesse war damals 26 Jahre alt, hatte drei Monate zuvor seine Lehre als Buchhändler und Antiquar in Basel abgeschlossen und sich mit der Veröffentlichung zweier Gedicht- und Prosabände, aber auch schon mit

Rechte Seite: Segelschiffe vor der Uferpromenade von Überlingen.

Kürzlich war ich in Zürich und dann am Bodensee, wo ich einige mir noch nicht bekannt gewesene Sachen sah, namentlich in Konstanz und Überlingen. Ein schöneres Haus als das alte Konstanzer Rathaus kenne ich in ganz Deutschland nicht! Doch erkältete ich mich im Wind auf dem Schiff und bin genötigt still zu sitzen und mich zu kurieren, wozu ich wenig Talent habe. (Aus einem Brief vom 19. 12. 1903 an Hans Bethge)

Buchbesprechungen in Schweizer und deutschen Blättern einen Namen gemacht. Im selben Monat war von Samuel Fischer in Berlin, dem wichtigsten deutschen Verleger für Gegenwartsliteratur, sein erster Roman *Peter Camenzind* veröffentlicht worden, der bereits im Vorabdruck ein so großes Echo fand, daß sich der internationale Erfolg der Buchausgabe, die schon 1905 ins Norwegische, Russische und Schwedische übersetzt wurde, abzuzeichnen begann.

1902 hatte Hesse in Basel die neun Jahre ältere Maria Bernoulli kennengelernt, Tochter des dortigen Notars und Musikaliensammlers Fritz Bernoulli-Gengenbach, die von 1900 bis 1904 mit ihrer Schwester Mathilde in der Basler Bäumleingasse ein Atelier für Kunstfotografie – wie es auf dem Firmenschild hieß – betrieb. Weil sie es war, die die Weichen stellte, um bald darauf am Bodensee ansässig zu werden, wollen wir einen etwas genaueren Blick auf sie und die mit ihr verbundene Vorgeschichte werfen.

Gemeinsam mit Mia, wie Hesse sie nannte, die übrigens die erste Berufsfotografin der Schweiz und überdies eine passionierte Klavierspielerin und Bergsteigerin war, hatte der Dichter im Frühjahr 1903 seine zweite Italienreise unternommen und kurz danach bei ihrem Vater um ihre Hand angehalten. Dieser freilich wollte von einem brotlosen Künstler als Schwiegersohn nichts wissen und ließ den Brautwerber auf seinen wiederholten Vorstoß am 23. September 1903 wissen: »Ihren Beruf zum Schriftsteller kann ich nicht anerkennen.« Dem *Peter Camenzind* vermochte er so wenig abzugewinnen, daß er dem Autor zwar einen »überaus achtenswerten Charakter« zubilligte, ihm jedoch – vielleicht wegen der in der Erzählung angestimmten Loblieder auf den Wein – mitteilte: »Aber zu einer Verbindung mit meiner Tochter kann ich meine Zustimmung nicht erteilen.«

Hesse, der vor der Ehe ohnehin ein »unbestimmtes Grauen« hatte, weil er in ihr eine Fessel und ein Hindernis für seine künstlerische Arbeit befürchtete, scheint dies als eine Bestätigung seiner Vorbehalte verstanden zu haben und erst einmal auf Distanz gegangen zu sein.

»Ich habe so Sehnsucht nach Dir«, schrieb Mia daraufhin im Januar 1904, »daß wenigstens ich zu Dir kommen muß, wenn gar nichts von Dir zu mir kommt! […] Ich habe vielleicht gedrängt wegen der Heirat, und das hat Dich wohl ungeduldig gemacht und gedrückt, aber ich möchte Dich jedes Druckes los wissen, denn ich bin, trotz allen anscheinenden Hindernissen, innerlich überzeugt, daß wir gewinnen und durchkommen. Mir kommt's manchmal vor, als sei alles, was ich jetzt ohne Dich lebe, nur unnütze Zeitvergeudung.« Und zwei Tage später: »Du sollst frei sein. Du hast mir ja nie

30
108
G-135

ein feierliches Wort gegeben [...]. Ich verstehe, daß es für Deine künstlerische Entfaltung so sein muß, daß Du da keine Rücksichten nehmen darfst [...]. Ich habe geglaubt, mit meiner Liebe Dir zu dienen und Dein Leben verschönern zu können, nun ist es ins Gegenteil ausgeschlagen [...]. Leb' wohl, Du Einziger, verzeih mir – wenn ich mich nicht so von Dir loslösen kann, daß Du nichts davon spürst [...]. Aber ich darf Dir auch noch sagen, daß meine ganze Liebe Dir immer gehören wird, wenn ich Dich auch nicht mehr behalten darf.«

Hesses Antworten auf diese Briefe haben sich leider nicht erhalten. Sie sind im November 1942 beim Brand von Mias Haus in Ascona bis auf wenige anderswo aufbewahrte Schreiben in Flammen aufgegangen. Aber die Gegenbriefe zeigen, daß ihr Nachdruck nicht vergebens war. »Du mein liebstes Herz«, bedankte sich Mia drei Tage später, »Dank tausendmal, daß Du nicht allein bleiben willst und ich bei Dir bleiben darf [...]. Ich möchte all meine Liebe wie eine warme, lichte Sonnenflut auf Dich strömen lassen. Wir gehören einander, und es darf uns nichts, nichts mehr trennen.«

Nun ging alles ziemlich rasch. An Pfingsten 1904 verlobten sich die beiden in Basel mit oder ohne Schwiegervater, und von nun an ist Mias Einfluß unverkennbar – auch was die künftige Niederlassung am Bodensee betraf. Als Hesse zum Beispiel im Februar 1904 mit dem Gedanken spielte, der finanziellen Sicherung seiner Ehe wegen, einen von Wilhelm Schäfer vermittelten Redaktionsposten bei der *Frankfurter Zeitung* anzunehmen, war sie es, die ihn davon abhielt. Als er im April daran dachte, nach der Heirat vielleicht auf die Schwäbische Alb zu ziehen, schrieb sie ihm: »Offen gestanden, würde ich mich nicht gern zum Schwabenland entschließen [...] zudem wäre mir die Schwäbische Alb zu wasserarm; ich finde, wenn man aufs Land zieht [das also scheint festgestanden zu haben], darf man doch auch darauf sehen, daß man im Sommer nicht bloß in der Wanne baden muß, sondern wenigstens etwas Bach zur Verfügung hat.« Deshalb, und wohl auch wegen der größeren Nähe zur Schweiz sei ihr der badische Schwarzwald lieber. Sie habe aber auch schon an das schweizerische »Stein am Rhein gedacht, das soll entzückend und billig zum Leben sein. Und wäre auch in der Nähe von Emil Strauß, was ich gar nicht übel fände«.

Damit scheint Hesse einverstanden gewesen zu sein, freilich ohne sich schon auf einen bestimmten Ort festzulegen. Denn am 31. Mai 1904 gab Mia ein Inserat auf, worin, ohne genaue Ortsangabe, einfach eine Wohnung am badischen Teil des Bodensees gesucht wurde. Zwei Wochen später fuhr sie zu Emil Strauß, um sich von Emmishofen aus vier Tage lang

Hermann Hesse mit Emil Strauß, Verfasser, u.a. des berühmten Schulromans »Freund Hein« in Bernrain bei Emmishofen im Herbst 1903.

Wohnungen in Überlingen, Unteruhldingen, Wangen, Hemmenhofen und Gaienhofen anzusehen, wo ihr ein altes, aus dem 18. Jahrhundert stammendes Bauernhaus neben der Dorfkapelle am meisten zusagte. Mit dem befreundeten Basler Architekten Hans Hindermann kam sie dann am 2. Juli erneut dorthin, um das 1705 gebaute Anwesen inspizieren zu lassen und gleich darauf auch den Mietvertrag zu unterzeichnen. Das alles also ohne aktive Mitwirkung ihres Verlobten, der sich seit Oktober 1903 nach Calw zurückgezogen hatte, um dort, am Schauplatz der Handlung, die Schülertragödie *Unterm Rad* abzuschließen und sich zweier Auftragsarbeiten für den Berliner Verlag Schuster & Löffler zu entledigen, der Hesse um Monographien über Boccaccio und Franz von Assisi gebeten hatte.

Am 2. August, nachdem die Manuskripte abgesandt und von der Braut das Nest am Bodensee bereitet war, konnte endlich geheiratet werden – der vielen Freunde und Verwandten wegen in Basel. »Meine Hochzeit«, berichtet Hesse seinem Wiener Kollegen Stefan Zweig, »ging im Galopp, da der Schwiegervater nicht einverstanden ist [...] kam ich dahergereist, solange er gerade nicht in Basel war, dann ging's subitissimo aufs Standesamt. Nun grollt der Alte von ferne, scheint sich aber allmählich zu beruhigen. Und nun bin ich ein verheirateter Mann, und mit dem Zigeunern hat es einstweilen ein Ende.« Und noch am selben Abend, wohl um dem

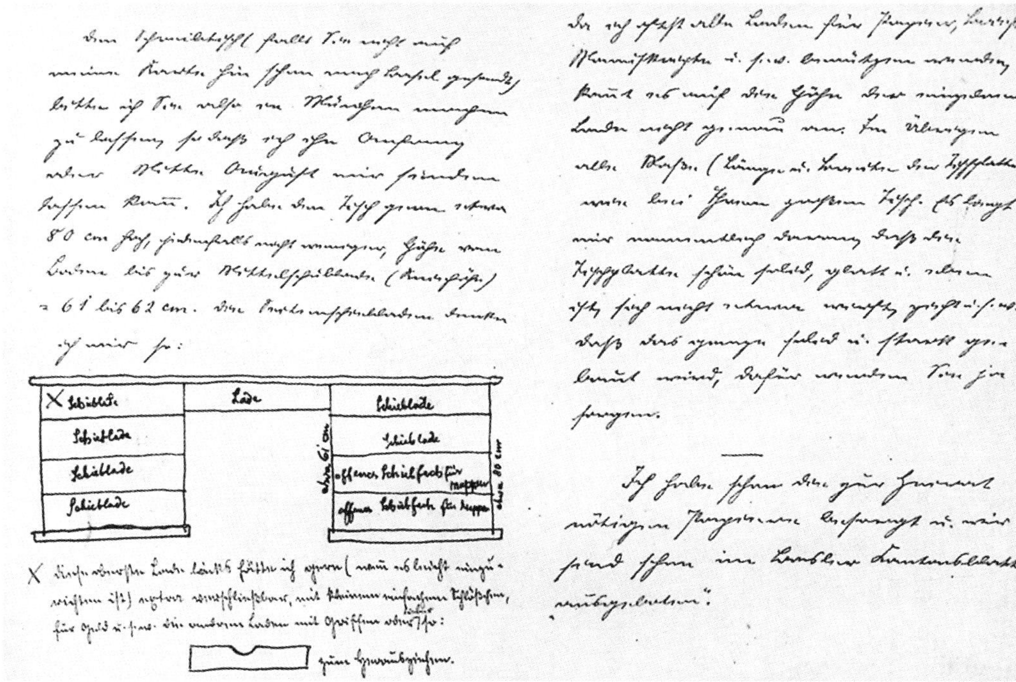

Brief Hesses vom 2. 6. 1904 an Hermann Haas, München mit einer Wunschskizze, des kurz darauf von Haas angefertigten Schreibtisches, den Hesse sein Leben lang benutzte.

Schwiegervater zu entkommen, machten sich die Frischvermählten aus dem Staub, mit Stationen in Schaffhausen, Konstanz, Rheineck, Ermatingen und Steckborn, um vom Schweizer Seeufer aus nach Gaienhofen überzusetzen. Sechs Bücherkisten aus Basel waren bereits eingetroffen. Aber auf die Möbel mußte man noch tagelang warten, und auch der nach Hesses genauen Angaben eigens von Freund Hermann Haas in München gezimmerte Schreibtisch stellte sich erst drei Wochen später ein.

Damals hatte das Dorf Gaienhofen nicht einmal 300 Einwohner. Es gab dort am deutschen Seeufer weder elektrisches Licht, Gas noch eine Wasserleitung, geschweige denn bequeme Verkehrsverbindungen. Die komfortabelste Anreisemöglichkeit war per Dampfschiff von Konstanz aus ans gegenüberliegende Schweizer Ufer nach Steckborn und dann im Fährkahn über den See. Auch Einkaufsmöglichkeiten gab es keine, außer einem Bäkker, so daß Hesse künftig zweimal wöchentlich auf die andere Seeseite nach Steckborn rudern mußte, um sich mit allem einzudecken, was für den Lebensunterhalt erforderlich war. »Ich kann schon den ganzen Zolltarif für Küchensachen usw. auswendig«, schrieb er drei Wochen nach seiner Ankunft an Alexander von Bernus, »ziehe aber womöglich das Schmuggeln vor.« Dafür aber wohne man billig. Zu einer Traummiete von jährlich 150 Goldmark hatte ihnen der Bauer Hepfer die Wohnhälfte seines baufälligen

Gehöftes zur Verfügung gestellt, fünf kleine Stuben, während die andere Hälfte mit Stall und Scheune weiterhin landwirtschaftlich genutzt wurde. Nun sei er Herr »über ein Haus, eine Frau, eine Katze, eine Magd, zahllose Käfer und Schnecken«, meldet er kurz nach dem Einzug seiner ehemaligen Zimmervermieterin nach Basel.

»Gegenüber der Mauritius-Kapelle und dem Dorfbrunnen nahe dem Schulhaus und der mächtigen Friedenslinde von 1871«, erinnert sich Hesse in einem Brief aus den fünfziger Jahren, »richteten wir uns ein. Der Wohnteil des Hauses bestand aus einer Küche und zwei Stuben, deren größere mit einem großen grünen Kachelofen und einer sogenannten ›Kunst‹ unser Wohn- und Speisezimmer war. Rohe Holzbänke liefen an den holzgetäfelten Wänden entlang; es war dort warm und behaglich.«

Dieses karge Ambiente, fern der Metropolen und der Pomp- und Plüschkultur der Belle Époque Kaiser Wilhelms II., entsprach ganz den Idealen der Jungvermählten, die entschlossen waren, nach dem Vorbild von Hesses eigener Romanfigur Peter Camenzind, einem Nachfahren von Rousseau, Thoreau und Tolstoi, den Stammvätern der heutigen Grünen, hier ein alternativ-stadtfernes gesundes, fleißiges und bedürfnisloses Künstlerleben zu führen, mit einem einzigen Luxus allerdings, nämlich inmitten einer schönen und charakteristischen Landschaft zu wohnen. Denn ein Dichter, vermerkt Hesse in seiner Betrachtung *Wahlheimat* (1930), sei in vieler Hinsicht »das anspruchloseste Wesen der Welt. Aber in anderer Beziehung wieder verlangt er viel und stirbt lieber, als daß er verzichten würde. Mir zum Beispiel wäre es unmöglich zu leben, ohne daß die Umgebung meinen Sinnen wenigstens ein Minimum an echter Substanz, an wirklichen Bildern böte. In einer modernen Stadt, inmitten von kahler Nutzarchitektur, inmitten von imitiertem Holz, inmitten von lauter Ersatz und Täuschung zu leben, wäre mir vollkommen unmöglich, ich würde da bald eingehen.«

Von Anfang an war Hesse das Gegenteil von einem lackierten Zivilisationsliteraten. Wenn irgend möglich, hat er die Ballungsräume und intellektuellen Zirkel gemieden. Auch die Öffentlichkeit habe er nie geliebt, weil es ihm lästig sei, in einer Umgebung zu leben, wo man ihn bloß als Namen und Marke kenne. »Mein Leben konnte mir gar nicht privat genug sein, und so habe ich niemals irgendeiner Ansammlung von ›Prominenten‹ beigewohnt, sei es Salon, Klub, Ball oder Bankett; ich hatte es leicht, mich darum zu drücken denn ich wohnte immer weitab auf dem Lande«, notierte er 1933. Dekadenz, Cliquenwesen, Protektion und geschniegelte

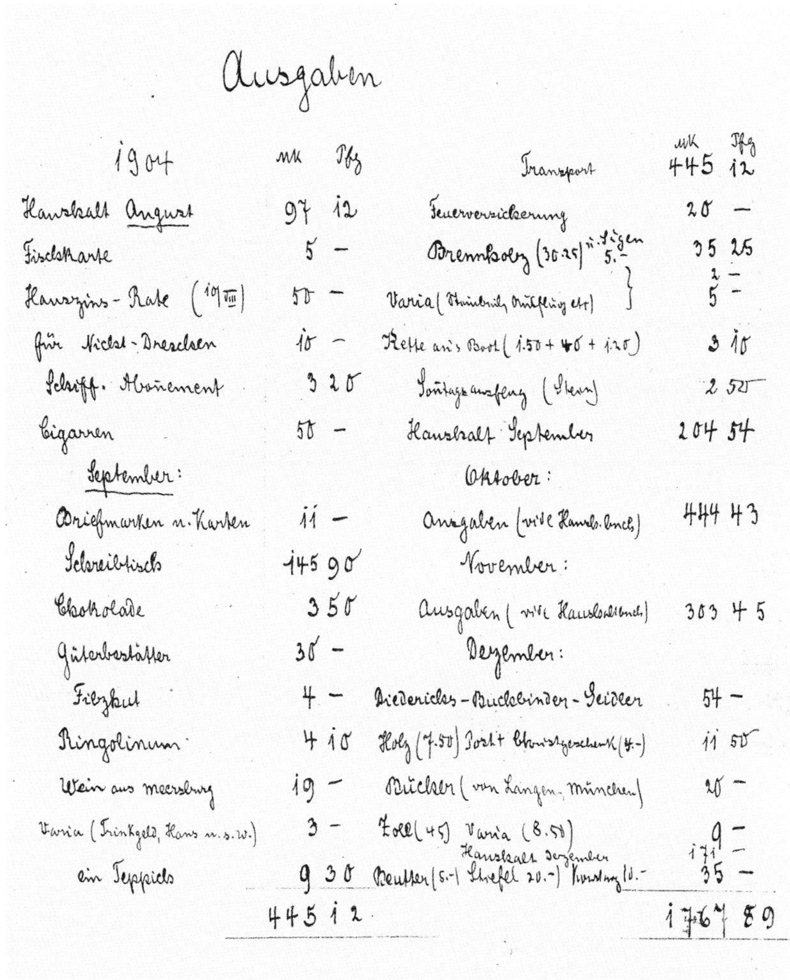

Ausgaben

1904	Mk	Pfg		Mk	Pfg
			Transport	445	12
Haushalt August	97	12	Feuerversicherung	20	–
Fischkarte	5	–	Brennholz (30.25) u. Sägen 5.–	35	25
Hauszins-Rate (1/VIII)	50	–	Varia ([illegible])	2 5	– –
für Nickel-Drechsler	10	–	Kette ans Boot (1.50 + 40 + 1.20)	3	10
Schiff. Abonnement	3	20	Sonntagsanzug (Stern)	2	50
Cigarren	50	–	Haushalt September	204	54
September:			Oktober:		
Briefmarken u. Karten	11	–	Ausgaben (viele [illegible])	444	43
Schreibtisch	145	90	November:		
Chokolade	3	50	Ausgaben (viele [illegible])	303	45
Güterbestätter	30	–	Dezember:		
Filzhut	4	–	Diederichs-Buchbinder-Seidler	54	–
Ringolinum	4	10	Holz (7.50) Post + Christgeschenk (4.–)	11	50
Wein aus Meersburg	19	–	Bücher (von Langen, München)	20	–
Varia (Trinkgeld, Hans u.s.w.)	3	–	Zoll (45) Varia (8.50)	9	–
			Haushalt Dezember	171	–
ein Teppich	9	30	Beutler (5.–) Strefel 20.–) Vorschuss 10.–	35	–
	445	12		1767	89

Die erste Seite von Hesses Gaienhofener Haushaltsbuch.

Repräsentanz waren ihm zuwider. Gelegenheit dazu hätte er genug gehabt. Denn inzwischen hatte der *Peter Camenzind* auch in der Reichshauptstadt Furore gemacht: »Ich müßte aus tausend Gründen«, schreibt er damals aus Gaienhofen, »notwendig nach Berlin, und davor graut mir sehr. Das einzige, was mir an Berlin gefällt, ist, daß es so weit weg von hier liegt.« Seinen Verleger hat er dort – dessen beharrlichen Aufforderungen zum Trotz und im Gegensatz zu fast allen Autorenkollegen wie Thomas Mann, Gerhart Hauptmann, Henrik Ibsen, Arthur Schnitzler, Hugo von Hofmannsthal und Jakob Wassermann – kein einziges Mal besucht. In einem noch in Basel entstandenen Gedicht heißt es bezeichnenderweise:

»Man hatte mich eingeladen,
ich wußte nicht warum.
Viel Herren mit schmalen Waden
standen im Saal herum.

Es waren Herren von Namen
und von gewaltigem Ruf,
von denen der eine Dramen,
der andere Romane schuf.

Sie wußten sich flott zu betragen
und machten ein großes Geschrei,
da schämte ich mich zu sagen,
daß ich auch ein Dichter sei.«

Einen Dichter, das haben damals wohl auch die Nachbarn in Gaienhofen kaum in ihm vermutet. Denn weil es in jenen Jahren dort außer Bauern und Fischern keine Handwerker gab, mußte er selber Hand anlegen, um das baufällige, urkundlich erstmals 1783 erwähnte Haus vom Dach bis zum Estrich zu sanieren.

Er habe, berichtet der so schwäbische wie sparsame Hesse, »die Kistennägel vom Umzug Stück für Stück auf unserer steinernen Hausschwelle geradegeklopft und die klaffenden Ritzen im Obergeschoß mit Werg und Papier ausgestopft, danach das Fachwerk mit roter Farbe gestrichen.« Doch kaum war das Häuschen halbwegs behaglich, bekam seine Frau Mia, vielleicht durch die ungewohnt feuchte Kühle des Seeklimas, vielleicht durch die Belastungen des Umzugs, so schmerzhafte Rheuma-Attacken, daß sie für drei Monate ins Krankenhaus zurück nach Basel gebracht werden mußte. Kein Wunder also, daß Hesse daraufhin in einem Brief an die Schriftstellerkollegin Helene Voigt-Diederichs klagte: »Und ist das Häuschen noch so klein, der Teufel hängt den Schwanz hinein.«

Das mußte auch Stefan Zweig erfahren, einer von damals schon annähernd hundert Freunden und Kollegen, die Hesse bereits in seinem ersten Gaienhofener Jahr besuchten. Der begeisterungsfähige Dichter aus Wien hatte das kleine Arbeitszimmer Hesses im ersten Stock des Hauses so enthusiastisch betreten, daß er den niedrigen Türbalken übersah und dabei mit solchem Schwung den Kopf anstieß, daß er sich erst einmal eine Viertelstunde hinlegen mußte, bevor er wieder ein Wort herausbrachte. Aber auch andere Besucher konnten die Sprache verlieren, zumal, wenn sie unangemeldet kamen. Dann nämlich konnte es passieren, daß sie Hesse in den Sommermonaten in einem Kostüm antrafen, das nur aus Brille und Zigarre bestand, einer Freikörperkultur, der er durchaus nicht nur beim Schwimmen im See huldigte. Dort freilich ohne Zigarre.

Ob er dagegen ernst gemacht hat mit seiner schriftlich geäußerten Absicht, unerwünschte Besucher und lästige Touristen mit der Armbrust fernzuhalten, Freunde dagegen mit einem Böllerschuß zu begrüßen, ist heute nicht mehr feststellbar, aber keineswegs unwahrscheinlich angesichts seiner lebenslangen Lust am Feuerwerken und Zündeln. Hesse berichtet davon in einer seiner Antworten auf Leserbriefe, die schon in den Bodensee-Jahren so zahlreich waren, daß er Ende 1904 beim zuständigen Bezirksamt des Großherzogtums Baden ein eigenes Postamt für Gaienhofen beantragte. Drei Wochen nach seiner Ankunft am See beschaffte er sich ein eigenes Ruderboot, der Einkäufe und vielen Ausflüge wegen, die man damit, sei es zur nahe gelegenen Insel Reichenau, in den Thurgau oder bis hinunter nach Stein am Rhein und Schaffhausen, unternehmen konnte. »Bei einiger Todesverachtung«, schrieb er im November 1904 dem Schriftstellerkollegen Wilhelm Schmidtbonn, könne man damit sogar segeln. »Heut war ich draußen auf dem See«, berichtet Hesse am 30. 8. 1904 an Paul Remer, »um mein neues Boot zu reparieren und einzuweihen. Sonst beschäftigt mich meist noch das Instandhalten des Haushalts. Da gibt's genug zu tun. Es gibt zum Beispiel keine Wasserleitung, man muß alles Wasser von Brunnen holen. Die Temperenzler werden finden, das Wassertragen sei die Strafe für meine Liebe zum Wein. Diese schmachtet hier freilich Not, denn am Ort wächst nichts Trinkbares[…]. Es fehlt, da auch im Haus an Dach und Böden genug zu flicken ist, nicht an Arbeit.«

Hesses Tübinger Jugendfreund, der Arzt und Dichter Ludwig Finckh, der sich 1905 in seiner Nachbarschaft niedergelassen hatte, berichtet über das Interieur von Hesses erster Gaienhofener Wohnung: »Zu ebener Erde, in der Südostecke des Hauses lag die altersbraun getäfelte Stube mit dem grünen Kachelofen und der Fensterbank um den Tisch. Wenn erzählt, vorgelesen und gegessen wurde, kam der geliebte schwarze Kater Gattamelata, schnurrte und ließ sich tätscheln und der Hausherr holte ein Krüglein roten Seewein aus dem Keller herauf. Nebenan im kleinen Zimmer stand das Klavier, auf dem Frau Mia abends meisterlich spielte, oft Chopin, dessen Musik in manchen Versen Hesses durchklingt. Wenn Gäste kamen, nahm er sie mit hinauf in sein Arbeitszimmer. Man sah vom Fenster hin-

Hermann Hesse im Sommer 1907 am Seeufer mit seinem Sohn Bruno.

aus auf den Bodensee und das Schweizer Ufer von Berlingen bis Konstanz, die Reichenau, auch der Bodanrück wurde gestreift und der Brunnen im Vordergrund schloß die Sicht. Eine lange Brissago hatte er sich angesteckt. Er rauchte sie genußvoll langsam ab und ließ dann noch einen gehörigen Stumpen übrig, um dem Nachbarn, dem alten Mesmer eine Freude zu machen, der von Woche zu Woche die in einem Becher gesammelten Reste holen kam, um sie genußvoll vollends aufzurauchen.«

Nicht zuletzt den zahlreichen Bootsausflügen verdanken die Stimmungsbilder in Hesses Bodensee-Erinnerungen ihre Anschaulichkeit, das jahreszeitliche Kolorit mit seinem klimatischen Abwechslungsreichtum,

Illustration von Olaf Gulbransson im »Literarischen Bestiarium« von Franz Blei, 1920.

wobei nur Verlaß ist auf die spiegelgleiche Übereinstimmung von Himmel und Wasser. Nicht zufällig sind hier im spätherbstlichen Seedunst, wo das vom Sommer noch aufgewärmte Wasser in die kühlere Luft verdampft, Hesses wohl eindringlichste Verse entstanden, das an einem Novembertag des Jahres 1905 geschriebene Gedicht »Im Nebel«.

Beim Lesen solcher Impressionen, die auch heute noch so elementar auf uns wirken wie ein Möwenschrei oder die herbe Süße wild gewachsener Mostbirnen, auf Streuobstwiesen oder am Straßenrand, fühlt man sich nicht mehr als Zuschauer und Außenstehender, sondern als Bestandteil der Landschaft zwischen Ried und See. Diese selbst vom kritischen Kurt Tucholsky gerühmte Sinnlichkeit der Naturbeschreibung hat den Wiener Satiriker Franz Blei auf die Idee gebracht, den Kollegen in seinem *Literarischen Bestiarium* wie folgt zu charakterisieren: »Die Hesse, so wird eine liebliche Waldtaube genannt, die man wild nicht mehr antrifft. Ihrer Zierlichkeit wegen wurde sie ein beliebter Käfigvogel, die den Besucher damit ergötzt, daß sie sich auch im Käfig immer noch gebärden tut, als wäre sie im freien Walde. Das verschafft dem Stadtbewohner die Sensation der Natur und solches wird erhöht von ganz kleinen Drüsen, aus denen sie einen Geruch absondert, der leise an Tannenduft erinnert.« Das ist von liebenswürdiger und vielleicht auch etwas eifersüchtiger Boshaftigkeit.

Ebenso einprägsam wie die Natur, den Föhn, den Nebel, die Formationen der Wolken, des Wassers – wobei jeder Windstoß dem See ein neues Gesicht beschert – und das gleichermaßen vielgestaltige Alpen- und Vorgebirgsgelände schildert Hesse die Menschen. So entgeht ihm auf seinen Ausflügen, die er in die nähere Umgebung unternimmt, nicht, wie sich z. B. auf einer Reise durch das Appenzell etwa von Romanshorn an das Tempo des Zuges durch zugestiegene Einheimische »auf freundliche Weise zu verlangsamen scheint, lediglich auf Grund des Dialektes, der Gestalten, Gesichter und Gesten«, oder welche Rolle etwa Todesfälle spielen, die hier, weil sie in kleinen Lebensgemeinschaften wie seinem Bodenseedorf relativ seltener vorkamen, teilnahmsvoller gewürdigt wurden als in den Städten, »wo jeden Tag Menschen sterben, ohne daß außer den Allernächsten jemand darauf achten kann«. So sind Hesses Aufzeichnungen aus seinen acht am See verbrachten Jahren mitsamt den Schilderungen von Wanderungen und Ausflügen in die umgebenden Landschaften nicht nach der Art von Reiseführern Hinweise auf vom Tourismus bevorzugte Sehenswürdigkeiten, sondern ganz individuelle, einem Tagebuch ähnliche Berichte eines Menschen, der gewohnt ist sich Rechenschaft abzuverlangen über alles, was er unternimmt und was ihn bewegt. Dass in jenen Jahren, kurz nach der Jahrhundertwende die Abende noch beim Licht von Petroleumlampen verbracht wurden und nähere Ziele nur mit Pferdefuhrwerken erreichbar waren, mag uns heute anachronistisch vorkommen. Der Wahrnehmung des Unverwechselbaren einer Landschaft jedoch tut es keinen Abbruch und überliefert nach wie vor das Charakteristische auch im Historischen.

Eine Wertschätzung des Gemeinsamen und Verbindenden ist unüberhörbar in Hesses am Untersee entstandenen Betrachtungen. Nicht nur durch das Verwandtschaftliche der Menschen und ihrer Mundarten im Dreiländereck, sondern auch aufgrund seiner übernationalen Herkunft ist es ihm, dem Sohn einer schwäbischen Indien-Missionarin und eines baltendeutschen Vaters mit russischer Staatsangehörigkeit, nie schwergefallen, sich hinwegzusetzen über die Willkür der Landesgrenzen und engstirnigen Nationalismus. »Mein Glaube an Rassen«, schreibt er 1919, »ist niemals lebhaft gewesen. Dennoch bin ich Alemanne und bin es stärker und bewußter als die meisten von denen, die es der Rasse nach wirklich sind [...]. Dieses südwestdeutsch-schweizerische Gebiet ist mir Heimat, und daß durch dieses Gebiet mehrere Landesgrenzen und eine Reichsgrenze liefen, bekam ich zwar im Kleinen wie im Großen oft einschneidend zu spüren, doch habe ich diese Grenzen in meinem innersten Gefühl niemals als natürliche empfinden können [...]. Das Vorhandensein dieser Grenzen äußerte sich nirgends und niemals in wesentlichen Unterschieden der Menschen, ihrer Sprache und Sitte, es zeigten sich diesseits und jenseits der Grenze weder in Landschaft noch in Bodenkultur, weder im Hausbau noch im Familienleben merkliche Unterschiede [...]. Für mich war Heimat zu beiden Seiten des Oberrheins, ob das Land nun Schweiz, Baden oder Württemberg hieß [...]. Ich lernte mein Leben lang die Grenzen zwischen Deutschland und der Schweiz nicht als etwas Natürliches, Selbstverständliches und Heiliges kennen, sondern als etwas Willkürliches, wodurch ich brüderliche Gebiete getrennt sah. Und schon früh erwuchs mir aus diesem Erlebnis ein Mißtrauen gegen Landesgrenzen und eine innige, oft leidenschaftliche Liebe zu allen menschlichen Gütern, welche ihrem Wesen nach die Grenzen überfliegen und andere Zusammengehörigkeiten schaffen als politische.« Gerade diese von seinen Kritikern als unhistorisch, eskapistisch und sentimental beargwöhnte Haltung hat Hesse später davor bewahrt, sich am unsentimentalen Wirklichkeitssinn und an der »historischen Aufgeschlossenheit« für zwei Weltkriege zu beteiligen. Statt dessen fand er sich getrie-

Die von E.R. Weiss ausgestatteten Erstausgaben der frühen Erzählbände »Diesseits« (1907) und »Nachbarn« (1908).

ben, überall das, was die Nationen, Ideologien und Religionen verbindet, viel höher zu werten als das, was sie trennt.

Dies ist es denn auch, was Hesses Bodensee-Schilderungen vor dem Provinzialismus erbaulicher Heimatliteratur bewahrt. Gleichwohl ist der Sinn für die Bedeutung von Herkunft und Heimat bei ihm, der seine schwäbische Mundart bis ins hohe Alter nie verleugnet und abgelegt hat, durchaus entwickelt. Doch preist er seine Herkunft nie auf Kosten anderer Zugehörigkeiten. So schreibt er zu Beginn des Ersten Weltkriegs: »Zu den einfachsten Bedürfnissen, auf die man sich sonst nie besinnt, gehört auch die Heimat. Damit meine ich nicht das Vaterland [...], ich meine die Bilder, die jeder von uns als sein bestes Erinnerungsgut aus der Kindheit bewahrt hat. Sie sind nicht darum so schön, weil die Heimat unbedingt schöner wäre als die andere Welt, sondern darum, weil wir sie zuerst und mit der ersten Dankbarkeit und Frische unsrer jungen Kinderaugen gesehen haben. Das ist keine Sentimentalität. Das Sicherste, was wir haben, wenn wir noch nicht die höchsten Stufen im Geistigen erreicht haben, das ist die Heimat. Man kann verschiedenes darunter verstehen. Die Heimat kann eine Landschaft sein, oder ein Garten, oder eine Werkstatt, oder auch ein Glockenklang, oder Geruch. Das, worum es sich handelt, ist die Erinnerung an die Zeit des Heranwachsens, an die ersten stärksten, heiligsten Eindrücke unseres Lebens. Dazu gehört auch die Mundart der Heimat. Mir, der ich in der Fremde lebe, ist bei jedem Heimkommen der erste schwäbische Bahn-

Die von E.R. Weiss ausgestatteten Erstausgaben des Romans »Unterm Rad« (1906) und der Erzählsammlung »Umwege« (1912).

schaffner ein wahrer Paradiesvogel! [...] Es ist ans Innerste gerührt, an den kleinen sicheren Schatz, den wir aus den Jahren der frühesten Jugend haben. Da liegen Bilder und Eindrücke durcheinander, man schätzt sie oft wenig, aber alles zusammen ist eine satte Lösung, an die man nicht rühren kann, ohne daß es Kristalle gibt.«

Doch zurück an den Bodensee. Die literarische Ausbeute von Hesses acht Gaienhofener Jahren war reichhaltig und auch thematisch von erstaunlicher Vielfalt. 25 große Erzählungen sind hier entstanden. Als Beispiele seien hier nur *In der alten Sonne, Die Marmorsäge, Der Lateinschüler, Heumond, Schön ist die Jugend, Ladidel, Das Nachtpfauenauge, Casanovas Bekehrung* und der erste Teil des *Knulp* genannt. Sie wurden, kaum waren sie vollendet, von den Redaktionen der reichsdeutschen, österreichischen und Schweizer Blätter meist umgehend veröffentlicht, lange bevor sie in Buchform in den Sammelbänden *Diesseits* (1907), *Nachbarn* (1908) und *Umwege* (1912) erschienen. Mehrere Gedichtbände, eigene und herausgegebene, sowie die Romane *Unterm Rad* und *Gertrud* fallen in die Gaienhofener Zeit. Den Musikerroman veröffentlichte Hesse zum Ärger seines Verlegers Samuel Fischer nicht bei ihm in Berlin, sondern bei dessen Münchner Konkurrenten Albert Langen, dessen satirische Wochenschrift *Simplicissimus* Hesse so schätzte, daß er auch sie seit 1905 mit Kurzprosa und Gedichten belieferte.

Ankündigung der Zeitschrift »März« im Börsenblatt für den Deutschen Buchhandel vom 14. 12. 1906.

In Begleitung des genialen Illustrators Thomas Theodor Heine hatte der agile Verleger Albert Langen Hesse erstmals im März 1905 am Bodensee besucht und den Versuch unternommen, ihn mit der Aussicht auf phantastische Tantiemen dem Fischer Verlag abspenstig zu machen. Doch weniger die finanziellen Verlockungen, die Hesse allenfalls dazu nutzte, seinen Berliner Verleger in Zugzwang zu setzen, imponierten ihm als vielmehr die Weltoffenheit und Zivilcourage des unternehmungslustigen Albert Langen, der wegen seiner Angriffe auf Kaiser Wilhelm II. nach Frankreich ins Exil gehen mußte und es sogar von dort aus noch schaffte, seinen Verlag zum Instrument für sein Ziel einer kulturellen Öffnung Deutschlands zu den europäischen Nachbarstaaten zu machen. Auch Langens Widerstand gegen die präpotente, herablassende und zentralistische Dominanz der preußischen Kulturpolitik (gegenüber den dort als provinziell und rückständig verdrängten Künstlern Süddeutschlands) war Hesse willkommen. Deshalb zögerte er nicht, als Albert Langen ihn einlud, als Herausgeber an einer neuen Zeitschrift mitzuarbeiten, die alles aufbot, was die süddeutsche, Schweizer und österreichische Kultur zu bieten hatte und in Erinnerung an den demokratischen Aufbruch von 1848 den Namen *März* erhielt. Um dies zu bewerkstelligen, wurde das winzige Bodenseedorf damals zu einem Brennpunkt deutscher Kulturpolitik, als der Münchner Verleger erneut, diesmal begleitet von Ludwig Thoma und Olaf Gulbransson, im April 1906 nach Gaienhofen kam, um diese Zeitschrift zu gründen. Sie kamen, was allerhand Staub aufwirbelte, in einem der ersten serienmäßig hergestellten Automobile. Denn der damals 33jährige Albert Langen hatte eine solche Leidenschaft für das neue Fortbewegungsmittel, daß er ein Jahr darauf sogar eine Generalvertretung für den Vertrieb von Automobilen in Bayern und Württemberg übernahm. Dieser Enthusiasmus sollte ihn wenige Jahre später das Leben kosten. Schon im Alter von nicht einmal vierzig Jahren starb er 1909 an einer Mittelohrentzündung, nachdem er versucht hatte, im offenen Kabriolett ein Zeppelin-Luftschiff einzuholen.

Den Kulturteil der Zeitschrift *März*, die Hesse als ein »Kampfblatt von entschiedener Opposition« bezeichnete, betreute er fünf Jahre lang bis zu seinem Wegzug von Gaienhofen. Viele Reisen zur Redaktion nach München waren dazu erforderlich. Doch nach dem Tod Albert Langens wurde seine Arbeit dort auf eine Weise erschwert, daß er die künftige Herausgeberschaft gerne dem jungen Theodor Heuss überließ.

Anfang 1907, als die ersten Hefte der neuen Zeitschrift erschienen, begann Hesse am nahe gelegenen Erlenloh den Bau seines ersten eigenen

Hauses. Landwirt Hepfer brauchte die an den Dichter vermieteten Stuben wieder zu eigenen Zwecken, und auch bei Hesses war es allmählich eng geworden nach der Geburt ihres ersten Sohnes Bruno, dem in der Bodenseezeit noch zwei weitere folgen sollten.

Ein zinsloses Darlehen des Schwiegervaters in Basel, der sich mit seinem mittlerweile berühmt gewordenen Schwiegersohn nun offenbar abgefunden hatte, erleichterte es, die 20 000 Goldmark dafür aufzubringen, und endlich hatte man auch Strom, fließendes Wasser aus eigener Quelle und ein Badezimmer.

Zu diesem stattlichen Landhaus mit acht Räumen, einer Veranda und Terrasse, dem großen Arbeitszimmer im Obergeschoß mit einem damals noch freien Blick über den See bis zum Konstanzer Münsterturm und über den schweizerischen Thurgau bis zum Alpenmassiv des Säntis und Glärnisch, gehörte auch ein erster eigener Garten, der eine weitgehende Selbstversorgung ermöglichen sollte. Ihn anzulegen war bald Hesses liebster Zeitvertreib. Über die Folgen seines Eifers, die Ergiebigkeit und ländlich strotzende Blütenpracht des Gaienhofener Gartens, seiner von Blumen eingefaßten Rabatten, mehr als dreißig Obstbäumen und einer Allee von Sonnenblumen, ist von Besuchern viel berichtet worden. »Es ist ja etwas von Schöpferlust und Schöpferübermut beim Gartenbau«, notierte Hesse damals. »Man kann ein kleines Stück Erde nach seinem Kopf und Willen gestalten, man kann sich für den Sommer Lieblingsfrüchte, Lieblingsfarben, Lieblingsdüfte schaffen. Man kann ein kleines Beet, ein paar Quadratmeter nackten Bodens zu einem lachenden Gewoge von Farben machen.«

Einer seiner Gäste, ein junger Lehrer (aus dem am anderen Seeufer gelegenen Landerziehungsheim Glarisegg) berichtete Jahrzehnte später in der *Gazette de Lausanne*, Hesse habe ihn damals durch den neuen Garten geführt und dabei besonders auf den sandbestreuten Hauptweg hingewiesen: »Beachten Sie, wie schön fest dieser Weg ist. Er hat unter dem Sand ein gutes Bett, aber nicht von Stein, sondern dort unten liegt hübsch geschichtet die ganze deutsche Literatur von heute.« In einem Brief an seinen jüngsten Sohn Martin vom September 1944 bestätigte Hesse diese Episode: »Wir hatten in Gaienhofen Sand die Menge, aber keine Steine, und ich hatte den Weg mit lauter unnützen Büchern und Massen von Zeitschriften unterlegt.« Das war so zweckmäßig wie unkonventionell, denn aufgrund seiner vielgelesenen Buchbesprechungen erhielt Hesse schon damals von den Verlegern jährlich etwa 500 Bücher zum Rezensieren geschickt, deren ungeeignete er dann auf diese »grundlegende« Weise entsorgt hat.

Bericht über das im August 1907 fertiggestellte Hesse-Haus »Am Erlenloh« in Gaienhofen.

ARCHITEKTONISCHE RUNDSCHAU

2. Beilage zu Heft 1. 1909

Zwei Dichterwohnungen am Bodensee.

Die Landschaft des Untersees übt durch ihre ruhige freundliche Schönheit große Anziehungskraft aus auf geistig arbeitende Menschen, die dem Stadtgetriebe den Rücken kehren. So sind in neuerer Zeit verschiedene Gruppen von Ansiedlungen an verschiedenen Punkten des Sees entstanden, darunter im Sommer 1907 die Wohnhäuser der Schriftsteller H. Hesse und L. Finckh in Gaienhofen.

Haus des Herrn Hermann Hesse in Gaienhofen.
Architekt: H. Hindermann in Steckborn.
Nordostseite.

Das Haus Hesse steht westlich des Dorfes an den gegen den Wald aufsteigenden, mit Wiesen und Obstbäumen bestellten Hängen. Man übersieht von dort die ganze Seefläche gegen die Reichenau und Konstanz nach Osten und bis gegen den Rheinausfluß nach Südwesten. Auf diese bevorzugte Lage ist in der Einteilung der Grundrisse Rücksicht genommen, indem das große Wohnzimmer des Erdgeschosses und das Arbeits- und Bibliothekzimmer im ersten Stock nach Südosten gelegt sind. Beide gewähren den Austritt auf Veranda und Terrasse. Die übrigen Wohn- und Schlafzimmer haben Süd- und Ostbeleuchtung, alle Nebenräume und die Treppe liegen nach Westen und Norden. Alle diese Räume sind in einfachster Art ausgestattet. Das Wohnzimmer erhielt eine einfache braune Täfelung und wurde zu einem früher entworfenen in hellem Eichenholz ausgeführten Mobiliar gestimmt: die Hauptzierde bildet der große Kachelofen. Das Bibliothekzimmer konnte mit eingebauten Büchergestellen und Schränken ausgestattet werden.

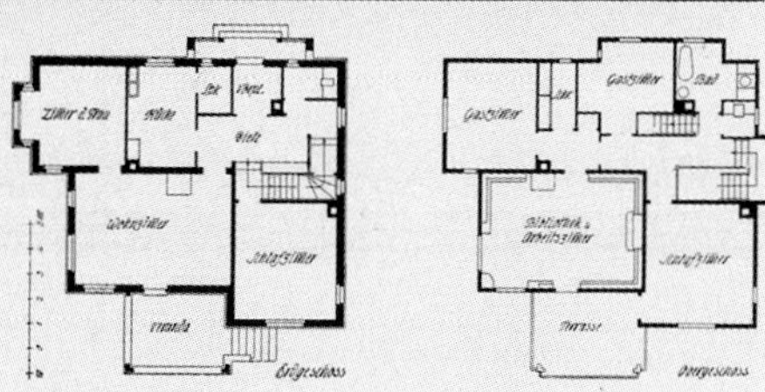

Das Äußere des Hauses findet seine Vorbilder am ehesten in einem der gemütlichen Haustypen der Ostschweiz. Das Keller- und Erdgeschoß sind massiv, das Obergeschoß ist in Fachwerk ausgeführt und mit einem Holzschindelschirm verkleidet, den das weit ausladende Dach schützt. In den Farben ist alles Grelle vermieden. Das Erdgeschoß ist ohne Zusatz von Farbe rauh verputzt, das Obergeschoß erhielt graugrünen Anstrich. Nur die grünen Läden und die weißen Fensterkreuze heben sich kräftig hervor. Das Dachgesims und das Holzwerk der Veranda sind in sattem dunklen Braun gehalten und teilweise mit weißen Ornamenten verziert.

Das Haus L. Finckh schaut in ein kleines Wiesentälchen, das mit Pappeln und Birken bestanden ist und dessen Bächlein weiter unten einen kleinen schilfumwachsenen Weiher bildet. Darüber hinaus öffnet sich ein Blick auf den See und das gegenüber Gaienhofen gelegene Steckborn. Das Haus steht an Stelle eines kleinen abgebrannten Bauernhäuschens und ist ganz in den landesgewohnten Bauformen ausgeführt worden. Der Spitzgiebel, dessen Fenster und Läden in kräftigen grellen Farben in dem hellgelben glatten Verputz hervortreten, das hohe Dach mit dem Treppenturm in Fachwerk bilden eine harmonische Erscheinung in der stimmungsvollen Umgebung.

Im Innern wurde besonders die große, durch einen Schrankeinbau geteilte Wohnstube gemütlich ausgebildet. Wände und Decke wurden mit hellbraun gebeiztem Tannenholz getäfelt, der Fußboden in Tannenriemen mit Eichenfriesen ausgeführt. Besonders stattlich nimmt sich der große Kachelofen mit »Chunst« aus, der von der Küche bezw. vom Herd aus geheizt wird. Das Mobiliar ist teils alt, teils in bäuerlichen Formen neu entworfen. Im Obergeschoß wurden die Dachschrägen überall für Wandschränke ausgenutzt, was die Zimmer besonders wohnlich macht. Im Giebel ist gegen Süden noch ein freundliches Zimmer ausgebaut, von dem der See weit überblickt werden kann.

Beide Häuser wurden durchweg von den in der Gegend ansässigen Handwerkern ausgeführt. Die Baukosten stellen sich bei beiden auf 24,30 Mk. für den Kubikmeter umbauten Raumes vom Kellerboden bis zum Dach- bezw. Kehlgebälk gemessen. Die Einbauten sind in der Bausumme inbegriffen.

Haus des Herrn Hermann Hesse in Gaienhofen.
Nordwestseite.
Architekt: H. Hindermann in Steckborn.

Bücherbesprechungen.

Der Römer und die neuen Rathausbauten in Frankfurt a. M. Mit 37 Abbildungen und 2 Grundrissen. Im Auftrag des Magistrats geschildert von *Dr. Hermann Taut.* Frankfurt a. M., Druck von Gebr. Knauer. Preis 1 Mk.

Die Geschichte des Dachwerks, erläutert an einer großen Anzahl mustergültiger alter Konstruktionen. Von *Friedrich Ostendorf,* Professor an der Technischen Hochschule zu Karlsruhe. Mit vielen Abbildungen im Text. Verlag von B. G. Teubner, Leipzig und Berlin, 1908. Preis 28 Mk.

Eine Lust am Sprengen von Konventionen, etwas Frisches, Übermütiges, ja nicht selten Drastisches blitzt aus den meisten seiner in Gaienhofen geschriebenen Briefe. Es ist das Vergnügen, dem aufwendigen Standesbewußtsein der wilhelminischen Gesellschaft einen Lebensstil von provozierender Einfachheit und dem gestelzten Gehabe der intellektuellen Kollegen eine lakonische Praxisbezogenheit entgegenzusetzen. Etwas von dieser Aversion gegen alles Feierliche und Hochtrabende spricht auch aus seinen damals entstandenen Geschichten von Handwerkern, Landstreichern und Sonderlingen.

Nach und nach begann sich in Gaienhofen eine kleine Künstlerkolonie zu formieren, und bald schon waren hier alle Spielarten des Ausdrucks, Dichtung, Malerei und Musik in Hesses Freundeskreis aufs produktivste miteinander verflochten.

Erstausgabe der deutschen Volkslieder, S. Fischer Verlag, 1909.

Der erste, der ihm hierher folgte, war sein Tübinger Jugendfreund, der Arzt und Dichter Ludwig Finckh, der sich Ende 1905 für immer in Gaienhofen niederließ. Die alemannischen Dichterkollegen Emil Strauß, Emanuel von Bodman, Jakob Schaffner, Wilhelm von Scholz, Wilhelm Schussen und Christian Wagner waren gerngesehene Gäste. Aus Stuttgart kam Wilhelm Lang, Schriftsteller und Lektor der Deutschen Verlagsanstalt, mit dem Hesse gemeinsam hier die Volkslieder-Anthologie *Der Lindenbaum* zusammengestellt hat. Aus München kam außer Albert Langen mit dem *Simplicissimus*-Illustrator Thomas Theodor Heine auch der junge Verleger Georg Müller in Begleitung von Leo Greiner, dem Leiter des Kabaretts »Die elf Scharfrichter«; Wilhelm Schäfer, Herausgeber der tonangebenden Kunstzeitschrift *Die Rheinlande* kam mehrfach, zudem die Schriftsteller Jakob Wassermann, Stefan Zweig, Alfons Paquet und Carl Hauptmann, der vergessene Bruder Gerhart Hauptmanns. Dazu all die Maler und Musikerfreunde, wie der Holzschneider Max Bucherer aus Basel, der sich 1905 hier niederließ, der Maler Wilhelm Steinhausen aus Frankfurt, die Künstler Ludwig Renner und Otto Blümel, der u. a. den Buchschmuck für Hesses Roman *Gertrud* und die Gedichtsammlung *Unterwegs* gezeichnet und sowohl die witzigen Scherenschnitte als auch die Verse zu seiner köstlichen Moritat über Hesses Indienreise angefertigt hat. Es kamen die Maler Ernst Würtenberger, der Hesse hier 1905 porträtierte, und Fritz Widmann, Reisebegleiter auf mehreren Wanderungen durch Oberitalien, die Musiker Edwin Fischer und Alfred Schlenker, Zahnarzt

und Komponist aus Konstanz, für den Hesse 1910 das Libretto zu einer Oper *Die Flüchtlinge* schrieb und der ihm im März 1911 in Gaienhofen den jungen Schweizer Liederkomponisten Othmar Schoeck zuführte. Diesem Franz Schubert vergleichbaren Genie im Erfinden kongenialer Melodien fühlte sich Hesse wahlverwandt, hatte er doch 1910 an Theodor Heuss geschrieben: »Mir steht als heimlichem Lyriker der Wunsch nach Melodie vielleicht zuletzt doch höher als der nach Durchdringung großer Stoffe.«

Doch kaum war erreicht, wovon Hesse so lange geträumt hatte, Haus, Heimat und Geborgenheit, da meldeten sich in seinem stets zwischen Seßhaftigkeit und Nomadentum schwankenden Naturell die Vorboten zukünftiger Veränderungen. Ähnlich dem wesensverwandten Robert Walser reizt es ihn denkwürdig oft zu Tapetenwechsel, Ausflügen und immer weiteren Reisen. Eine davon führte ihn 1907 auch in seine spätere Wahlheimat am Südfuß der Alpen, wo sich auf dem Monte Verità bei Ascona eine Kolonie zivilisationskritischer Aussteiger angesiedelt hatte, deren innovative Existenzpraktiken ihn interessierten. Doch schon nach vier Wochen, die er im Kreise dieser aus allen Ländern bunt zusammengewürfelten Alternativen verbrachte, die als Rohkostler, vegetarische Zionisten, Frugivoren, Okkultisten, Magnetopathen, Gesundbeter und Kohlrabi-Apostel ein sektiererhaftes Freiluftleben führten und deren Experiment einer Rückkehr zur Natur Hesse nun am eigenen Leib erprobte, kam er zu der Einsicht, daß diese Bestrebungen letztlich doch eher auf eine Rückbildung des Menschen zum Affen hinausliefen. Um diese Erfahrung reicher, kehrte er an den Bodensee zurück. Andere Touren jener Jahre führten ihn bis nach Wien, Prag, Bremen und Braunschweig. Doch waren es Zweck- und Lesereisen, die seinen Trieb zu nomadenhafter Ungebundenheit nicht stillen konnten. »O, ihr Wandersleute«, schrieb er damals, »ihr fröhlichen Leichtfüße, jedem von euch, auch wenn ich ihm einen Fünfer geschenkt habe, sehe ich wie einem König nach!« In ihrer Bereitschaft zu Wechsel und Neubeginn waren ihm die Vagabunden ein Stachel und Ansporn, sich vor Stagnation und Sitzfleisch zu hüten. So fallen ihm bei einer *Fußreise im Herbst* nicht von ungefähr saturierte Gleichaltrige auf, die er gekannt hatte, als »ihnen das Leben noch um einen Kuß und die Welt noch um einen Narrenstreich feil gewesen war«, die jetzt aber »in Backenbärten staken, die Hausfrau bei sich hatten und sich in Philistergesprächen über Bodenpreise und Änderungen des Eisenbahnfahrplans aufregten«.

Der Versuch, sich dieses Unbehagen mit seiner Landstreicher-Erzählung *Knulp* von der Seele zu schreiben, gelang damals nur halb. Das Manuskript blieb unvollendet liegen. Erst Jahre später, nachdem er auch äußeren Abstand zu Gaienhofen gewonnen und der Erste Weltkrieg dem Vagabundieren den Garaus gemacht hatte, glückte es ihm, die Geschichte fertigzuschreiben. *Taedium vitae* – Lebensüberdruß – heißt bezeichnenderweise eine Erzählung aus den letzten Gaienhofener Jahren.

Nicht eine Absage an den Bodensee also war es, weshalb Hesse nach acht Jahren der dortigen Idylle zu entkommen suchte. Auch von jedem anderen Ort hätte er sich damals lösen müssen. Im September 1911 war es soweit: Fünf Wochen nach der Geburt seines dritten Sohnes Martin brach er auf zur weitesten Reise seines Lebens, nach Asien, das zu missionieren seine Eltern und Großeltern ausgezogen waren. Mitte Dezember kehrte er zurück, und bald darauf fiel die Entscheidung, Gaienhofen für immer zu verlassen und das erst vier Jahre zuvor gebaute Haus zu verkaufen. Im September 1912 bezog er mit seiner Familie ein »verwahrlostes Aristokratengütchen« bei Bern, das Haus des kurz zuvor gestorbenen Malerfreundes Albert Welti. Der geruhsamste und weltabgeschiedenste Abschnitt im Leben Hermann Hesses war damit beendet. Der Erste Weltkrieg stand vor der Tür und mit ihm »das Abstreifen einer angenehmen Blindheit und Verantwortungslosigkeit«, wie er rückblickend auf seine am Bodensee verbrachten Jahre notiert hat. Die nun folgende zweite Hälfte seines Lebens »war die dramatische«, resümiert er im Alter von 80 Jahren, »reich an Kämpfen, an Feinden, an Not und Erfolgen, aber die Kraft zum Überstehen dieser unruhigen Lebenshälfte kam, wie mir scheint, von der ersten, stilleren Hälfte her, von den nahezu vierzig Jahren des Friedens, die ich erleben durfte, ehe das lärmende Welttheater für uns so aufdringlich spürbar wurde. Man hat vom Krieg als von einem Stahlbad gesprochen«, fährt er fort, »nach meiner Erfahrung ist es aber nur der Friede, der Kräfte gibt.«

Volker Michels

Alemannisches Bekenntnis

Was man unter Alemannen und Alemannentum zu verstehen habe, darüber gibt es verschiedene Meinungen, deren Kritik nicht meine Sache ist. Mein Glaube an »Rassen« ist niemals lebhaft gewesen, und mich in diesem Sinne einen Alemannen zu nennen, würde ich nicht wagen. Dennoch bin ich Alemanne, und bin es stärker und bewußter als die meisten von denen, die es der »Rasse« nach wirklich und zweifellos sind.

Für mich ist die Zugehörigkeit zu einem Lebens- und Kulturkreise, der von Bern bis zum nördlichen Schwarzwald, von Zürich und dem Bodensee bis an die Vogesen reicht, ein erlebtes, erworbenes Gefühl geworden. Dies südwestdeutsch-schweizerische Gebiet ist mir Heimat, und daß durch dies Gebiet mehrere Landesgrenzen und eine Reichsgrenze liefen, bekam ich zwar im kleinen wie im großen oft genug einschneidend zu spüren, doch habe ich diese Grenzen in meinem innersten Gefühl niemals als natürliche empfinden können. Für mich war Heimat zu beiden Seiten des Oberrheins, ob das Land nun Schweiz, Baden oder Württemberg hieß. Im nördlichsten Schwarzwald geboren, kam ich schon als Kind nach Basel, neunjährig wieder in die erste Heimat zurück, und habe mein späteres Leben, von kurzen Reisen abgesehen, ganz in diesem alemannischen Heimatlande verbracht, in Württemberg, in Basel, am Bodensee, in Bern. Auch politisch habe ich beiden Rheinufern angehört: mein Vater stammte aus den baltischen Ostseeprovinzen, meine Mutter war die Tochter eines Stuttgarters und einer französischen Schweizerin; in den achtziger Jahren erwarb mein Vater für die Familie das Bürgerrecht von Basel, und ein Bruder von mir ist heute noch Schweizer; während ich noch als Knabe, der Schulen wegen, in die württembergische Staatsangehörigkeit übertrat.

Ich schreibe es zum Teil diesen Umständen und Herkünften zu, daß ich, bei immer zärtlicher Heimatliebe, nie ein großer Patriot und Nationalist sein konnte. Ich lernte mein Leben lang, und gar in der Kriegszeit, die Grenzen zwischen Deutschland und der Schweiz nicht als etwas Natürliches, Selbstverständliches und Heiliges kennen, sondern als etwas Willkürliches, wodurch ich brüderliche Gebiete getrennt sah. Und schon früh erwuchs mir aus diesem Erlebnis ein Misstrauen gegen Landesgrenzen, und eine innige, oft leidenschaftliche Liebe zu allen menschlichen Gütern, welche ihrem Wesen nach die Grenzen überfliegen und andere Zusammengehörigkeiten schaffen als politische. Darüber hinaus fand ich mich mit zunehmenden Jahren immer unentrinnbarer getrieben, überall das, was Menschen und Nationen verbindet, viel höher zu werten als das, was sie trennt.

Im kleinen fand und erlebte ich das in meiner natürlichen, alemannischen Heimat. Daß sie von Landesgrenzen durchschnitten war, konnte mir, der ich viele Jahre dicht an solchen Grenzen lebte, nicht verborgen bleiben. Das Vorhandensein dieser Grenzen äußerte sich nirgends und niemals in wesentlichen Verschiedenheiten der Menschen, ihrer Sprache und Sitte. Es zeigten sich diesseits und jenseits dieser Grenze weder in der Landschaft noch in der Bodenkultur, weder im Hausbau noch im Familienleben merkliche Unterschiede. Das Wesentliche der Grenze bestand in lauter teils drolligen, teils störenden Dingen, welche alle von unnatürlicher und rein phantastischer Art waren: in Zöllen, Paßämtern und dergleichen Einrichtungen mehr. Diese Dinge zu lieben und heilig zu halten, dagegen aber die Gleichheit von Rasse, Sprache, Leben und Gesittung, die ich zu beiden Seiten der Grenze fand, für nichts zu achten, ist mir nicht möglich gewesen, und so geriet ich, zu meinem schweren Schaden namentlich in der Kriegszeit, immer mehr in das Lager jener Phantasten, denen Heimat mehr bedeutet als Nation, Menschentum und Natur mehr als Grenzen, Uniformen, Zölle, Kriege und dergleichen. Wie verpönt und wie »unhistorisch gedacht« dies sei, wurde mir von vielen Seiten vielmals unter den wildesten Schmähungen mitgeteilt. Ich konnte es jedoch nicht ändern. Wenn zwei Dörfer miteinander verwandt und ähnlich sind wie Zwillinge, und es kommt ein Krieg, und das eine Dorf schickt seine Männer und Knaben aus, verblutet und verarmt, das andere aber behält Frieden und gedeiht ruhig weiter, so scheint mir das keineswegs richtig und gut, sondern seltsam und haarsträubend. Und wenn ein Mensch seine Heimat verleugnen und die Liebe zu ihr opfern muß, um einem politischen Vaterland besser zu dienen, so erscheint er mir wie ein Soldat, der auf seine Mutter schießt, weil er Gehorsam für heiliger hält als Liebe.

Nun, meine Liebe zur Heimat, zu dem Land, durch dessen Mitte der Oberrhein fließt, ist mir nie verkümmert und verdunkelt worden. Wie ich schon als Kind den Basler Rhein und die schwäbische Nagold liebte, Schwarzwälder und Schweizer Mundart erlernte und sprach, so fühle ich mich auch heute noch in allen »alemannischen« Landen zu Hause. Wohl hatte ich sehr oft im Leben einen starken Reisetrieb, stets dem Süden und der Sonne nach. Heimisch gefühlt aber habe ich mich weder in Italien noch in Bremen, weder in Frankfurt noch in München oder Wien, sondern immer nur da, wo Luft und Land, Sprache und Menschenart alemannisch war. Bauernhäuser mit rot gestrichenem Fachwerk, alte Städte mit Brücken über den hellgrünen wilden Rhein, blaue Abendberge, Obstland und Fruchtbarkeit, und in den Lüften etwas, was an nahe Alpen erinnert, auch wenn man sie nicht sieht. Das und noch viel anderes spricht zu mir heimatlich und vertrauensvoll, das lebt in mir, dahin gehöre ich. Und dazu die Sprache, die vielfältigen, doch nahverwandten schwäbischen und deutschschweizerischen Mundarten, eine Sprache von besonderem Klang, von besonderer Melodie. Ich kann sie nicht beschreiben, sie ist für mich Heimat und Mutter, Geborgenheit und Vertrauen.

Als Knabe, nachdem ich neunjährig aus der Schweiz in den Schwarzwald zurückgekehrt war, pflegte ich durch manche Jahre eine gewisse romantische Sehnsucht nach Basel und fühlte mich mit einem richtigen Kinderstolz als Fremdling und Ausländer, obwohl ich nach wenigen Wochen den schwäbischen Heimatdialekt wieder vollkommen wie in meinen ersten Lebensjahren sprach. Später kamen Zeiten, in denen ich mir ganz Schwabe zu sein schien und den schweizerischen Zuschuß stark unterschätzte. Erst allmählich wurde mir klar, daß meine gleichmäßige Liebe zu beiden Heimaten meiner Kindheit (zu welchen später noch der Bodensee hinzukam) nicht eine persönliche Laune von mir war, sondern daß es eine Landschaft, Atmosphäre, Volksart und Kultur gab, die ich schon früher von zwei verschiedenen Seiten her kennengelernt und mitgelebt hatte, die aber in sich Eins war. Seither rechne ich mich zu den Alemannen und bin nicht betrübt, sondern froh darüber, daß unser Alemannien nicht ein politisch abgegrenzter Staat ist und nicht auf Landkarten und in Staatsverträgen zu finden ist.

Als Gegner der National-Eitelkeiten darf ich nun die Alemannen nicht rühmen und sie mit Tugenden beladen, wie Völker es gerne voreinander tun. Ich halte weder die Treue noch die Schlauheit, weder die Tapferkeit noch den Humor für reservierte Spezialbegabungen der Alemannen, obwohl sie von alledem gute Proben geliefert haben. Ich liebe auch nicht einen alemannischen Dichter, eine alemannische Bauernstube, ein alemannisches Volkslied mehr als andere solch schöne Dinge auf Erden. Die Alemannen haben weder eine Peterskirche gebaut, noch haben sie einen Dostojewski, und wenn sie aus heimatlichem Dünkel nichts von fremder Art und Kunst wissen wollen, so tue ich nicht mit. Aber alles, was von alemannischer Herkunft ist, hat Heimatgeruch für mich, ist mir ohne weiteres verständlich und nah. Manches gefällt mir bei den Schwaben besser: so die wunderbare Musik bei den schwäbischen Dichtern, bei Hölderlin und Mörike. Anderes liebe ich wieder speziell bei den Schweizern: Phantasie hinter dem Anschein von Nüchternheit wie bei Gottfried Keller. Und noch etwas, worin die Schweizer anderen Alemannen voraus waren: eine bürgerlich-demokratische Mischung der Stände und Gesellschaftsschichten ohne scharfe Grenzen, Selbstbewußtsein und Selbstgenügsamkeit beim »Volk«, und Aufgeschlossenheit des »Gebildeten« gegen Volksgenossen aller Stände. Darin hatten wir auf der reichsdeutschen Seite manches verlernt und versäumt, was wir jetzt neu zu lernen im Begriff sind.

Das alemannische Land hat vielerlei Täler, Ecken und Winkel. Aber jedes alemannische Tal, auch das engste, hat seine Öffnung nach der Welt, und alle diese Öffnungen und Ausgänge zielen nach dem großen Strom, dem Rhein, in den alles alemannische Wasser rinnt. Und durch den Rhein hängt es von alters her mit der großen Welt zusammen. *(1919)*

Schwarzwald

Seltsam schöne Hügelfluchten,
Dunkle Berge, helle Matten,
Rote Felsen, braune Schluchten,
Überflort von Tannenschatten!

Wenn darüber eines Turmes
Frommes Läuten mit dem Rauschen
Sich vermischt des Tannensturmes,
Kann ich lange Stunden lauschen.

Dann ergreift wie eine Sage
Nächtlich am Kamin gelesen
Das Gedächtnis mich der Tage,
Da ich hier zu Haus gewesen.

Da die Fernen edler, weicher,
Da die tannenforstbekränzten
Berge seliger und reicher
Mir im Knabenauge glänzten.

»Die erste legitime Werkstatt meines Berufes«

In ein neues Haus einziehen heißt nicht nur etwas Neues anfangen, sondern auch etwas Altes verlassen […]. Dabei muß ich jener anderen Häuser gedenken, welche in früheren Epochen meines Lebens mir Obdach geboten und mein Leben und meine Arbeit beschützt haben. Jedem von ihnen bin ich dankbar, jedes von ihnen bewahrt unzählige Erinnerungen für mich und jedes hilft in meinem Gedächtnis dazu mit, der Zeit, in der ich es bewohnte, ein eigenes Gesicht zu geben […].

Obwohl in charaktervollen alten Häusern aufgewachsen, war ich in meinen jungen Jahren doch zu wenig kultiviert, und vor allem zu sehr mit mir selbst beschäftigt, als daß ich dem Haus und der Wohnung, worin ich lebte, viel Aufmerksamkeit und Liebe zugewandt hätte. Zwar war es mir keineswegs gleichgültig, wie mein Wohnraum aussehe, aber wichtig war mir damals am Aussehen meines jeweiligen Zimmers bloß das, was ich selber zu diesem Aussehen beitrug. Es interessierten und erfreuten mich nicht die Dimensionen des Raumes, nicht die Wände, ihre Winkel, ihre Höhe, die Farben, die Fußböden und so weiter, es interessierte mich lediglich das, was ich selber ins Zimmer mitgebracht und aufgestellt, gehängt und geordnet hatte […].

In den Jahren zwischen meiner ersten Heirat im Jahre 1904 und meinem Einzug in die Casa Bodmer im Jahre 1931 habe ich vier verschiedene Häuser bewohnt, und eines von ihnen selber gebaut. An sie alle muß ich heute denken.

In ein häßliches oder auch nur gleichgültiges Haus wäre ich jetzt nicht mehr gezogen; ich hatte viel alte Kunst gesehen, war zweimal in Italien gewesen, und auch sonst hatte mein Leben sich verändert und bereichert: zugleich mit dem Abschied von meinem bisherigen Berufe beschloß ich zu heiraten und beschloß zugleich, künftig ganz auf dem Lande zu leben. An diesen Entschlüssen sowohl wie an der Wahl der Orte und Häuser, in welchen wir künftig lebten, hatte meine erste Frau großen Anteil. Entschlossen zu einem einfachen, ländlichen, gesunden und möglichst bedürfnislosen Leben, legte sie doch großen Wert darauf, bei aller Einfachheit sehr schön zu wohnen, das heißt in schöner Landschaft mit schöner Aussicht, und in schönen, das heißt in charaktervollen, würdigen, nicht gleichgültigen Häusern. Ihr Ideal war das halb bäurische, halb herrschaftliche Landhaus, mit moosigem Dach, geräumig, unter uralten Bäumen, womöglich mit einem rauschenden Brunnen vor dem Tor. Ich selbst hatte ganz ähnliche Vorstellungen und Wünsche und stand in diesen Dingen auch unter Mias Einfluß. So war uns das, was wir zu suchen hatten, etwa vorgezeichnet. Zunächst

Hermann Hesse und Maria, genannt Mia, geb. Bernoulli, Mutter der gemeinsamen Söhne Bruno, Heiner und Martin.

suchten wir in der Nähe von Basel da und dort in hübschen Dörfern, dann trat durch meinen ersten Besuch bei Emil Strauß in Emmishofen auch der Bodensee in unsern Gesichtskreis, und zuletzt entdeckte, während ich zu Hause in Calw bei Vater und Schwestern saß und »Unterm Rad« schrieb, meine Frau das badische Dorf Gaienhofen am Untersee, und darin ein leerstehendes Bauernhaus, an einem kleinen stillen Platz gegenüber der Dorfkapelle. Ich war einverstanden, und wir mieteten das Bauernhaus für einen Mietzins von hundertfünfzig Mark im Jahr, was uns selbst dort und damals wohlfeil erschien. Dort begannen wir uns im September 1904 einzurichten, anfangs mit Enttäuschungen und Schwierigkeiten, mit langem Warten auf die ausbleibenden Möbel und Betten, die aus Basel kommen sollten und die wir Tag um Tag mit dem von Schaffhausen kommenden Morgenschiff erwarteten. Dann ging es vorwärts, und unser Eifer wuchs. Wir strichen das rohe Dachgebälk in den Stuben des obern Stockwerks dunkelrot, die beiden unteren Stuben, die hübschesten des Hauses, hatten alte Wandverkleidungen von unbemaltem Tannenholz, und neben dem gediegenen Ofen war eine sogenannte »Kunst«: ein Stück Wand war dort, oberhalb einer rohen Sitzbank, mit grünen alten Kacheln bekleidet, die vom Herdfeuer der Küche her erwärmt wurden. Hier war der Lieblingsplatz unsrer ersten Katze, des schönen Katers Gattamelata. Dies also war mein erstes Haus. Eigentlich freilich hatten wir bloß die Hälfte des Hauses

Der junge Stefan Zweig, der Hesse am 21. 6. 1905 in Gaienhofen besuchte.

gemietet, die andre Hälfte bestand aus Scheune und Stall, die der Bauer zur eigenen Verwendung behielt. Der Wohnteil des Fachwerkhauses bestand unten aus einer Küche und zwei Stuben, deren größere mit dem großen Kachelofen unser Wohn- und Speisezimmer war, rohe Holzbänke liefen der halben Wand entlang, es war dort warm und behaglich zwischen den Holzwänden. Das kleinere Zimmer daneben war das meiner Frau, dort stand ihr Klavier und Schreibtisch. Eine primitive Brettertreppe führte ins obere Geschoß. Dort war, dem Wohnzimmer unten entsprechend, ein großer Raum mit zwei Fenstern übereck, aus denen an der Kapelle vorbei Stücke der Seelandschaft zu sehen waren; dies war mein Studierzimmer, darin stand der große Schreibtisch, den ich mir hatte bauen lassen und den ich als einziges Stück von damals noch heute habe, auch ein Stehpult stand wieder darin, und alle Wände voll von Büchern. Trat man ein, so mußte man auf die hohe Balkenschwelle achten; wer das außer acht ließ, stieß sich in der niedrigen Türe den Kopf an, es ist manchem passiert. Der junge Stefan Zweig mußte bei seinem Besuch sich erst eine Viertelstunde hinlegen und erholen, ehe er sprechen konnte, er war zu rasch und enthusiastisch eingetreten, als daß ich ihn noch vor der Schwelle hätte warnen können. Daneben waren auf diesem Boden noch zwei Schlafzimmer, und darüber ein großer Dachboden. Ein Garten war nicht bei diesem Hause, nur ein kleiner Grasfleck mit zwei, drei geringen Obstbäumen, dazu grub ich dem Hause entlang eine Rabatte und pflanzte Johannisbeersträucher und einige Blumen hinein.

In diesem Haus habe ich drei Jahre gewohnt, während dieser Zeit ist mein erster Sohn zur Welt gekommen und sind viele Gedichte und Erzählungen entstanden. Im »Bilderbuch« und anderwärts findet sich manche Schilderung aus unsrem damaligen Leben. Etwas, was kein späteres Haus mehr zu geben hatte, macht dieses Bauernhaus mir lieb und einzigartig: Es war das erste! Es war die erste Zuflucht meiner jungen Ehe, die erste legitime Werkstatt meines Berufes, hier zum ersten mal hatte ich das Gefühl von Seßhaftigkeit, und eben darum auch zuweilen das Gefühl der Gefangenschaft, des Verhaftetseins an Grenzen und Ordnungen; hier zum ersten mal ließ ich mich auf den hübschen Traum ein, mir an einem Orte eigener

Ludwig Finckh mit Hermann Hesse im Eisenbahnabteil.

Wahl etwas wie Heimat schaffen und erwerben zu können. Und es geschah mit geringen und primitiven Mitteln. Nagel um Nagel in diesen Stuben habe ich selber eingeschlagen, und es waren nicht gekaufte Nägel, sondern die Kistennägel von unsrem Umzug, die ich Stück für Stück auf unsrer steinernen Hausschwelle geradegeklopft hatte. Ich habe die klaffenden Ritzen im Obergeschoß ausgestopft, mit Werg und mit Papier, und rote Farbe drübergestrichen, ich habe in dem schlechten Boden bei der Hauswand gegen Trockenheit und Schatten um die paar Blumen gekämpft. Das Einrichten dieses Hauses war mit dem schönen Pathos der Jugend geschehen, mit dem Gefühl eigenster Verantwortlichkeit für unser Tun, und mit dem Gefühl, es sei fürs ganze Leben. Dazu hatten wir auch den Versuch gemacht, in dieser bäuerlichen Hütte ein ländliches, einfach-aufrichtiges, natürliches, unstädtisches und unmodisches Leben zu führen. Die Gedanken und Ideale, die uns dabei führten, waren ebenso verwandt mit denen Ruskins und Morris', wie mit denen von Tolstoi. Zum Teil war es geglückt, zum Teil mißlungen, aber es war uns beiden mit allem Ernst gewesen, es war alles in Treue und mit Hingabe getan worden.

Zwei Bilder, zwei Erlebnisse stehen jedes mal scharf und wohlerhalten in meinem Gedächtnis auf, wenn ich an dies Haus und die ersten Gaienhofener Jahre erinnert werde. Das erste Bild ist ein warmer strahlender

Sommermorgen, der Morgen meines achtundzwanzigsten Geburtstages. Da wachte ich früh auf, von wunderlichen Tönen geweckt und beinah erschreckt, lief im Hemd ans Fenster, und unterm Fenster stand, von meinem Freund Ludwig Finckh aus den paar Nachbardörfern zusammengeholt, eine ländliche Blasmusik, die spielte einen Marsch und einen Choral, und die Hörner und die Klarinettenklappen funkelten in der Morgensonne.

Dies ist das eine Bild, das mir bei dem alten Hause einfällt. Das andre hat ebenfalls mit meinem Freund Finckh zu tun. Auch diesmal wurde ich aus dem Schlaf geschreckt, aber es war noch mitten in der Nacht, und unterm Fenster stand nicht Finckh, sondern Freund Bucherer und meldete mir, dass das kleine Häuschen, das Ludwig Finckh sich gekauft und soeben für seine junge Frau hergerichtet hatte, in Flammen stehe. Schweigend gingen wir durchs Dorf hinauf, da stand der Himmel hochrot, und das kleine putzige Hexenhäuschen, eben erst frisch ausgebaut, gemalt und eingerichtet, brannte vor unsern Augen bis zur letzten Schindel nieder, während sein Besitzer auf der Hochzeitsreise war und morgen eintreffen und seine Frau in das Haus einführen sollte. Als der Trümmerhaufen noch glühte und rauchte, mußten wir uns auf den Weg machen, um dem Freund entgegenzugehen und ihn und seine Frau mit der Unglücksbotschaft zu empfangen.

Von unsrem Bauernhaus nahmen wir einen langsamen und leichten Abschied, denn wir hatten beschlossen, uns nun selber ein Haus zu bauen. Es hatten sich dafür verschiedene Gründe eingefunden. Erstens waren unsre äußeren Verhältnisse günstig, und bei dem einfach-sparsamen Leben, das wir führten, war jedes Jahr Geld zurückgelegt worden. Dann hatten wir schon lange Sehnsucht nach einem richtigen Garten, und nach einer freieren und höheren Lage mit weiter Aussicht. Auch war meine Frau viel krank gewesen, und es war ein Kind da, und solche Luxuseinrichtungen wie eine Badewanne und ein Badeofen schienen uns jetzt nicht mehr so ganz entbehrlich wie vor drei Jahren. Und, so dachten und sprachen wir, wenn unsere Kinder nun hier auf dem Lande aufwuchsen, so war es schöner und richtiger, wenn sie es auf eigenem Grund und Boden, im eigenen Haus, im Schatten eigener Bäume tun konnten. Ich weiß nicht mehr, wie wir diese Auffassung vor uns selber begründeten, ich erinnere mich nur daran, daß es uns wirklich Ernst damit war. Vielleicht stand dahinter nichts als häuslicher Bürgersinn, obwohl der bei uns beiden nie stark gewesen war – aber am Ende waren wir durch die fetten Jahre erster Erfolge verdorben; oder aber spukte auch da so ein Bauerntum-Ideal mit hinein? Ich fühlte mich meiner Bauernideale zwar niemals sicher, auch schon damals nicht, aber von Tolstoi her und auch von Jeremias Gotthelf her, und gespeist aus einer damals in Deutschland ziemlich lebhaften Regung von Stadtflucht und Landleben mit moralisch-künstlerischer Begründung lebten nun eben diese hübschen, aber unklar formulierten Glaubensartikel in unsern Köpfen, wie sie auch im »Peter Camenzind« zum Ausdruck kamen. Ich weiß nicht mehr genau, was ich damals unter dem Wort »Bauer« verstand. Heute jedenfalls glaube ich nichts gewisser zu wissen, als daß ich das genaue Gegenteil eines Bauern bin, nämlich (dem angeborenen Typus nach) ein Nomade, ein Jäger, ein Unseßhafter und Einzelgänger. Nun, damals dachte ich im Grunde wahrscheinlich gar nicht viel anders als heute, aber statt des Gegensatzes »Bauer – Nomade« sah und formulierte ich damals eben den Gegensatz »Bauer – Städter«, und verstand unter Bauerntum nicht bloß die Stadtferne, sondern vor allem die Naturnähe und die Sicherheit, die ein nicht von Vernunftsätzen, sondern von Instinkten geleitetes Leben auszeichnet. Daß mein ländliches Ideal selber nur ein Vernunftsatz war, störte mich dabei nicht. Unsre Neigungen haben ja stets eine erstaunliche Begabung, sich als Weltanschauungen zu maskieren. Der Fehler meines Gaienhofener Lebens war denn auch nicht der, daß ich falsche Gedanken über Bauerntum und so weiter hegte, sondern daß ich zum Teil mit meinem Bewußtsein etwas ganz andres wollte und anstrebte, als meine wirklichen Triebe meinten. Wie weit ich dabei Ideen und Wünsche meiner Frau Mia über mich herrschen ließ, kann ich nicht sagen, ihr Einfluß in jenen ersten Jahren war aber, wie ich erst im Zurückblicken sehe, stärker als ich zugegeben hätte.

Das neue Haus am Erlenloh

Kurz, es war beschlossen worden, Land zu kaufen und zu bauen. Ein von Basel her befreundeter Architekt, Hindermann, war zur Verfügung, die Schwiegereltern gaben den größten Teil der Bausumme als Darlehen, Land war überall billig zu kaufen, ich glaube, der Quadratmeter kostete etwa zwei oder drei Groschen. So haben wir in unsrem vierten Bodenseejahr ein Grundstück gekauft und ein hübsches Haus darauf gebaut. Wir wählten einen Platz weit außerhalb des Dorfes, mit freier Aussicht über den Untersee. Man sah das Schweizer Ufer, die Reichenau, den Konstanzer Münsterturm und dahinter ferne Berge. Das Haus war bequemer und größer als das verlassene, es war Raum darin für Kinder, Magd, Gast, Schränke

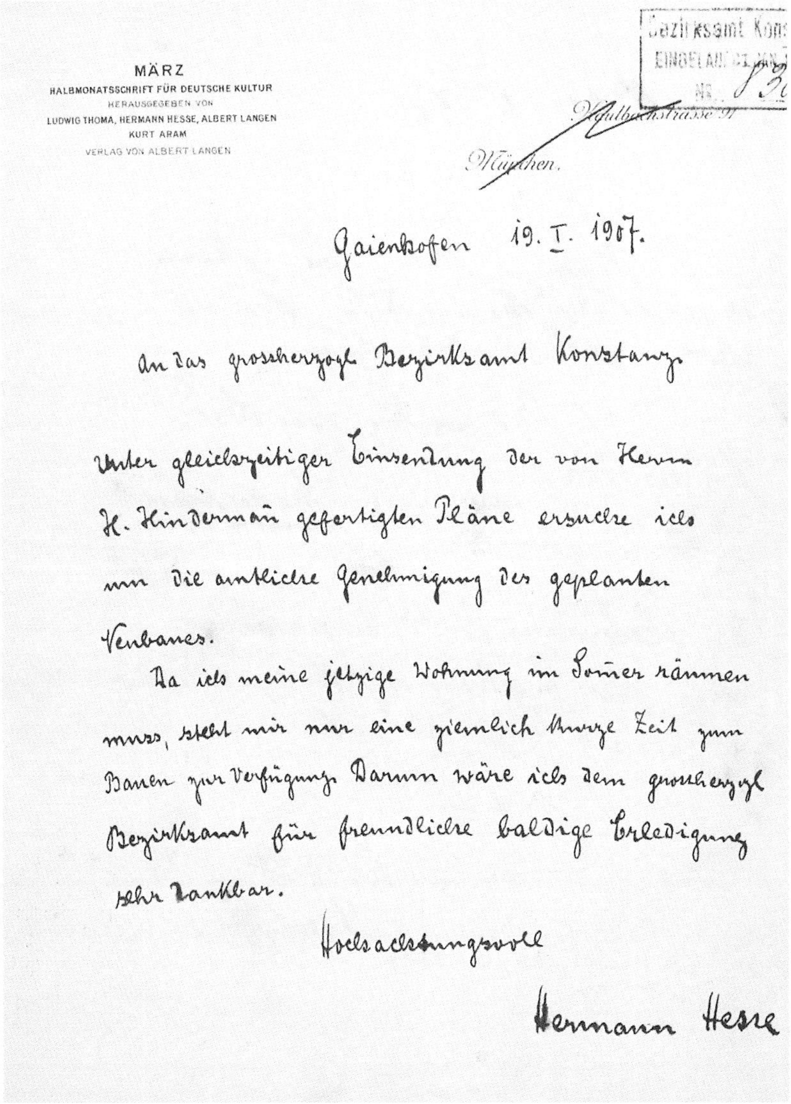

MÄRZ
HALBMONATSSCHRIFT FÜR DEUTSCHE KULTUR
HERAUSGEGEBEN VON
LUDWIG THOMA, HERMANN HESSE, ALBERT LANGEN
KURT ARAM
VERLAG VON ALBERT LANGEN

Gaienhofen 19. I. 1907.

An das grossherzogl. Bezirksamt Konstanz.

Unter gleichzeitiger Einsendung der von Herrn H. Hindermann gefertigten Pläne ersuche ich um die amtliche Genehmigung des geplanten Neubaues.

Da ich meine jetzige Wohnung im Sommer räumen muss, steht mir nur eine ziemlich kurze Zeit zum Bauen zur Verfügung. Darum wäre ich dem grossherzogl. Bezirksamt für freundliche baldige Erledigung sehr dankbar.

Hochachtungsvoll

Hermann Hesse

Antrag zur Baugenehmigung des Gaienhofener Hauses.

und Truhen wurden eingebaut, und wir brauchten das Wasser nicht mehr wie bisher vom Brunnen herzutragen, es gab eine Wasserleitung im Haus, und unterm Boden einen Wein- und Obstkeller und eine Dunkelkammer für die Photographien meiner Frau, und noch dies und jenes Hübsche und Angenehme. Nachdem wir eingezogen waren, gab es auch Enttäuschungen und Sorgen, die Senkgrube war häufig verstopft und in der Küche blieb das Altwasser im Schüttstein stehen und drohte überzulaufen, während ich mit dem herbeigeholten Baumeister vor dem Hause auf dem Bauche lag und mit Ruten und Drähten in den wieder aufgegrabenen Ablaufröhren

Das im August 1907 fertiggestellte und bis zum Juli 1912 bewohnte Haus.

wühlte. Das Ganze aber bewährte sich und machte uns Freude, und wenn auch unser tägliches Leben ebenso einfach geführt wurde wie vorher, so gab es doch eine Menge von kleinem Luxus, den ich mir nie hätte träumen lassen. In meinem Arbeitszimmer war eine Bibliothek eingebaut und ein großer Mappenschrank. An allen Wänden drängten sich die Bilder, wir hatten jetzt manche Künstlerfreunde, kauften einiges und bekamen andres geschenkt. In den Räumen des weggezogenen Max Bucherer wohnten jetzt im Sommer zwei Maler aus München, Blümel und Renner, die wir gern hatten und mit denen ich noch heute befreundet bin.

Besonders üppig und fein hatte ich mir die Heizung meines Studierzimmers ausgedacht: da stand ein großer grüner Kachelofen, der aber als Dauerbrenner mit Kohlen geheizt werden konnte. Wir gaben uns viel Mühe mit ihm, und schickten einmal während des Bauens eine ganze Wagenladung Kacheln wieder an die Fabrik zurück, weil sie nicht ganz das schöne Grün hatten, das ich gemeint und bestellt hatte. Aber gerade dieser Ofen zeigte mir die Schattenseiten aller Bequemlichkeiten und technischen Verfeinerung: der Kerl heizte zwar gut, aber bei etwas föhnigem Wetter braute er Gase, die er nicht wieder loswerden konnte, und explodierte dann mit einem Ton, den ich heut noch höre, und die Stube war plötzlich voll Kohlengas, Rauch und Ruß, man mußte das Feuer schleunigst herausholen und löschen, und zwei Stunden weit nach Radolfzell laufen, um den Hafner zu

Der Kachelofen in Hesses Arbeitszimmer.

holen, und dann war es für manche Tage aus mit Heizung und Studierstube. Drei- oder viermal ist das passiert, und zweimal reiste ich gleich nach dem Unglück ab: kaum war der böse Knall erfolgt und meine Stube eingeräuchert, so packte ich die Handtasche, lief weg, bestellte in Radolfzell den Hafner und fuhr von da nach München, wo ich als Mitherausgeber einer Zeitschrift ohnehin zu tun hatte. Immerhin waren diese Eskapaden seltne Ausnahmen.

Beinahe wichtiger als das Haus wurde mir der Garten. Einen eigenen Garten hatte ich noch nie gehabt, und aus meinen ländlichen Grundsätzen ergab sich von selbst, daß ich ihn selber anlegen, bepflanzen und pflegen mußte, und das habe ich denn auch manche Jahre lang getan. Ich baute im Garten einen Schuppen für das Brennholz und das Gartengerät, ich steckte gemeinsam mit einem mich beratenden Bauernsohn Wege und Beete ab, pflanzte Bäume, Kastanien, eine Linde, eine Katalpe, eine Buchenhecke und eine Menge von Beerensträuchern und schönen Obstbäumen. Die Obstbäumchen wurden im Winter von den Hasen und Rehen abgenagt und zerstört, alles andre gedieh recht schön, und wir hatten damals die Erdbeeren und Himbeeren, den Blumenkohl, die Erbsen und den Salat im Überfluß. Daneben legte ich eine Dahlienzucht an, und eine lange Allee, wo zu beiden Seiten des Weges einige hundert Sonnenblumen von exemplarischer Größe wuchsen und zu ihren Füßen viele Tausende von Kapuzinern in allen Tönen von Rot und Gelb. Mindestens zehn Jahre lang habe ich, in Gaienhofen und in Bern, allein und eigenhändig meine Gemüse und Blumen gepflanzt, meine Beete gedüngt und begossen, die Wege von Unkraut befreit, habe all unser vieles Brennholz selber gesägt und gespalten. Es war schön und lehrreich, und wurde doch am Ende zu einer schweren Sklaverei. Das Bauernspielen war hübsch, solang es ein Spiel war: als es sich zur Gewohnheit und Pflicht ausgewachsen hatte, war die Freude daran vorüber. Hugo Ball hat, nach meinen sehr sparsamen Auskünften, den Sinn dieses Gaienhofener Umweges in seinem Buch gut herausgeschält, wenn auch ein wenig zu kahl und zu wenig gerecht gegen Freund Finckh. Es war mehr Wärme dabei und mehr Unschuld und Spiel, als er ahnen läßt.

Wie sehr übrigens unsre Seele das Bild der Umwelt bearbeitet, verfälscht oder vielmehr korrigiert, und wie sehr die Erinnerungsbilder unsres Lebens von innen her beeinflußt werden, das zeigt mir meine Erinnerung an das zweite Gaienhofener Haus beschämend deutlich. Ich habe vom Garten dieses Hauses heute noch die genaueste Vorstellung, und im Hause selbst sehe ich mein Studierzimmer und dessen geräumigen Balkon deutlich mit allen Einzelheiten, ich könnte noch von jedem Buch die Stelle nennen, die es einnahm. Dagegen ist meine Vorstellung von den übrigen Räumen schon heute, zwanzig Jahre nachdem ich das Haus verlassen, merkwürdig unscharf geworden.

Nun waren wir also richtig für Lebenszeiten eingerichtet und angesiedelt, friedlich stand vor unsrer Haustür der einzige große Baum unsres Grundstücks, ein alter gewaltiger Birnbaum, unter den ich eine Lattenbank gezimmert hatte, fleißig bestellte ich meinen Garten, pflanzte und schmückte, und schon kam mein ältestes Söhnchen mir im Garten spielend mit seinem Kinderspaten nach. Aber die Ewigkeit, für die wir gebaut hatten, dauerte nicht lange. Ich hatte Gaienhofen erschöpft, es war dort kein Leben mehr für mich, ich reiste nun häufig für kurze Zeit weg, die Welt war so weit da draußen, und fuhr schließlich sogar nach Indien, im Sommer 1911. Die heutigen Psychologen, der Schnoddrigkeit beflissen, nennen so etwas eine »Flucht«, und natürlich war es unter andrem auch dies. Es war aber auch ein Versuch, Distanz und Überblick zu gewinnen. Im Sommer 1911 fuhr ich nach Indien und kam ganz am Ende des Jahres zurück. Aber das alles genügte nicht. Mit der Zeit fanden sich zu den verschwiegenen inneren Gründen unsrer Unzufriedenheit auch die äußern, die zwischen Mann und Frau leicht diskutierbaren: ein zweiter und dritter Sohn war geboren, der älteste wurde schulpflichtig, meine Frau empfand zuweilen Heimweh nach der Schweiz und auch nach der Nähe einer Stadt, nach Freunden und nach Musik, und allmählich gewöhnten wir uns daran, unser Haus als verkäuflich und unser Gaienhofener Leben als eine Episode zu betrachten.

(Aus »Beim Einzug in ein neues Haus«, 1931)

Besuch bei einem Dorfarzt

Meine erste Heirat fand im Sommer 1904 in Basel statt. Meine Braut hatte, während ich in Calw an einem Buch arbeitete, eine ländliche Wohnung für uns gesucht und in einem kleinen Dorf am deutschen Ufer des Bodensees ein leerstehendes altes Bauernhaus entdeckt, etwas primitiv und auch etwas verwahrlost, aber hübsch und still. Das einzige Komfortable im Haus war ein schöner alter Kachelofen mit »Kunst«, von der Küche her heizbar. Wasser gab es nicht, das mußte vom Brunnen in der Nähe geholt werden, Gas oder elektrisches Licht gab es in der ganzen Gegend nicht, und es war auch nicht ganz einfach, das Dörfchen zu erreichen oder zu verlassen; außer dem Dampfschiff, das nur sehr selten und bei Eis oder Sturm oft gar nicht fuhr, gab es nur einen Pferdepostwagen, mit dem man in stundenlanger Fahrt, mit langen Aufenthalten in jedem Zwischendorf, eine Bahnstation erreichen konnte.

Es war aber gerade das, was wir uns gewünscht hatten, ein verwunschenes, verborgenes Nest ohne Lärm, mit reiner Luft, mit See und Wald, und die Miete für unser ganzes Haus mit fünf Stuben kostete, glaube ich, etwa hundertfünfzig Mark im Jahr. Wir hatten unsere Sachen schon vor manchen Tagen vorausgeschickt, aber als wir jungen Eheleute nun in unserem Dorf ankamen und einziehen wollten, standen wir vor einem leeren Haus, außer meinen Bücherkisten war noch nichts angekommen, weder Möbel noch Betten, es blieb uns nichts übrig, als zu warten und vorerst irgendeinen Gasthof aufzusuchen. Es wurde uns einer drüben am Schweizer Ufer empfohlen, wir ließen uns über den See rudern und fanden gute Aufnahme und Unterkunft. Immerhin, der Beginn unseres Unternehmens war etwas enttäuschend: meine Frau hatte sich auf den Einzug und auf das Einrichten gefreut, ich auf das Aufstellen meiner Bibliothek und das Einweihen des großen neuen, aus München bestellten Schreibtisches, an dem ich noch heute arbeite. Statt dessen saßen wir untätig in einem fremden Dorf und Gasthaus, konnten auf das andere Ufer und »unser« Dorf hinüberblicken, fuhren immer wieder mit dem kleinen Dampfer übers Wasser und sahen uns jedes mal enttäuscht: unser Hausrat war nicht eingetroffen. Irgendetwas schien da nicht zu stimmen bei unserem Sprung ins neue Leben, das ich mir knabenhaft halb als Idylle, halb als Robinsonade vorgestellt hatte, irgendein Kobold schien da zu spuken. Doch waren wir jung, vergnügt und neugierig genug, um nicht schon damals solche Gedanken zu hegen, man ist ja nachher immer scheinbar klüger als in der lebendigen Gegenwart und trägt, wie die leidigen Geschichtsphilosophen es tun, im erinnernden Nachzeichnen des Erlebten Zusammenhänge, Entwicklungslinien und Deutungen hinein, die man dann gern schon dazumal gehabt zu haben sich einbildet. Wir waren im großen ganzen recht vergnügt auf Ausflügen, Schiffs- und Ruderbootfahrten, studierten den üppigen Flor in den gepflegten Bauerngärten und die Mundart der Thurgauer, und für mich waren namentlich die Fischerdörfer und die Ufergebiete mit ihren tausend Pfählen, ihren heimlichen Strömungen und ausgedehnten hohen Schilfwäldern von hoher Anziehungskraft.

Etwas wie Beängstigung aber empfand ich, als an einem dieser heimlosen Ferientage meine Frau mir gestand, daß sie ernstliche Schmerzen beim Bücken und manchmal auch beim Gehen habe. Ich kannte sie als zäh und tapfer, das Gegenteil von wehleidig, ich wußte sie als furchtlose und ausdauernde Bergsteigerin und groß beim Klettern im Fels, mir an physischer Konstitution und Leistungsfähigkeit überlegen, und konnte mir wohl denken, sie habe schon eine gute Weile sich mit diesen Schmerzen geschleppt und sie erst eingestanden, als sie nicht mehr zu verheimlichen waren. Darum erschreckte mich ihre Klage. Sofort erkundigte ich mich, ob es einen Arzt am Ort gebe. Richtig, es gab einen, die Wirtsleute rühmten ihn sehr, er sei unmenschlich gescheit, habe schon manchem wunderbar geholfen und nehme von armen Patienten wenig oder nichts, schenke ihnen sogar manchmal die Arzneien. So ließen wir uns denn das Haus des Dorfarztes zeigen, fanden ihn auch zu Hause und wurden gleich empfangen.

In einem altmodisch-behaglichen Studierzimmer saß hinter einem breiten, mit allerlei Zeug vollgestapelten Schreibtisch ein gut und freundlich aussehender Herr, er hätte etwa ein Pfarrer oder Gelehrter sein können, an den Arzt erinnerte in dem dämmrigen Zimmer einzig eine Reihe von Flaschen und Fläschchen, die in Griffnähe neben ihm standen. Wir waren jung und empfanden beide noch dem Medizinmann gegenüber eine gewisse respektvolle Schüchternheit, er war auch erheblich älter als wir und fand sich nicht wie wir in einer ungewohnten Situation, er strahlte vielmehr eine heitere Sicherheit aus, übrigens auch ein natürliches Wohlwollen, und empfing uns gut gelaunt und zu angenehmer Konversation bereit, während wir, klein und etwas ängstlich, seiner Einladung folgten und Platz nahmen. Und so blieb es über die ganze Zeit unserer Unterhaltung: wir, die Schwachen, saßen gespannt und mit gezwungener Höflichkeit auf unseren Stühlen und er, der Starke und Joviale, saß bequem und väterlich einige Meter von uns entfernt in seinem Armsessel und blieb trotz aller unserer Versuche, die Distanz zu durchbrechen, der Führende in der Konversation. Es war vom Wetter, von der Landschaft, vom Gasthaus, von Sehenswürdigkeiten in der Umgebung, von Fischerei und Obsternte die Rede, zwischenhinein auch von den Schmerzen im Rücken meiner Frau, die er jedoch nicht besonders ernst nahm.

»Ja, ja, so junge Frauchen haben recht oft solche Beschwerden, man darf es nicht tragisch nehmen, immerhin gebe ich Ihnen dann etwas zum Einreiben mit, es kann nichts schaden.«

Und so weiter und weiter. Zu einer Untersuchung war er nicht zu bewegen, er blieb hinterm Schreibtisch thronen. Schließlich mußten wir Abschied nehmen, er stand auf, reichte uns eine Flasche Opodeldok, und seine letzten Worte waren: »Fahren Sie doch gelegentlich nach Konstanz und fragen Sie nach Engstlers Biergarten, da bekommen Sie ein gutes Pilsener und können unter den Bäumen im Schatten sitzen, und da singen die Vögel, das ist so schön wie ein Militärkonzert und kostet keinen Rappen.« Wir fragten, was wir schuldig seien und bezahlten für Konsultation samt Arznei fünf Franken. Bald darauf wurde an anderer Stelle die Krankheit meiner Frau als Ischias erkannt, sie lag viele Wochen damit in Basel und hatte noch jahrelang mit heftigen Rückfällen zu tun.

(Aus« Ein paar Erinnerungen an Ärzte«, 1960)

Briefe vom Bodensee I

Hermann Hesse an die Familie

Steckborn 5. August 1904

Ihr Lieben, nur in Eile viel schöne Grüße und die Mitteilung, daß wir also am Dienstag getraut wurden. Es gab darauf bei Maria ein kleines Essen, und abends fuhren wir zwei nach Schaffhausen, von da mittwochs nach Konstanz, wo wir noch viele Besorgungen hatten. Seither trieben wir uns am See herum, besuchten in Rheineck eine Freundin von Maria, waren in Ermatingen usw. Heut abend kamen wir hier in Steckborn an, und morgen wollen wir anfangen, in Gaienhofen nach unsern Sachen zu sehen. Freilich wird sich noch wenig tun lassen, denn die Möbel sind noch nicht da. Wir wohnen einstweilen in Steckborn im Hotel, doch treffen uns Briefe u.s.w. in Gaienhofen, wohin wir jeden Tag kommen. Leider hat Maria, wohl in Folge der vielen Arbeit und Springerei, in letzter Zeit beim Gehen Beschwerden im Rücken, so daß wir schön langsam machen müssen. Doch hoffen wir nach dem Rat eines Konstanzer Arztes, die Sache durch Einreiben etc. bald wegzukriegen. Im Übrigen hatten wir bei dem schönen Wetter am See sehr schöne Tage. Wir sahen zusammen ein gutes Stück See und Ufer und freuen uns nun nicht wenig darauf, von der prächtigen Gegend ernstlich Besitz zu nehmen. Eben jetzt, etwa eine Stunde nach Sonnenuntergang, sitzen wir im Hotel am See und freuen uns über diesen köstlichen Winkel, der nun uns gehören soll.

Für heute nur viele herzliche Grüße und Wünsche, besonders für Papa von Euren

Hermann und Maria

Und ich wohne also jetzt mit Frau in Gaienhofen, in einem lustigen Bauernhäuschen (Jahresmiete 150 Mark), das sich hoffentlich auch im Winter bewohnbar zeigt. Einstweilen tat ich das Mögliche mit Dachflicken und Ausbessern der Böden usw. und bin viel mit Beil und Hammer tätig.

Unser Leben hier ist völlig einsam und ländlich, doch nicht ganz, was man poetisch-idyllisch nennt. Das Dörflein ist ganz klein und hat nur einen Bäcker, aber keine Läden, keinen Metzger usw. Ich muß also, sobald etwas nötig wird, nach Steckborn rudern und dort einkaufen. Dabei wird der Zoll passiert, und ich kann schon den ganzen Zolltarif für Küchensachen usw. auswendig, ziehe aber natürlich wo möglich das Schmuggeln vor. In Bälde hoffe ich nun auch ans Fischen zu kommen.

Zwei unsrer Stuben (Wohnstube und Studierbude) sind sehr schön, auch

Herzlich habe ich ... der guten, etwas leichtsinnigen aber wunderschönen Zeit gedacht, in der ich dies brave alte Haus bewohnt habe mit dem Blick auf Kapelle und See und dem Duft der Schulhauslinde im Schlafzimmer. Gut, daß man das einmal gehabt hat. Es ist nachher nie wieder ähnlich behaglich und heiter bei mir geworden. (Aus einem Brief Hesses vom 1. 7. 1947 an Ludwig Finckh)

groß, mit Seeaussicht. Das Dorf liegt bergan am Hügel. Ich bin 5 Minuten von der Schifflände. Die Landschaft ist licht und hübsch, viel Obst und Wein, der aber sauer ist, bergaufwärts Wälder. Sie sollten einmal kommen.

(Aus einem Brief Hesses an Alexander Freiherr von Bernus vom 2. 9. 1904)

Dieser Tage fuhr ich in der Eisenbahn von Steckborn nach Konstanz. Durch Obstbäume glänzte mattrot der abendliche Untersee, Bauerngärten mit Geranien, Fuchsien und Georginen leuchteten durch braune und grüne Lattenzäune, jenseits des Wassers lag die Reichenau und über Ried und Rebbergen das hohe Horner Kirchlein golden umleuchtet in der milden Abendklarheit. Es war noch heiß und ich hatte streng rudern müssen, um den Zug noch zu erreichen. Nun saß ich müde und gedankenlos allein in der Wagenecke und sah durchs offene Fenster die wohlbekannten Berge, Matten und Wasser im roten Abenddunst verglühen.

(Aus der Erzählung »Garibaldi«, 1904)

Ich diktiere diese Worte meiner Frau unter ziemlich unbequemen Umständen: unsere Möbel sind noch nicht angekommen, und wir leben schon seit Tagen ohne Tisch und Stuhl in unserm leeren Bauernhäuschen. Nun zur Hauptsache. Mit Ihnen persönlich und mit der »Neuen freien Presse« [Wien] in Verkehr zu treten, ist mir eine Freude. Im Augenblick habe ich gar nichts zur Hand, nicht einmal eine Übersicht über meine seit Wochen verpackten Papiere. Es ist die Frage, ob meine meist etwas ins Breite geratenden Erzählungen Ihnen nicht zu lang sein werden. Da es mir fast nie auf Geschehen und auf Pointen ankommt, sind meine Sachen für ein großes Publikum meist langweilig. Auch pflege ich auf die Darstellung des Landschaftlichen, des Atmosphärischen usw. besonders zu achten, was nur wenige goutieren. Doch schreibe ich je und je etwas wie ein Feuilleton, am liebsten z. B. eine Landschaftsstimmung oder dergleichen. Etwas Derartiges kann ich Ihnen vielleicht in einiger Zeit anbieten.

(Aus einem Brief Hesses an Franz Karl Ginzkey vom 12. 8. 1904)

Und ich wohne also seit Anfang August verheiratet hier am Bodensee (Untersee) und hoffe ganz bestimmt, daß Sie früher oder später mich besuchen werden. Denn Wien kommt mir, seit ich nun völlig auf dem Land sitze, immer ferner und unmöglicher vor.

Gaienhofen ist ein ganz kleines schönes Dörflein, hat keine Eisenbahn, keine Kaufläden, keine Industrie, nicht einmal einen eigenen Pfarrer, so daß ich heut früh zur Beerdigung eines Nachbarn bei scheußlichstem Regen eine halbe Stunde über Feld waten mußte. Es hat auch keine Wasserleitung, so daß ich alles Wasser am Brunnen hole, keine Handwerker, so daß ich die nötigen Reparaturen im Haus selber machen muß, und keinen Metzger, also hole ich Fleisch, Wurst etc. jeweils im Boot über den See aus dem nächsten thurgauischen Städtchen. Dafür gibt es Stille, Luft und Wasser gut, schönes Vieh, famoses Obst, brave Leute. Gesellschaft habe ich außer meiner Frau und unsrer Katze nicht. Ich bewohne ein gemietetes Bauernhäuschen, für das ich jährlich 150 (hundertfünfzig) Mark Miete bezahle.

Es lebe Peter Camenzind! Ohne den hätte ich nicht heiraten und nicht hierher ziehen können. Er hat mir 2500 Mark eingebracht, davon kann ich zwei Jahre leben, wenigstens, wenn ich hierbleibe.

Die »Berühmtheit«, auf die ich mich anfänglich freute, ist weniger lustig, als ich dachte. Schullehrer und Vereine bitten im Geschäftsstil um Gratisexemplare meines Buches usw. Ein Journalist schrieb, er wolle mich für ein Buch über »Zeitgenossen« interviewen. Ich schrieb ihm, er solle in eine Wasserheilanstalt. Das war noch in Calw, hierher nach Gaienhofen kommt niemand, das ist doch zu abseits. Übrigens haben die Briefe usw. jetzt nachgelassen, und es wird wieder Ruhe im Land […].

Und nun bin ich ein verheirateter Mann, und mit dem Zigeunern hat es einstweilen ein Ende. Die kleine Frau ist aber lieb und vernünftig. Freilich – daß ich heute ein kleines Fäßchen Weißwein bestellt habe, weiß sie noch nicht. Der hiesige Wein ist nämlich schandenmäßig sauer.

(Aus einem Brief Hesses an Stefan Zweig vom 11. 9. 1904)

Auch ich wohne ganz nebendraußen. Unser Dörflein liegt am Untersee, ohne Eisenbahn und Verkehr, nur ein Schiff kommt einmal am Tag, bleibt aber winters auch zuweilen aus. Am See habe ich ein kleines leichtes Ruderboot, ein Geschenk von Freunden, mit dem bin ich viel unterwegs,

Umschlagmotiv von Hesses erstem, Ende 1903 ausgeliefertem Roman.

nehme auch zuweilen eine Hechtangel mit und setze ein primitives kleines Dreiecksegel auf [...].

Zur Zeit hat dies Leben freilich einige Störung erlitten. Meine Frau (ich habe dies Jahr geheiratet) ist schon drei Monate krank. Doch geht es nun vorwärts, und ich hoffe doch noch fröhliche Weihnacht zu feiern.

Mit »Camenzind« kam ich öfters in Verlegenheit, da es aussieht, als müsse ich selber Peter sein, was nicht der Fall ist; ich teile nur ungefähr seine Art zu denken und zu leben, den Wein leider inbegriffen. Und nun beginnt die Ehe mein Leben vollends zu ändern, indem sie wenigstens dem ewigen Wandern und Zigeunern ein Ende macht. Ich muß regelmäßiger arbeiten, um für den Haushalt zu sorgen u. s. w., aber im Grunde bummle ich doch meistens, nur mit etwas schlechterem Gewissen. Und meine Frau ist geduldig und läßt mich gewähren. Abends sitzen wir am grünen Kachelofen in unserer alten, hölzernen Bauernstube, essen Birnen und lesen ein wenig im Don Quichote oder sonst einem heiteren alten Buch, und bei feierlicher Stimmung auch ein Gedicht von Mörike, der mir lieber als alles andre ist, höchstens Gottfried Keller ausgenommen.

(Aus einem Brief Hesses an Lili du Bois-Reymond vom 11. 12. 1904)

Mit seiner Frau und Freunden am Ufer des Bodensees.

Von links nach rechts: Ludwig Finckh, H.H., Martin Lang und Mia Hesse.

Hermann Hesse mit seinem ersten Sohn Bruno.

Gattamelata, der erste Kater Hesses, am Kachelofen des Bauernhauses.

Dorfgasse in Gaienhofen.

Der »Simplicissimus«-Verleger Albert Langen und sein Autor Ludwig Thoma, die bei Hesse im April 1906 die Zeitschrift »März« gründeten.

25. Mai 1912 Preis 50 Pf.

März

Eine Wochenschrift

Gegründet von Albert Langen

Herausgeber:

Ludwig Thoma · Hermann Hesse

Aus dem Inhalt:

6. Jahrgang

Heft 21

März-Verlag G.m.b.H. München

Titelblatt des »März«-Heftes vom 25. 5. 1912.

Anzeige der von Thomas Theodor Heine entworfenen Titelblätter und Plakate.

September-morgen am Bodensee

Die Nebelmorgen haben nun wieder begonnen, schon mit Anfang September. In den ersten Tagen waren sie beengend, düster und traurig machend, solange man noch das leuchtende Blau und Rotbraun der Hochsommermorgen frisch im Gedächtnis hatte. Sie schienen kalt, stumpf, freudlos, vorzeitig herbstlich, und erweckten jene ersten, halb unbehaglichen, halb sehnsüchtigen Gedanken an Stubenwärme, Lampenlicht, dämmerige Ofenbank, Bratäpfel und Spinnrad, die jedes Jahr allzu früh kommen und die ersten Herbstschauer sind, ehe die fröhlichen und farbigen Wochen der Obst- und Weinlese sie wieder vertreiben und in ein nachdenkliches, erwärmendes Ernte- und Ruhegefühl verwandeln.

Nun ist man schon wieder an die Seenebel gewöhnt und nimmt es für selbstverständlich hin, daß man vor Mittag die Sonne nicht zu sehen bekommt. Und wer Augen dafür hat, genießt diese grauen Vormittage dankbar und aufmerksam mit ihrem feinen, verschleierten Lichterspiel, mit ihren an Metall und Glas erinnernden Seefarben und ihren unberechenbaren perspektivischen Täuschungen, die oft wie Wunder und Märchen und fabelhafte Träume wirken. Der See hat kein jenseitiges Ufer mehr, er verschwimmt in meerweite, unwirkliche Silberfernen. Und auch diesseitig sieht man Umrisse und Farben nur auf ganz kleine Entfernungen; weiter hinaus ist alles in Wolke, Schleier, Duft und feuchtes Licht grau aufgelöst. Die ernsten, einzeln stehenden, überaus charaktervollen Pappelwipfel schwimmen matt als fahle Schatteninseln in der nebeligen Luft, Boote gleiten in unwahrscheinlichen Höhen geisterhaft über den dampfenden Wassern hin, und aus unsichtbaren Dörfern und Gehöften dringen gedämpfte Laute – Glockengeläute, Hahnenrufe, Hundegebell – durch die feuchte Kühle, wie aus unerreichbar fernen Gegenden herüber.

Heute früh, da ein leichter Nordostwind ging, steckte ich das hohe, schmale Dreiecksegel auf meinen kleinen Nachen, stopfte mir eine Pfeife und trieb langsam seeabwärts durch den Nebel. Die Sonne mußte schon überm Berg sein, denn das frühmorgendliche Bleigrau des Wasserspiegels verwandelte sich langsam in klares Silber, beinahe so wie bei schwachem Mondlicht. Von den sonst so freundlich nahen, laubigen oder schilfbestandenen Ufern war nichts zu sehen, und da ich keinen Kompaß besitze, segelte ich wie durch völlig fremde, uferlose Gewässer und Wolkenmeere dahin und konnte nicht einmal über die Geschwindigkeit meiner Fahrt irgendwelche Schätzung aufstellen. Doch untersuchte ich nach einer Weile die Tiefe und da ich keinen Boden fand, warf ich eine Schwemmschnur mit Hechtlöffel auf 20 Meter Tiefe aus und zog sie gemächlich hinter mir her.

So trieb ich vielleicht eine Stunde lang weiter, im Steuersitz zusammengekauert, immer im weißen Nebel. Es war kühl. Die linke Hand, in der ich die Segelleine führte, war mir steif und gefühllos geworden, und ich ärgerte mich, daß ich keine Handschuhe mitgenommen hatte. Dann begann ich träumerische Halbgedanken zu spinnen. Ich dachte an einen merkwürdigen Verwandtenmord, der zur Zeit des Konstanzer Konzils im Schlosse meines Dörfchens Gaienhofen geschehen war und mich durch manche Umstände interessierte, und dachte an jene ganz seltsam erregte Zeit, in der unser stilles Seeufer ein Mittelpunkt der Welt und Kultur und die Bühne für große geschichtliche Einzelschicksale gewesen ist. Es unterhielt und befriedigte mich, die hinter Nebeln verborgenen, wohlbekannten Ufer mit den Bildern jener lang verschwundenen Menschen, ihrer Geschicke und Leidenschaften zu bevölkern. Einer Erbschaft wegen bringt ein Baron seinen Bruder um, Beziehungen zu fernen Ländern spielen ahnungsvoll herein, und von dem mit vornehmen Konzilgästen, Pomp und Luxus überfüllten Konstanz her glänzt verlockend der Reiz einer üppig reichen Kultur [...].

Ein sich überstürzender, schrill schnurrender Laut schreckte mich auf, während noch meine Phantasie bemüht war, sich die Kostüme und Waffen jener süddeutschen Barone und welschen Gäste zu Beginn des 15. Jahrhunderts vorzustellen. Hastig kehrten meine Sinne zum gegenwärtigen Augenblick zurück; in der Erregung des Jagdglücks faßte ich nach dem Haspel, zog vorsichtig an und fühlte einen kräftigen Fisch am Haken, der sich mit verzweifelter Leidenschaft zur Wehr setzte. Langsam ziehend, förderte ich einen schönen Hecht an die Oberfläche und brachte ihn im Hamen ein. Darauf setzte ich die Schnur mit Eifer von neuem aus, während der gefangene Fisch im Kasten wütend schlug und plätscherte. Dabei mußte ich das Steuer loslassen und ein plötzlicher Windstoß schlug mir, da das Boot sich gedreht hatte, die Segelstange und das flatternde Segel kräftig um die Ohren. Der Richtung ungewiß, ließ ich dem Wind das volle Segel und trieb mit zunehmender Schnelligkeit geradeaus, bis der schattenhafte Umriß einer mit alten Nußbäumen bestandenen Landzunge sichtbar wurde. Von den undeutlich auftauchenden, grau verschleierten Rebhügeln krachten da und dort die Flintenschüsse der Weinbergwächter. Ich zog mein Segel ein und ruderte langsam uferwärts, denn die allmählich wärmer werdende Luft roch stark nach nahem Regen. So suchte ich denn die nächste Schifflände, fand sie auch nach kurzer Fahrt, und während ich mein Boot ans Land zog und mich nach dem Namen des kleinen thurgauischen Dorfes erkundigte, begann es erst dünn und gleichsam widerwillig, dann immer kräftiger und ausgiebiger zu regnen.

Auch wenn nicht allen Anzeichen nach zum Nachmittag helles Wetter zu erwarten gewesen wäre, hätten mich der Regenguss und die kurze Verbannung in ein unbekanntes Dorfwirtshaus durchaus nicht betrübt. Ohnehin gebe ich auf sogenanntes »schönes Wetter« gar nichts, denn jedes Wetter ist schön, wenn man Augen und Seele aufmacht; und dann gehört es für mich zu den bevorzugten kleinen Wanderfreuden, unerwartet vom Wetter in Winkel und zu Menschen getrieben zu werden, die ich sonst wohl nie aufgesucht und gesehen hätte. Es ist immer eigen und sehr oft köstlich, für Augenblicke oder Stunden als ungemeldeter Gast in einer fremden Stube bei Unbekannten zu sitzen, ein Stück kleines Leben zu sehen und eine Weile in Gesichter zu blicken, die man nie zuvor sah, die einem oft in wenigen Augenblicken vertraut und unvergeßlich werden und die man vielleicht nie wieder sieht.

Es war kühl in der halbdunklen Schankstube, draußen stürzte der Regen immer heftiger herab und troff in Bächen an den Fensterscheiben nieder. Der Wein, natürlich der unvermeidliche sogenannte Tiroler, war verzweifelt herb und machte mich frösteln. Am großen tannenen Tisch saß ein einziger Gast, ein struppiger alter Fischer mit verdrießlichem Trinkergesicht, und hatte eine Quinte Schnaps vor sich stehen.

Das alles war nicht sehr beglückend. Ich fing schließlich an, die gestrige Steckborner Zeitung zu lesen – Beratungen des Ausschusses über Vergrößerung der Badeanstalt, Fischmarktbericht, ein Scheunenbrand, Stand der Reben, bevorstehende Erhöhung der Zuckerpreise usw. Und es regnete immer lauter mit einer zähen und erbitterten Leidenschaftlichkeit, in oft wechselndem Takte, der etwas ebenso Aufregendes wie Trostloses hatte. Ich war nahe daran, meine von zu Hause mitgebrachte und durch den Hechtfang noch erhöhte schöne Morgenfreudigkeit zu verlieren. Da hörte ich, während ich mir die Pfeife frisch stopfte, daß der Wirt den verdrießlichen Alten als Jaköbeli anredete, und beim Klange des Namens fielen mir allerlei Geschichten ein. Vom Jaköbeli hatte ich viel reden hören. Er war ein thurgauischer Fischer, den man weit herum im Volke kannte, ein Sonderling und Trinker, mit einem Stich ins Verrückte und einer merkwürdig glücklichen Hand beim Fischen. Er wisse alle Wetterregeln und Kalendersachen unfehlbar auswendig, hatte ich sagen hören, und vielleicht auch noch manche Künste, die nicht jeder verstehe. Je länger ich nun den Alten betrachtete, desto fester war ich überzeugt, er müsse der Jaköbeli sein. Also

warf ich ihm ein paar Bemerkungen übers Wetter hin, über diesen ungewöhnlich heißen Sommer, die frühen Septembernebel und die Aussichten für den heurigen Wein.

Jaköbeli ließ mich eine Weile reden, äugte ernsthaft zu mir herüber und räusperte sich ein paarmal. Dann machte er plötzlich, indem er sein Gläschen beiseite schob, eine großmütige, abwinkende und Gehör erbittende Gebärde wie ein alter Prophet und begann zu reden.

»Dieser Sommer«, sagte er, »jawohl mein Herr, ist ein besonderer Sommer gewesen, und ich sage gar nichts, aber man wird schon sehen, was alsdann kommen wird, mein Herr. Viel Nuß und Haselnuß, das gibt einen strengen Winter, und viel Bucheln und Eicheln, das gibt große Kälte. Es heißt auch:

›Ist St. Dominik trocken und heiß,
So wird der Winter lange weiß.‹

So ist's wirklich und wahrhaftig. Aber das will ja noch wenig sagen. Das nächste Jahr dagegen, wenn man daran denkt, was ich sage, das wird ein Hungerjahr, ein heißes Jahr. Frucht und Obst wird verbrennen und dörren, desgleichen Gras und Kartoffel, aber viel Kirschen.«

»Warum denn?« fragte ich. Er winkte verächtlich ab. »Wie ich sage, mein geehrter Herr. Das nächste Jahr wird ein Sonnenjahr heißen, und die Sonne führt ein gutes Regiment, aber zu trocken und heiß. Auch der Winter wird alsdann noch strenger werden. Wie es vor dreihundert Jahren geschehen ist, daß der Rhein Grundeis gehabt hat und Kinder erfroren in der Wiege.«

Es folgten noch mehrere Wetterreime, die ich leider vergessen habe. Darauf ein zarter Versuch, mich zum Zahlen eines weiteren Schnapses zu veranlassen: ich überhörte ihn freundlich. Nun klagte er über Nebel und Kühle, schlechten Fischfang und Gliederreißen, nochmals auf die Zuträglichkeit eines wärmenden Schnapses hinweisend, den er sich auch bestellte, und den ich schließlich, seinem flehenden Blick gehorchend, zu bezahlen versprach. Auf das hin wurde er fröhlich, rückte mitteilsam nahe zu mir her und begann fidele Geschichten zu erzählen, meistens von ungeheuerlichen Trinkereien oder fabelhaften Fischzügen. Die beste war folgende: Einmal hatte er in Horn am Zeller See Fische verkauft und das ganze Geld dafür sofort vertrunken. Als er wieder abfahren wollte, war er so bezecht, daß ihn die Strandzöllner nicht ins Boot steigen lassen wollten, denn er war der Ruder nimmer mächtig und der See war unruhig und hatte Schaum. Er fuhr aber trotzdem ab, versuchte eine Strecke zu rudern, sank dann ermüdet ins Boot und schlief ein. Und als er wieder erwachte, trieb sein Nachen gerade an die Schifflände von Steckborn, die er hatte erreichen wollen. Aber noch besser! Zufällig war, was er im Rausche nicht beachtet hatte, seine Schwemmschnur noch ins Wasser gehängt, und wie er sie nun einholen will, muß er aus Leibeskräften ziehen, denn es hängt ein vierzehnpfündiger Hecht daran. Natürlich verkaufte er den Fisch sogleich und konnte sich noch zu Nacht einen zweiten Rausch leisten.

Ich gab dem Jaköbeli zu verstehen, diese Sorte von Geschichten sei nicht die schönste und er sei doch eigentlich zu alt für solche Streiche. Da streckt er wieder mit großartiger Bewegung die Hand gegen mich aus, streicht sich den Bart und beginnt wieder Hochdeutsch zu reden. (Die Geschichten hatte er im Dialekt erzählt.)

»Zum Fischen, mein guter Herr, gehört einfach Glück, nichts als Glück. Da kann einer dreimal mit Segeln fahren, silberne Hechtlöffel kaufen und solches Zeug, das hilft alles nichts. Es kann einer den größten Heidenrausch haben und fängt doch mehr. Nämlich, der eine hat Glück und der andere hat keins. Es ist nur, daß man in einem guten Stern- und Himmelszeichen geboren ist, verstehen Sie?«

Ich verstand. Aber als er mich nun herausfordernd überlegen anblickte, und nochmals einen Schnaps bezahlt haben wollte, fand er mich unerbittlich. Eine gute Weile schwieg er feindselig und spuckte häufig auf den Boden, dann aber begann er, zum Wirt gewendet, anzügliche Reden zu führen.

»Du hast ja neuerdings scheint's großen Fremdenverkehr – hm – fremde Herrschaften, ja – hm. Früher ist man da drinnen noch unter sich gewesen – jawohl, sag' ich, unter sich gewesen. Könntest ja auch noch Hotelier werden, du, wenn's so weitergeht. Weißt, für so fremde Herren, so feine. Jawohl, Hotelier, da wird noch Geld verdient. –«

Und so weiter. Dieser Ton war mir aus anderen Fischerschenken unheimlich bekannt und es gefiel mir gar nicht, daß der Wirt und noch viel mehr der Sohn so viel husteten und das Lachen verbissen, und mich ansahen wie die Aasgeier. Es schien mir plötzlich, als wollte der Regen anfangen nachzulassen. So fragte ich denn, was ich schuldig sei, zahlte schnell, aber ohne ein Trinkgeld zu geben, und verließ die ungastliche Bude mit einem höflichen Gruß, der mit keiner Silbe beantwortet wurde. Statt dessen brach hinter mir, noch ehe die Türe zu war, ein boshaftes Gelächter aus. Am liebsten wäre ich umgekehrt und hätte den Grobianen meine Meinung gesagt oder mich zum Trotz erst recht fest hinter den Tisch gesetzt. Aber da fiel mir ein Abend in Basel ein, wo ich einst mit zwei Freunden zusammen einen arglosen Berliner Gast mit allen Schikanen aus unserer Stammkneipe weggeekelt hatte, und ich gab beschämt den Fischern recht. Zugleich fiel mir auch ein, daß ich allein und die drinnen zu dreien waren.

Und so segelte ich langsam nach Hause zurück, wo ich bald nach Mittag durchnäßt ankam und meiner schon ängstlich gewordenen Frau den gefangenen Hecht, die Erlebnisse des Morgens und die Wetterprophezeiungen des alten Jaköbeli auspackte. *(1904)*

Mittag im September

Es hält der blaue Tag
Für eine Stunde auf der Höhe Rast.
Sein Licht hält jedes Ding umfaßt,
Wie man's in Träumen sehen mag:
Daß schattenlos die Welt,
In Blau und Gold gewiegt,
In lauter Duft und reifem Frieden liegt.

– Wenn auf dies Bild ein Schatten fällt! –

Kaum hast du es gedacht,
So ist die goldene Stunde
Aus ihrem leichten Traum erwacht,
Und bleicher wird, indes sie stiller lacht,
Und kühler wird die Sonne in der Runde.

Herbstnächte

O Spätherbstnächte! Es ist schon seit Stunden dunkel, drüben über dem See liegen die Hügeldörfer mit roten Fenstern, eines vom andern und jedes von mir durch Regen, Wolken, Sturm und Finsternis getrennt. Sie glänzen herüber und verschwinden, je nachdem der Sturm die niedrig hängenden Wolken treibt. Von diesen Dörfern ist mir jedes bekannt und lieb, jedes ein Freund und eine Erinnerung. Dort ein Sonntag mit Freunden vertrunken! Dort ein Regennachmittag im Gespräch mit Wirtin und Wirtskindern hinter beschlagenen Fenstern verdämmert! Dort ein Abend, feucht und blau, am Rand der Weinberge verträumt, mit aufblinkenden Sternen, herüberwehender Dorfmusik und leisem Rauch aus abendblassen Kaminen, der hinter den schwarzen Kronen von Pappeln und Obstbäumen aufstieg!

Der Ofen, längst erloschen, wärmt noch gelinde, im Bratloch schläft die Katze, erwacht zuweilen für Minuten und fängt zu schnurren an. An den Wänden stehen mit tausend breiten und schmalen Rücken meine Bücher. Und so oft ich ans Fenster gehe und an den feuchten Scheiben wische, liegen jenseits überm See die Dörfer mit leis glühenden Fenstern an den Hügeln, jedes eine Erinnerung. Und auf der Welt kein Laut, als der Pendelschlag der Kuckucksuhr, das feine Tropfen am Fenster und hie und da das zarte, schläfernde Schnurren der Katze. Ich spiele, wie man es an diesen langen Abenden gerne tut, mit Erinnerungen, alten Briefen und Tagebüchern und Gedichten, die ich als Knabe und als Jüngling schrieb. – Wie anders man damals war! Ich lese:

»– es ist seit jener Nacht, daß ich vom Leben weiß, daß es wie die Bewegung eines Schläfers, den ein Traum erregt, wie das Aufwallen einer kleinen Woge, wie das Lallen eines Halbwachen, und daß es kaum wert ist, gelebt zu werden.« Und:

»Wie schön du warst, wenn du dein feines, tröstendes Frauengesicht über meine fiebernden Augen beugtest! Wenn du mit mir der Erinnerung eines alten Liedes lauschtest, still, vorgebeugt, das tiefe Auge in die Nacht gewendet, die helle, vergeistigte Stirn von einer losen Locke märchenblonden Haares überhangen. Wenn du das Auge senktest und schweigend meine Hand mit deiner weißen Linken suchtest. – Wie schön du warst!«

Das schrieb ich, als ich wenig über zwanzig Jahre alt war; ich schrieb es an Spätherbstabenden und hatte das Gefühl, ich nehme mit diesen Worten Abschied von meiner Jugend. Es ging mir schlecht, ich erlebte nichts als Enttäuschungen, und nachts saß ich in meiner Mansarde wach und schrieb traurige Gedichte, ohne zu wissen, daß ich gerade in dieser Schwermut eine der süßesten Jugendwonnen durchgenoß. Nun klingt mir alles, was ich damals schrieb, so wunderlich, ein wenig lächerlich vielleicht, und doch so süß und wohllaut, wie nichts seither mehr in mir klang. – »Wie schön du warst!«

Da stehen meine Bücher, mehr als tausend, alle in sauren Hungerjahren langsam zusammengespart, ein schöner Schatz mit vielen Perlen drin. Sie stehen auf guten, festen Brettern und liegen nicht mehr wie früher am Boden und auf dem Bett und Sofa herum. An den Wänden hängen ein paar gute Bilder, und der große Ofen brennt so lang ich will, ich brauche die Scheite nicht mehr zu zählen und zu sparen. Sogar ein Fäßchen Wein liegt im Keller, mit einem freundlichen Hahnen im Spundloch, und in der alten Zinnschachtel liegt beständig Tabak genug. Es geht mir also gut, sehr gut; selbst meine Katze wird fett, sie bekommt Milch, so viel sie mag.

Aber seit die Wälder rot sind und der See im Herbststurm blitzt und laubgrün und meerblau wird, seit die Ofenbehaglichkeit anfing und ich mein Segel vom Strand geholt und unter Dach gebracht habe, befällt mich öfters ein Zorn über dies bequeme Hinleben. Wenn ich abends beim Dunkelwerden zum Strand hinuntergehe, rauschen an der Schifflände die Pappeln stark und zart, der feuchte Wind umarmt mich schnell, springt auf den See und fährt stöhnend über das bewegte Wasser hin. Dann tut mir die Seele im Leibe weh, daß ich kein Einsamer und Wanderer mehr bin, und ich gäbe mein bißchen Haus und Glück gern für einen alten Hut und Ranzen, um noch einmal die Welt zu grüßen und mein Heimweh über Wasser und Land zu tragen.

Und gestern, ich war allein noch wach im Haus, schlug mir der Wind so dringlich ans Fenster und über dem Kapellenturm flogen die Wolken so eilig und begierig durch die Nacht, daß ich nicht länger sitzen bleiben konnte. So nahm ich leise Mantel, Hut und Stock und ging hinaus. Da schrie der Sturm in der Höhe, unten schlug im Dunkeln der unruhige See, im ganzen Dorfe war kein Fenster mehr hell, und nur am Ufer schritt unwillig der Grenzwächter auf und ab, tief in den dicken Mantel gehüllt und mit aufgestelltem Kragen. Und als ich auf die erste Höhe kam, da lag weithin schwarzes Land und Wasser, See, dahinter der bleich scheinende Himmel gespannt, an dem die schweren Wolken stürmten. Die langen Bergzüge bückten sich im Schlaf und streckten da und dort fahle Traumhörner gegen den Himmel. Das ging wie eine breite heftige Woge über mein Herz, als bräche meine ganze Jünglingszeit mit aller Freiheit und Macht auf mich herein, höbe mich vom Boden und risse mich in unerhörte Weiten mit. O, du Wald, du stiller schwarzer Wald, und du Seeweite und du schlafende

Insel im Wasser! O, ihr fernen Berge! Unvermerkt fiel ich in meinen Wanderschritt, als ob es in alle Fernen ginge, und die von der Nacht verhüllte Gegend lag als ein Märchenland verschwiegen um mich her. Bis nach einer Stunde der erste Kreuzweg kam. An diesem stand ich lachend still und dachte an mein Weib und an mein Haus, auch fiel mir ein, daß ich beim stürmischen Fortgehen die Lampe nicht gelöscht hatte. Die schien nun weiter, solange das Öl es vermochte, über die gelben Seiten eines alten Büchleins, über Tisch und Wände und durch die Scheiben ins schlafende Dorf hinaus.

Nun wußte ich wohl, daß ich morgen zurück sein müsse, und mein heißes Wandergefühl fing langsam an, geringere Wellen zu schlagen. Aber die schöne Nacht war mein und ich wollte sie nicht von mir weisen, wie sie wartend vor mir lag. Und wie ich erwägend am Kreuzweg zögerte, begann ein starkes Heimweh mich zu ziehen. Hinter Wald und weiten Hügelwiesen wußte ich eine alte Stadt mit runden Türmen liegen, nach der es mich schon lang gelüstete. Ich hatte aber in all der Zeit noch nie gewagt, einmal hinüber zu wandern, denn es lag dort ein Stück schöner Jugend von mir und lauerte auf meine Wiederkunft, um mich mit Heimweh zu überfallen. Jetzt in der Nacht schien mir die Stunde gut. Ich ging den schönen, bergigen Weg durch Wald und Matten, ich saß eine Weile und rastete vor dem Tor der Stadt, hörte dem Brunnen zu, nahm einen kühlen Schluck von ihm und lief wieder weg und heim, noch ehe die Morgenhelle kam und die wohlbekannten Häuser aus der schönen schlummernden Dämmerung weckte. Da war mir fast, als hätte ich eine Tat getan.

Auf dem Heimweg war mir sonderbar zumut, indem ich an vergangene Jahre dachte und an die alte Stadt mit den runden Türmen und an das, was ich dort einst erlebt hatte. Nichts zum Erzählen. Eine Liebesgeschichte, einfach und schön, aber nicht frei von Schuld, und ihr Schatten hat mir ganze Jahre verdeckt. Nun schritt ich träumend durch die schwarze Nachtwelt, meinem Dorf entgegen, hoch am Hügel hin über dem finsteren See. Und allmählich liefen meine halbwachen Gedanken weiter und ich dachte an alle die Frauenbilder, vor denen ich in Jünglingsjahren gekniet war, bereit ihnen mein Liebstes und Bestes zu schenken, nur um näher ans Innere des Lebens zu kommen, nur um eine Antwort zu finden auf die dunkel in mir fragenden Stimmen. Und wie haben alle diese Versuche, diese ersten Flüge ins Land der Liebe, geendet! Alle ohne die rechte Antwort, alle unfroh und unerlöst, und die meisten nicht ohne Reue und Schuldgefühl!

Und von fast allen meinen Freunden wußte ich dasselbe und sah es an Fremden täglich. Es stirbt ja kaum einer daran. Wir werden älter, werden Männer, tun den Kranz aus den Haaren und finden unsere Ruhe. Aber wie ist es mit jenen Frauen, mit den Mädchen, um die wir einst so sehnsüchtige Irrgänge taten, die uns den ersten Morgenglanz der Liebe schenkten? Was fühlen sie, wenn wir von ihnen gehen? Und was fühlen sie, wenn sie am Ende einer an hohen Träumen reichen Jugendzeit dem Letzten Ja sagen und die Hand geben? Wir Männer, wir treiben hundert Dinge, wir schaffen und forschen und arbeiten, wir haben Amt und Beruf und Schaffensfreuden – aber was haben sie, die Frauen, die nur in Liebe leben, nur auf Liebe hoffen können? Wie selten geschieht es, daß ihnen jener Letzte auch nur einen Teil von dem zu geben hat, was ihnen die Ersten, die Jünglinge und schüchtern-kühnen Anbeter versprochen, vorgedichtet und vorgelogen haben!

Der Sturm lief mich lärmend an und warf mir Regen und harte, welke Blätter ins Gesicht. Vorwärtskämpfend, gab ich den Klagen Abschied und ließ die ungelösten Rätsel hinter mir liegen. Ich dachte daran, was wir alle einst als Knaben, als kühne, freche Knaben, vom Leben als unser gutes Recht erhofften. Und wie verzweifelt wenig davon wahr geworden ist! Und doch ist das Leben gut, und ist schön, und rührt uns jeden Tag mit heiligen Kräften ans Herz. Vielleicht geht es auch den armen Frauen mit der Liebe so. Man erzählte ihnen von Märchenwäldern und mondbeglänzten Gärten, und sie finden nachher ein raues Stück Land, wo statt Rosen geringe Kräuter wachsen. Von denen binden sie sich einen Strauß, stellen ihn ins Fenster, und wenn abends das Dunkel die Farben auslöscht und der singende Wind aus der Ferne her kommt, liebkosen sie ihren Strauß und lächeln, und es ist, als wären es Rosen und als wäre das Ackerland draußen ein Märchengarten.

Genug, genug! Was brennt die Lampe noch? In meinen Jugendgedichten kann ich morgen weiterlesen, dann ist meine Frau dabei und liest mit, und wenn mir wieder solche Fragen und Sorgen kommen, wird sie auch dafür eine Antwort wissen. *(1904)*

Auf einem nächtlichen Marsch

Sturm und schräger Regenstrich,
Schwarze Felderweite,
Wolkenschatten feierlich
Geben uns Geleite.

Plötzlich aus erhelltem Schacht
Dunkler Wolkenhänge
Blickt die monderfüllte Nacht
Still in das Gedränge.

Himmelsinseln blauen rein,
Strenge Sterne grüßen,
Wolkenrand im Mondesschein
Wallt in Silberflüssen.

Seele, Seele, sei bereit!
Ferne Brüder rufen
Aus der Finsternis der Zeit
Dich zu goldnen Stufen.

Seele, nimm das Zeichen an,
Bade dich im Weiten!
Gott wird deine dunkle Bahn
Noch zum Lichte leiten.

Vor meinem Fenster

Kürzlich schrieb mir ein Freund aus der Stadt und wollte mich davon überzeugen, daß es unklug von mir sei, den Winter auf dem Lande zu verbleiben. Der Mangel an Verkehr und Abwechslung, meinte er, würde mich umbringen. »Denke dagegen an den Winter in der Stadt«, fuhr er fort, »da brauchst du, wenn du Langeweile hast, nur zum Fenster hinauszusehen und hast gleich ein ganzes unerschöpfliches Bilderbuch vor dir.« Ach ja, ich erinnere mich wohl an dies Bilderbuch. Nein danke.

Auf diese Mahnung hin achtete ich gestern mehr als sonst auf alles, was ich so in beschaulichen Pausen vom Fenster aus zu Gesicht bekam, und das hat meine Lust, auch den Winter hierzubleiben, nicht vermindert. Was ich sah, war folgendes:

Morgens kurz vor acht Uhr erschrak ich über einen mächtigen, drohend düsteren Feuerschein am Himmel, direkt über Berlingen, und lief ans Fenster. Es war der Sonnenaufgang, um diese Jahreszeit bei uns ein seltener Anblick, da wir jetzt morgens fast täglich dichte Nebel haben, hinter denen die Sonne bis gegen Mittag unsichtbar oder blaß wie ein Mond bleibt. Jetzt aber war die Landschaft weithin unverhüllt, man konnte bis Konstanz sehen, und die Luft war weich und fast warm, wie bei Föhn, doch wenig Wind. Und über den Berlinger Hügeln flackerte brandrotes, glühend flüssiges Gewölk, aus dem erst in einiger Höhe sich langsam die rote große Sonne hervorwälzte. Der See nahm nun dieselbe blutig-düstere Röte an, und in unzähligen Dachziegeln, in Fensterscheiben und Brunnentrögen flammte sie mit, bis die Sonne endlich klar und weiß am Himmel stand.

Ich blieb eine Weile zuschauend stehen und freute mich, wie schon oft, meines schönen Fensters. Es ist niedrig, fast quadratisch, und kann nur mit großen Mühen geöffnet und geschlossen werden. Dafür ist sein alter Sims mit schönem Moos bewachsen, ein Rastort für Spatzen, Schwalben und Tauben, denn das weit überragende Dach schützt sie vor Sturm und Regen. Von dort aus sehe ich den See von Konstanz bis Berlingen, die Reichenau und ein Stück Hegau, ferner meinem Hause gegenüber die alte, winzige Kapelle und den grob gepflasterten, sehr reinlichen Kirchplatz, den Brunnen, ein paar Dächer, eine Menge naher und ferner Pappelwipfel, drei Pflaumenbäume und ein ganz kurzes weißes Stückchen Landstraße. Und eben, wie ich noch dastehe, fährt unten der Postwagen vorüber. Es sitzt niemand darin als ein feister Herr mit roten Backen, den ich leider kenne, denn er ist Kaufmann in Zell, und ich bin ihm Geld schuldig. Da man vom übernächsten Garten aus die Haltestelle sehen kann, ging ich

Das Bauernhaus gegenüber der Mauritiuskapelle in Gaienhofen, in dessen Wohnhälfte die Familie Hesse von 1904-1907 zur Miete lebte. Zeichnung von Hugo Geissler.

sofort hinüber und nahm mit Vergnügen wahr, daß der Zeller sitzenblieb und weiterreiste.

Dann setzte ich mich zur Arbeit hin. Viel lieber wäre ich bei dem laufeuchten Wetter auf Fischfang gegangen, aber ein Rest von Pflichtgefühl, den ich schon öfter peinlich empfand, hielt mich bei Briefen, Korrekturen und Rechnereien fest. Desto lieber ließ ich mich vom nächsten Geräusch ans Fenster locken. Da war Schulpause, und die Buben und Mädchen kamen zum Spielen auf den Platz. Die Buben kamen in atemlosem Galopp, die Mädchen in friedlich-stillen Zügen, fast alle hellblond, mit steif gewässerten Zöpfen. Es ging ein Versteck- und Fangspiel um die Kapelle herum los, mit dröhnendem Laufen und Stampfen und gewaltigem Gebrüll. Der Sieger wurde von zwei anderen durchgehauen. Auch manche Mädchen machten eifrig mit, die meisten aber verzehrten plaudernd ihr Stück Brot, gingen auf und ab oder saßen an die Mauer gelehnt auf dem Boden. Eine ganz Kleine saß neben diesen und weinte schmerzlich, während sie mit vollen Backen ihr großes Brot verzehrte, auf das die Tränen herunterliefen. Drei Knaben hockten unten am Brunnentrog und steckten die Köpfe zusammen; der eine von ihnen, ein Rothaariger, zeigte auf seiner flachen

Hand den anderen eine tote Fledermaus. Daneben wuschen im Trog zwei andere ihre farbigen Sacktücher aus; eines davon hatte ein ungeheures Loch, und sein Besitzer tat mir leid, denn seine Mutter ist die schneidigste und strengste Frau im ganzen Dorf.

Im Hintergrund klatschte der Lehrer in die Hände und im Augenblick war der Platz leer und wieder so totenstill wie immer. Aber zugleich war auch das vorher übertönte Rauschen des Brunnens wieder laut, das Tag und Nacht in meine stille Stube dringt und ohne das ich nimmer sein möchte. Und während ich ihm noch eine Minute lausche, geht drunten im Hauskleid meine Frau vorbei, hat in der Rechten einen Wasserkrug und in der Linken eine angebissene Winterbirne und füllt den Krug am Rohr. Sie schaut nicht herauf, und ich rufe ihr nicht, ich sehe nur zu und freue mich, und nachher steige ich leise auf den Speicher und hole auch für mich so eine Birne. Aber dann wurde fleißig gearbeitet. Wenigstens so lange, bis von der Schifflände her das Schnauben des Dampfschiffes hörbar wurde. Dann sah ich zu, wie es langsam, hell und fröhlich über die bläuliche Wasserfläche davonfuhr. »Der Dampf« wird es von den Leuten hier genannt. Heute kann ich nicht mehr verreisen und keinen Besuch mehr bekommen, denn im Winterhalbjahr fährt nur dies eine Schiff am Tag. Man verfehlt es aber auch nie, denn Verspätungen bis zu Stunden sind das Gewöhnliche.

Gegen elf Uhr hörte ich den raschen Schritt der Briefträgerin, die meine Postsachen brachte. Wie gewöhnlich knüpften wir, ehe sie in das Haus trat, ein Gespräch durchs Fenster an. Die Frau sprach wieder mit fröhlichem Erstaunen über das zunehmende Gedeihen des Post- und Verkehrswesens; neulich hatten sie an einem Tage mehr als zwanzig Postkarten verkauft. Und wir berieten wieder, wie schon oft, eifrig über die Abfassung einer Eingabe »an den Staat«, deren Zweck die Errichtung einer eigenen Postagentur im Dorfe ist. Die Eingabe soll von mir und dem Postboten abgefaßt, dann vom Lehrer begutachtet und vom Bürgermeister sanktioniert werden. Und das wäre auch schon längst geschehen, wenn nicht leider der Postmann seit einiger Zeit krank läge. Ich fragte nach ihm; er hatte Rheumatismus und konnte nicht gut schlafen, und ich ließ ihn grüßen und ihm Geduld wünschen. Dann erhielt ich meine Briefe und begann zu lesen. Aber in der Stunde vor Mittag konnte freilich kaum mehr von Arbeit die Rede sein, denn um diese Zeit ist großer Cercle am Brunnen. Da kommt aus dem ganzen Dorfe, von Bauern, Weibern und Burschen begleitet, das Vieh zur Tränke.

Ochsen, Kühe, Rinder und Kälber kamen daher, die meisten homerisch

Die Viehtränke vor Hesses Fenstern.

schwer hinwandelnd, manche aber auch voll Mutwille oder Tücke, bald störrisch rückwärts strebend, bald feurig springend und tanzend. Da wurde ein weißbärtiger alter Mann von zwei starken Rindern böswillig hin und her gezerrt und konnte kaum vorwärtskommen, während aus einer anderen Gasse her eine schwere trächtige Kuh sich sanftmütig von einem sechsjährigen Mädchen führen ließ. Um den Brunnen her sammelten sich Vieh und Menschen, und es wurde in der Reihenfolge streng auf Ordnung gehalten. Die zuletzt gekommen waren, mußten am längsten Geduld haben, denn bis an sie die Reihe kam, war der Trog bis zum Boden leergetrunken und man mußte das Wasser sich erst wieder ein wenig sammeln lassen. Schon fürs oberflächliche Zuschauen ist diese Tränke schön und merkwürdig, wenn man aber erst auf die einzelnen Tiere achtet, sie kennenlernen will und miteinander vergleicht, den Viehstand der verschiedenen Bauern beobachtet und daraus auf ihre Wohlhabenheit oder Armut, auf die Sorgfalt der Pflege, die Güte der Ställe, des Futters usw. zu schließen beginnt, dann wird die Tränke zum Mittelpunkt und zugleich zur Chronik des Lebens der Gemeinde, dann sieht man Tiere wie Leute mit anderen Augen an und erstaunt darüber, wie eng sie zusammenhängen und wie unentbehrlich eins dem andern ist.

Darüber war es Essenszeit geworden und ich ging zu Tisch, in die Wohnstube hinunter. Während der Mahlzeit beobachteten wir zwei Männer, die an den Brunnen kamen und sich wuschen und kämmten, bis sie glänzten. Es waren Brüder, und sie mußten am Nachmittag zu einer Beerdigung nach Weiler hinüber. Bald nachdem die Wäsche beendet war, kamen sie denn auch schon in schwarzen Röcken einhergeschritten, und der jüngere trug sogar einen Zylinderhut von treuherzig breiter Form, wie jetzt keine mehr gemacht werden.

Nach Tisch, in den stillen Stunden des Frühmittags, hoffte ich alsdann recht ungestört zu arbeiten. Eine Stunde lang saß ich auch fleißig am Tisch und warf nur selten vom Stuhl aus einen Erholungsblick ins Freie und zu den Thurgauer Bergen hinüber, wo die Farben der Herbstwälder sich nun mählich auflösen und aus den schwarz gewordenen Weinbergen nur noch kleine Inseln von leuchtend goldgelbem Reblaub schimmern. Aber nach einer Stunde zog mich ein durchdringend leidenschaftliches Vogelgeschrei wieder ans Fenster und ich sah zwei schöne weiße Möwen in den Lüften kämpfen oder spielen. Zugleich entdeckte ich auf dem Kapellendach meinen Kater Gattamelata in träger Mittagsruhe sitzen. Ich rief ihm zu und lockte ihn, er drehte jedoch nur den Kopf herüber und blinzelte mich ironisch an. Er ist die schönste Katze im Dorf und war stets gehorsam und trefflich erzogen, aber seitdem ich neulich einen ganzen Regennachmittag neben ihm auf der Strohmatte lag und Unsinn mit ihm trieb, ist sein Respekt erloschen und er führt sich jetzt auf wie ein Pascha. Bedauernd zog ich mich zurück und wollte das Fenster schließen; aber ehe mir das gelungen war, ertönte von der nächsten Gasse her ein wohlbekanntes helltöniges Glöcklein. Das war der bucklige Uhrmächerle vom Nachbardorf, der einzige Vertreter seines Gewerbes in der Gegend; von Zeit zu Zeit, wenn es an Arbeit fehlen will, zieht er mit seinem Glöcklein durch die Dörfer und sammelt Uhren zum Reparieren ein. Er ist ein durchtriebener Kunde, versteht sein Geschäft, säuft aber zuweilen. Doch schadet das seinem Ansehen wenig, denn wenn er zuviel getrunken hat, redet er nur noch französisch, und das entrückt ihn in bewunderte Höhen. Einmal war in meiner Taschenuhr die Feder gesprungen und ich gab sie ihm zu machen. Die Uhr, als er sie wiederbrachte, lief auch wieder, aber bald merkte ich, daß der Uhrmächerle keine neue Feder hineingemacht, sondern die alte abgezwickt und wieder verwendet, jedoch den Preis für eine neue gefordert hatte. Also ging ich zu ihm und wurde von dem Schlaumeier sehr höflich empfangen, aber er sprach hartnäckig nur französisch, und ich mußte wieder abziehen. Denn zwar redete auch ich welsch mit ihm, aber wir verstanden einander durchaus nicht; vermutlich hatten wir unser Französisch in allzu verschiedenen Gegenden gelernt. Ich mußte eben nun meine Uhr zweimal am Tag aufziehen, die Mühe ist ja nicht so groß.

Nun ging er unterm Fenster vorbei, mit seinem schlauen Kopf und dem verwachsenen Körperchen, ein Felleisen umgeschnallt und in der Hand ein Glöcklein. Er zwinkerte mir einen halben Gruß herauf und ging weiter. Den leeren Kirchplatz herauf trat nun stolz und aufgeblasen ein schöner, vielfarbiger Hahn, der aber beim Anblick meiner Katze plötzlich alle Würde fahren ließ und entsetzt die Flucht ergriff. Mehrere Stunden saß ich nun wirklich still beschäftigt am Tisch. Um fünf Uhr lief der von Horn kommende Landbote, der Geld und Wertstücke austrägt, vorbei.

»Nix für mich«? rief ich hinunter.

»Nein. Was möchten Sie denn haben«?

»Alleweil Geld am liebsten.«

»Ich glaub's schon. Es wird wohl auch wieder einmal so kommen, wenn Sie warten können.«

»Gut denn, so wart' ich halt.«

Seine prächtige Uniform glänzte durch die Gasse und verschwand um die Ecke. Er hatte noch drei Dörfer vor sich. Ich aber hatte durch seinen Anblick Lust zum Marschieren bekommen und lief noch eine Stunde bergan in den Wald, sah Himmel und See rosenrot und blaß werden und fand, als ich heimkam, das Dorf schon in tiefer Dämmerung. Die Abendtränke hatte ich versäumt, ich sah nur noch die letzten Kühe im Halbdunkel wegziehen.

Wir hatten zur Nacht gegessen und etwas gelesen und ein paar Lieder gesungen und Nüsse geknackt, da war's zehn Uhr, und meine Frau ging schlafen. Ich sitze dann gerne noch eine Viertelstunde allein und lausche der tiefen, tiefen Stille und fühle den Nachtfrieden über die schlafenden Häuser und Felder gehen. Ehe ich die Ampel ausblies, schaute ich noch einmal zum Fenster hinaus. Da dämmerte der mächtige Platz und stand dunkel die Kapelle gegen den mattglänzenden See, am Himmel hing hinter Wolken der halbe Mond, und durch die Dunkelheit und Stille klang das Brunnenrauschen schön und einfach wie ein Volkslied.

Kurz vor elf Uhr, ich lag längst im Bett, hörte ich mit Erstaunen noch Schritte auf der Gasse. Neugierig stand ich auf und sah hinaus. Es waren die zwei Brüder, die von der Leiche heimkehrten. Der Jüngere war stark angeheitert und nahm den Weg im Zickzack. Der andere schritt ruhig und langsam nebenher und trug in der Hand vorsichtig den Zylinderhut des Bruders. Er hatte recht mit seiner Vorsicht; auch mir hätte es um das schöne Erbstück leid getan, wenn es so bei Nacht auf der Landstraße hätte untergehen müssen. *(1904)*

Der Blütenzweig

Immer hin und wider
Strebt der Blütenzweig im Winde,
Immer auf und nieder
Strebt mein Herz gleich einem Kinde
Zwischen hellen, dunkeln Tagen,
Zwischen Wollen und Entsagen.

Bis die Blüten sind verweht
Und der Zweig in Früchten steht,
Bis das Herz, der Kindheit satt,
Seine Ruhe hat
Und bekennt: voll Lust und nicht vergebens
War das unruhvolle Spiel des Lebens.

Am Ende des Jahres

Die Post hat heute wieder viel gebracht. Zehn Zeitschriften, jede an die wahrhaft Gebildeten appellierend und jede nach ausschließlich künstlerischen Gesichtspunkten geleitet, empfehlen sich fürs neue Jahr, und zwanzig Verleger teilen mit, daß sie rüstig daran arbeiten, ihren rühmlichst bekannten Verlag in vornehmster Weise weiter auszubauen. Alle reden dieselbe hohe und todernste Sprache, alle führen eine Liste »erster Namen« auf, alle tragen den führenden Zeitströmungen ausgiebigst Rechnung, und alle möchten gern noch ein bißchen mehr verdienen. Ein junger Romandichter wird empfohlen, dessen Werk, wie alle Jahre ein paar, dem »Grünen Heinrich« zur Seite gestellt zu werden verdient, und ein neuer Lyriker, welcher eigene Wege geht und welchen man ohne Zweifel bald neben Liliencron und Mörike nennen wird; sein Bild ist beigedruckt.

Das alles ist ja gar nicht neu und im Grunde vielleicht gar nicht so schlimm, und ich habe an ebendiesem Kulturjahrmarkt schon hundertmal meinen Spaß gehabt. Aber heute ist es mir gerade nicht zum Lachen, nicht einmal zum Schelten. Noch vor einer Stunde war ich draußen auf den Hügeln und sah den Wolken zu, und jede zog daher oder schritt oder schwamm oder tanzte wie ein Wunder, wie ein Wort oder Lied oder Scherz oder Trost aus Gottes Mund, und strebte sehnlich ins Weite, wiegte sich im kühlen blassen Blau und war schöner und sang ergreifender als alle Lieder, die in Büchern stehen. Nun trat ich in den Kram- und Handelsmarkt der Dichter und Künstler und Verleger zurück wie in einen überfüllten Raum voll ängstlich schwüler Luft, und auf einmal schien es mir, ich wate hoffnungslos durch tiefen, toten Sand, und auf einmal war ich so müde wie von einem fruchtlos verhasteten Tag, legte den Kopf in die Hand und fühlte aus dem Gewirre von »Kultur«, das vor mir lag, eine böse Traurigkeit wie ein Fieber gegen mich andringen. Da wehrte ich mich denn, tat den Plunder still beiseite und ging mit der Lampe in mein Zimmer hinauf, wo vor den Fenstern Spatzen und Möwen flattern und wo in engen Reihen meine vielen alten Bücher stehen. So ein altes Buch ist immer tröstlich, das redet so aus der Ferne her, man kann zuhören oder nicht, und wenn plötzlich mächtige Worte aufblitzen, so nimmt man sie nicht aus einem Buch von heute, nicht von einem so und so genannten Herrn Verfasser, sondern wie aus erster Hand, wie einen Möwenschrei und einen Sonnenstrahl.

Und ich las. Ich las in der Heisterbacher Chronik des Mönches Caesarius, in einem wohlig milden, gutmütigen Latein, eine kleine Klosteranekdote:

Der Abt Gebhard hielt den Brüdern jeden Morgen eine Vorlesung über Gott, über das Wesen und die Eigenschaften Gottes. Es muß sein, daß er das nicht nur als Gelehrter und Dogmenkenner, sondern auch mit dem Herzen und mit rechter Andacht tat, sonst wäre er strenger und kritischer gegen seine Schüler gewesen. Diese nämlich meinten, längst vom Wesen und den Eigenschaften Gottes genug zu wissen, sie merkten kaum mehr auf und trieben statt dessen Allotria, träumten auch und schliefen häufig ein – wie denn das Schlafen von Caesarius als eine besondere, sehr häufige Versuchung in einem eigenen Kapitel *de tentatione dormiendi* dargestellt wird. Der Abt Gebhard redete weiter, vielleicht sah er seine Schüler kaum. Eines Morgens aber fiel während des Redens sein Blick auf die Bänke der Zuhörer, und da sah er seine Mönche träumen, starren, lächeln, schielen, nachdenken oder schlafen. Er schalt aber nicht, sondern brauchte eine kleine List, eine überaus harmlose kleine List, denn einer andern wäre dieser Mann gewiß nicht fähig gewesen. Er hielt nämlich inne, änderte den Ton seines Vortrages, als käme nun etwas ganz Neues, und sagte: »Einst geschah folgende seltsame Sache an dem berühmten Hofe des großen Königs Artus [...].« Da wachten alle Schläfer auf, und die Schieler und Träumer machten plötzlich helle, scharfe Augen, alle Zuhörer beugten sich vor, blickten aufmerksam und brannten vor Lust und Begierde, eine Anekdote vom König Artus zu hören. Der Abt aber sah sie an und las in ihren Augen, und dann sagte er mit gütigem Vorwurf: »Ach, wenn ich euch eine Geschichte vom Hofe des Artus erzählen will, da macht ihr die Ohren auf und seid begierig. Aber wenn ich mit euch von Gott reden will, dann schlaft ihr!«

Ich tat das alte Buch an seinen Ort zurück und ging ans Fenster. Da dämmerte unten im Nebelblau der glatte See, jenseits glänzten die Dörfer mit hellen Scheiben und auf den Thurgauer Bergen lagen blasse, lange, schmale Schneefelder zwischen den Wäldern. Diese Berge, durch den See von mir getrennt, stiegen so schön und schweigend und feierlich in die verschleierte Höhe und standen so still und selig rastend in der herandämmernden Winternacht, daß mir schien, ich könnte ein Seliger sein und alle Geheimnisse der Erde verstehen, wenn ich jetzt dort drüben wäre. Dort lag der bleiche Schnee so anders als auf meinem Dach, dort standen Buchenwälder und schwarze Föhren so unbegreiflich schön und entrückt, wie ich sie niemals in der Nähe sah; vielleicht wandelte dort Gott selber über die Hänge, und wer ihm dort begegnete, der könnte ihn berühren und ihn grüßen und ganz nah in seine Augen blicken.

Ja, dort drüben! Schon hier, in meinem schönen, stillen Dorf, auf meinem Hügel, in meinem Walde, wage ich Gott nicht zu denken, berühre nicht seine Hand, höre nicht seinen Schritt – ich suche ihn drüben, überm See, hinter dem leichten Nebel. Und wie erst, wenn ich nun in einer unserer Städte wäre, in München, in Zürich, in Stuttgart, in Dresden? Wo ist da ein Ort, an dem ich mich nicht schämte und erschräke, wenn dort Gott mir begegnete? Ist da nicht jedes Haus und jeder Stein voll von lüsternem Verlangen – nach einer Geschichte vom König Artus? Es ist wenige Tage her, da fragte mich ein Freund, ein Künstler, in welcher Stadt es wohl schön und gut zu leben wäre. Wir hielten Rat, wir nannten viele Städtenamen, wählten und verwarfen, aber wir fanden die Stadt nicht, in der wir für immer oder nur für lange Zeit hätten wohnen mögen. Statt dessen leben wir, da einer und dort einer, in Dörfern, auf Bergen, in Landhäusern, der in Tirol und jener am Meer, der in der Heide und der am Bodensee, und wir wagen es nicht, zusammen an denselben Ort zu ziehen, und finden die Stadt nicht, die wir Heimat nennen möchten. Muß das so sein?

Oft besann ich mich: ist es wohl immer so gewesen? Allein das ist hoffnungslos. Wer jemals ehrlich das betrachtet hat, was wir Weltgeschichte nennen, muß ja wissen, daß jede gewesene Zeit und Art und Kultur für uns mit hundert Siegeln verschlossen und ewig rätselhaft ist.

Ich stand und dachte an den Abt von Heisterbach, an Gott und an den König Artus. Mein Blick lief über die Bücherreihen; viele von den Büchern, die sonst meine Lieblinge sind, waren tot und sagten nichts, aber da und dort sah mich ein alter, brauner Band und Lederrücken lebendig und durchdringend an. Da stehen sie geordnet und warten, und in jedem ist Gott, aber er redet nicht zu allen Stunden, und oft, wenn ich ihn meiden will, und irgendeine frohe Historie anfange, da ist es wie bei dem Abt, und statt der ergötzlichen Geschichte, auf die ich lüstern war, sehe ich einen liebend-traurigen Blick und hörte jemand sagen: Wenn ich aber von Gott rede, da schlaft ihr! *(1904)*

Berge in der Nacht

Der See ist erloschen,
Schwarz schläft das Ried,
Im Traume flüsternd.
Ungeheuer ins Land gedehnt
Drohen die hingestreckten Berge.
Sie ruhen nicht.

Sie atmen tief, und sie halten
Einer den andern an sich gedrückt.
Tief atmend,
Mit dumpfen Kräften beladen,
Unerlöst
In verzehrender Leidenschaft.

Wenn es Abend wird

Es ist dunkel geworden, und die Gasse vor meinen Fenstern ist schon seit einer Stunde totenstill, nur der hohe Brunnen träumt und redet unermüdet weiter. Die verhängte Messinglampe beleuchtet die alte Wohnstube mit ihren matten Holzwänden, die schmale Wandbank, den starken Eichentisch, die bleichen Holzschnitte an der Wand. Und hinträumend genieße ich die Ruhe meines Hauses und meiner Stube, die Stille und Weltferne, die mir niemand stört. Unnötiges Reden liebe ich am Abend nicht; es ist so schön und wunderlich, der Stille zuzuhören und zu lauschen, wie die Erde einschläft, wie der letzte späte Eimer am Brunnen klirrt und jenseits über dem See der letzte ferne Eisenbahnzug leise pfeift und fährt und verschwindet.

Ein Buch liegt auf dem Tisch, vielleicht werde ich später darin lesen. Es ist ein großer Quartband aus dem vorvorigen Jahrhundert, eine Übersetzung des Ossian. Daneben steht mein Glas und ein Krug Meersburger. Er ist nicht sauer, wie man vom Seewein zu sagen pflegt, sondern zart und wohlschmeckend, einer der besten oberrheinischen Weine. Von den zwei Krügen, die ich habe, faßt der kleine knapp ein Literchen, aber ich nahm heute – es geschieht selten – den größeren, und ich sage nicht, wie viel er faßt. Ich nahm den größeren, weil mir sonderbar wohl zumute war und weil mir heute, nach einem arbeitsreichen und zufriedenen Tag ein friedvoll schöner Abend zu blühen schien.

Während ich nachdenklich den Becher leere, beginnt in der kleinen Nebenstube meine Frau leise Klavier zu spielen. Sie hat den großen Krug gesehen und meine Stimmung erraten, sie spielt kleine, verwehende Stücke von Schumann. Die feinen, leisgleitenden Töne kommen, zusammen mit dem schwachen rötlichen Kerzenlicht, durch die weit offene Tür herein. Über der Tür, auf dem altmodischen schmalen Gesims, stehen einander zugewandt zwei tönerne Kuckucke, Männchen und Weibchen, Schwarzwälder Bauernkunst, und werfen zwei wahnsinnig verlängerte, fidel groteske Schatten an die Wand. Und wie immer, wenn ich abends müßig bin und Musik höre, sehe ich alle diese kleinen Dinge verwandelt und ferner gerückt, und zugleich geht mein Sinn ungeheißen rückwärts und sucht Pfade der Vergangenheit. Erinnerungen steigen aus den Tönen, aus dem Lampenschein, aus dem Becher, aus der sacht wölkenden Pfeife. Erinnerungen in langen, sanften Reigen; es kommt eine der närrischen Stunden, in denen wir rasten und nichts tun, während doch die Phantasie, das Gedächtnis, die Sehnsucht und hundert feine tätige Nerven arbeiten und schaffen und fiebern. Selbstverständliches wird rätselhaft und unerklärlich, Gelesenes wird Erlebtes, Erlebtes wird Geträumtes, Vergessenes wird gegenwärtig. Erreichtes wird wieder zum Wunsch. Ferne, vor Jahren gelebte, seit Jahren vergessene Tage und Stunden sind so gegenwärtig und tatsächlich, wie Tisch und Zimmer, wie meine eigene Hand, während das eben erblickte Bild, der eben gehörte Ton, die eben gemachte Gebärde traumfern und zu alten, alten Erinnerungen werden.

Halt, das ist nicht Schumann mehr. Was ist es doch? Ja, Chopin. Natürlich Chopin, die erste Nocturne. Oder die dritte? Glaszarte, scheue Töne, verwischte und traumwandelnde Takte, wundersam geschlungene, schlanke, elegante Figuren und die Akkorde erregend, wie verzerrt, Harmonie und Dissonanz nicht mehr zu unterscheiden. Alles auf der Grenze, alles ungewiß, nachtwandlerisch taumelnd, und mitten hindurch mit dünnem Fluß eine süße, milde, kinderselig reine Melodie. Chopin! Diese Musik voll Heimweh, Sehnsucht und Erinnerung, und im Hintergrund Paris. Nicht das Paris von heute, sondern ein anderes, ironischer und sentimentaler, mit anderen Tapeten und Kostümen, mit Chopin und Heinrich Heine.

Es ist schön, es ist schmeichelnd und wohlig, an seinem sicheren Tisch zu sitzen, ein sicheres Dach über sich, einen zuverlässigen Wein in der Kanne, eine wohlgefüllte große Lampe brennend, und nebenan bei offener Tür meine Frau am Klavier, Chopin-Stücke und Kerzenlicht [...]. Plötzlich steigt mir wie eine Seifenblase die Frage auf: Bist du eigentlich glücklich?

Ja, natürlich. Aber warte noch – nein, so eigentlich glücklich – nein doch, ich muß mich erst besinnen. Und wie ich mich besinne, fällt mir ein, daß man nicht vom Glück reden soll. Glück ist ja nichts, ein Wort, ein Unsinn; es kommt auf anderes an. Indem ich nachdenke, verwandelt sich die Frage. Ich möchte nun auf einmal wissen, wann mein frohester Tag, meine seligste Stunde war.

Mein frohester Tag! Ich muß lachen. In meiner Erinnerung, da, wo die guten, reinen köstlichen Augenblicke aufgeschrieben sind, steht einer neben dem andern, zehn und hundert und viel mehr als hundert, und jeder ist fehlerlos, mit ungetrübter Lust gefüllt, und einer ist so schön wie der andere und keiner gleicht dem andern. Da ist ein Tag, vor Jahren im Hochgebirge verbracht, auf einer hohen Alp, zwischen Enzianen und kletternden Ziegen und Geißbubengejodel, ein feuchter, blanker Himmel darüber und in der Nähe das Rufen eines weißen Wasserfalles. Dann eine Morgenstunde, noch vor Sonnenaufgang, auf einer Odenwaldstraße, im Gespräch mit einem verirrten Landstreicher, voll von Morgenkühle, Frühlicht, Erwartung und Humor. Und eine andere Morgenstunde auf der Schwäbischen

Alb, da saß ich im schüttelnden Postwagen und vorn und hinten goß der Regen herunter und mir gegenüber eine kleine Sechzehnjährige, halb froh, halb ängstlich mit dem Unbekannten plaudernd, dann zuversichtlicher und schließlich fröhlich und ausgelassen wie ein Bub.

Aber wie kann ich den Abend vergessen, den warmen Juniabend am See, auf der dunklen Bank! Und unser langsames Gespräch, alle paar Minuten ein Wort, und unsern ersten Kuß! Oder die wunderbare Märchennacht, als ich zum erstenmal, das Herz selig bedrückt von der Erfüllung jahrelanger Jugendsehnsucht, durch die Gassen von Florenz lief und über den Ponte (Veccio) und wieder durch die alten Winkel auf die Piazza vor den schweigenden, kühnen, himmelhohen Turm! O, und der erste Anblick des Meeres – der Vormittag, da ich über Genua auf den Hügeln schweifte, und unten schrie im Sturm das blaue und weiße Meer an den steilen Felsen empor! Auch jene Mittagsstunde darf ich nicht vergessen, die ich im Hofe eines südlichen Klosters auf dem herrlich glühenden Pflaster verschlief, und wie der Pförtner mich tadelnd weckte, und wie wir Freunde wurden und einen ergiebigen Gang in die kalten, massiv gewölbten, mächtigen Keller unternahmen. Auch nicht den schwülen Hochsommermittag, da ich bei Rheinfelden mich seufzend entkleidete und an still brütenden Wäldern vorbei unter einem stählernen Gewitterhimmel aufatmend rücklings den Rhein hinab schwamm.

Ich finde kein Ende. Wie viel Sonnen haben mich verbrannt, wie viel Flüsse und Ströme mich gekühlt, wie viel Wege mich getragen und Bäche mich begleitet! Wie viel Blicke in blaue Himmel und in unvergeßlich lebendige, liebe Menschenaugen habe ich getan, wie viele Tiere lieb gehabt und an mich gelockt! Von diesen Augenblicken ist keiner schöner als der andere. Auch dieser gegenwärtige, da ich den Becher langsam leere, der Musik lausche und liebe Erinnerungen hege, auch dieser gegenwärtige Augenblick ist keiner von den schlechten.

O nein. Und ich träume weiter. Und siehe, andere Bilder steigen aus dem Meer des Erlebten – Stunden des Leides, Tage der Trauer, der Scham, der Reue, Augenblicke des Erliegens, der Todesnähe, des Grauens. Ich sehe den Tag wieder, da meine erste, unvergeßene Liebe betrogen ward und unter Qualen starb. Den Tag, da ein Bote kam und grüßte und Geld forderte und die Botschaft daließ, daß fern in der Heimat meine Mutter gestorben war. Die Nacht, da mich mein Jugendfreund im Rausch beschimpfte. Die Tage, da ich nicht wußte, woher die Pfennige zu einem Brot nehmen, während meine Mappe von Gedichten und leidenschaftlichen Artikeln überquoll. Die vielen, vielen Stunden, da ich liebe Freunde leiden und verzweifeln sah und daneben stand und litt und nicht helfen, nicht trösten, nicht lindern konnte.

Und die Augenblicke, in denen ich vor Leuten stand, die reich waren und Macht über mich hatten und ihre geringschätzigen Worte hörte und meine im Krampf geballte Faust verbergen mußte. Die Gesellschaft, in der ich beständig die Hand auf die schmählich geflickte Stelle meines letzten Rockes legte. Alle die Nächte, in denen ich schlaflos lag und nicht wußte, wozu ich dies Leben weiter führe. Und alle die Nächte, da ich am Wirtshaustisch mitlachte und Possen riß und lustig tat, während mir innen elend und traurig zumute war. Auch die Zeiten hoffnungsloser Liebe, die Zeiten der Glaubenslosigkeit und Selbstverhöhnung, wenn wieder ein begonnenes Werk mißglückt, ein Ideal verloren, ein Versuch fehlgeschlagen war.

Auch hier kein Ende! Aber welche von diesen Stunden möchte ich hergeben, welche ausstreichen und vergessen? Keine, keine einzige, auch die bittersten nicht. Lieber noch einen von den frohen Tagen; es sind ohnehin, wenn ich nachrechnen will, viel mehr als böse.

Die Musik hat aufgehört, die Kerzen im Nebenzimmer sind erlöscht. Meine Frau kommt heraus, schaut in meinen Weinkrug und lacht: »Du bleibst noch auf?«

»Ja, ich will noch lesen, Ossian.«

Sie geht, aber ich lese keinen Ossian. Ich sitze still und fühle die Minuten entgleiten. Ich überschaue träumend die hundert Erinnerungen, die in dieser Stunde mich besucht haben. So viel Tage, so viel Abende, so viel Stunden, so viel Nächte – und alles zusammen ist noch lange kein Viertteil meines Lebens. Wo sind die andern? Wo sind die tausend Tage, die tausend Abende, die Millionen Augenblicke, an die mich nichts mehr mahnt, die nimmer aufwachen und mich ansehen können? Vorbei, dahin, unwiederbringlich vorüber!

Und dieser Abend? Wo wird er bleiben? Wird er irgendeinmal wieder erwachen und mir gegenwärtig sein und mich laut und sehnlich an ein vergangenes Damals mahnen? Ich glaube nicht, ich glaube, er wird morgen oder übermorgen vergangen und tot sein und nie wiederkommen. Und wenn ich heute nicht gearbeitet und mich gemüht hätte und ein kleines, kleines Stück vorwärts gekommen wäre, so sänke morgen oder übermorgen dieser ganze Tag, dies gegenwärtige Heute, unrettbar ins Bodenlose, zu den vielen begrabenen Tagen, von denen ich nichts mehr weiß.

Freilich wäre es unrecht, in einem Menschenleben nur die unvergessenen Tage zu zählen. Das stille Wachsen, das unbewußte Reifen, ebenso wie die unansehnlichen Stunden bescheidener, langsam fortschreitender Arbeit sinken unvermerkt und unbeklagt hinunter, und wo später unser Gedächtnis nur eine Reihe blasser, irgendwie vergangener, wertlos gewordener Wochen und Monate sieht, da war vielleicht die Zeit der Empfängnis und Vorbereitung für unverlierbare Lebensgüter. Aber ohne Höhepunkte und unauslöschlich sich eingrabende Momente wäre doch das Leben mir undenkbar. Schon jetzt, da ich doch noch jung und ein Anfänger in der Kunst, zu leben, bin, weiß ich für ruhige Feierabende nichts Edleres und Wohltuenderes als ein stummes Gespräch mit den Schatten aller jener Au-

genblicke, die in Wohlsein oder Schmerz, das alltägliche Maß überschreitend, sich als reife Früchte lösten und nun zeitlos und immer gegenwärtig meine Schätze und meine Freunde sind. Wie erst, wenn ich alt sein werde? Woher anders kann jenes milde, leis wärmende Glück eines schönen Alters kommen als von einem randvoll gefüllten Gedächtnis solcher Momente?

Wem es nicht gegeben ist, mit der großen einseitigen Leidenschaft eines vom Dämon berührten Schicksals blind und glühend durch ein nie rastendes Leben zu stürmen, der tut wohl daran, sich zeitig in der Kunst der Erinnerung, vielleicht der ersten aller Künste, zu üben. Die Kraft des Genießens und die des Erinnerns sind eine von der anderen abhängig. Genießen heißt einer Frucht ohne Rest ihre Süßigkeit entpressen. Und Erinnerung heißt die Kunst, einmal Genossenes nicht nur festzuhalten, sondern es immer reiner auszuformen, es goldener und tieftöniger zu machen. Jeder von uns tut das unbewusst. Er denkt an seine Kinderzeit und sieht dabei nicht mehr einen Wirrwarr von kleinem Geschehen, sondern die zur Phantasie gewordene Erinnerung spannt selig blaue Himmel über ihm aus und mischt das Andenken von tausend Schönheiten zu einem ungetrennten, mit Worten nicht zu erschöpfenden Lustgefühl.

Indem so das Rückwärtsschauen die Genüsse entfernter Tage nicht nur wiedergenießt, sondern jeden zu einem Sinnbild des Glückes, zu einem Sehnsuchtsziel und Paradies erhöht, lehrt es immer wieder neu genießen. Wer einmal weiß, wie viel Lebensgefühl, Wärme und Glanz er in eine kurze Stunde pressen kann, der wird nun auch die Gaben jedes neuen Tages möglichst rein und restlos und unverdorben aufnehmen wollen. Und er wird auch dem Leid gerechter werden; er wird einen großen Schmerz ebenso lauter und ernst zu kosten versuchen. Denn er weiß, daß auch das Andenken dunkler Tage ein schönes und heiliges Besitztum ist.

Es ist bald elf Uhr, sehe ich, und das ist auf dem Dorf spät, unheimlich spät. Aber der in Erinnerungen und Halbgedanken verdämmerte Abend hat mir gut getan, und es ist auch noch Wein da. Wie mild und kühl er rinnt! Und bei jedem langsamen Schluck denke ich an einen meiner unvergeßlichen Tage, nicke ihm zu und grüße ihn und blicke ihm in die klaren, wohlbekannten, lügelosen Augen. *(1904)*

Landstreicherherberge

Wie fremd und wunderlich das ist,
Daß immerfort in jeder Nacht
Der leise Brunnen weiterfließt
Vom Ahornschatten kühl bewacht,

Und immer wieder wie ein Duft
Der Mondschein auf den Giebeln liegt
Und durch die kühle, dunkle Luft
Die leichte Schar der Wolken fliegt!

Das alles steht und hat Bestand,
Wir aber ruhen eine Nacht
Und gehen weiter über Land,
Wird uns von niemand nachgedacht.

Und dann, vielleicht nach manchem Jahr,
Fällt uns im Traum der Brunnen ein
Und Tor und Giebel, wie es war
Und jetzt noch und noch lang wird sein.

Wie Heimatahnung glänzt es her
Und war doch nur zu kurzer Rast
Ein fremdes Dach dem fremden Gast,
Er weiß nicht Stadt, nicht Namen mehr.

Wie fremd und wunderlich das ist,
Daß immerfort in jeder Nacht
Der leise Brunnen weiterfließt,
Vom Ahornschatten kühl bewacht!

Winterglanz

Nun war vier Nächte und drei Tage fast ununterbrochen Schnee gefallen, ein guter, kleinflockiger, haltbarer Schnee, und in der letzten Nacht war er glashart gefroren. Wer nicht täglich vor seiner Tür gefegt und geschaufelt hatte, war jetzt belagert und mußte zur Hacke greifen, um Hauseingang, Kellertor und Kellerluken freizulegen. So war es vielen im Dorf ergangen, und sie werkelten murrend vor ihren Häusern, in Schaftstiefeln und Fausthandschuhen und mit Wolltüchern um Hals und Ohren gewickelt. Die Ruhigen freuten sich, daß der große Schnee vor dem Frost gekommen war und ihnen die bedrohten Wintersaatfelder schützte. Aber hier wie anderwärts sind die Ruhigen sehr in der Minderzahl, und die meisten schimpften weinerlich über den allzu harten Winter, rechneten einander ihren Schaden vor und erzählten Schauergeschichten von ähnlich strengen Jahrgängen.

Aber im ganzen Dorfe waren kaum zwei oder drei Leute, zu denen dieser wunderbare Tag nicht von Sorgen und Ärger, sondern viel mehr von Freuden, Glanz und Gottes Herrlichkeit sprach. Wer irgend konnte, der blieb in Haus und Stall, und wer etwa hinaus mußte, der wickelte Frostlappen um Kopf und Seele und ließ seine Sehnsucht keine anderen Wege gehen, als zurück zur verlassenen Ofenbank, wo zwischen den grünen Kacheln die gegossene eiserne Wärmeplatte glühte. Und doch war es ein Tag, den die Stadtleute keinem Maler glauben würden, viel jubelnder, blauer und blendender als der lachendste Hochsommertag.

Der Himmel stand rein und blau bis in unendliche Fernen offen, die Wälder schliefen unter dickem Schnee, die Berge blendeten wie Blitze oder leuchteten rötlich oder hatten lange, märchenblaue Schatten an, und zwischen allem lag glasgrün der noch nicht gefrorene See spiegelhell in der Nähe, und in der Ferne dunkelblau und schwarz, von glänzenden schneeweißen Landzungen rings umfaßt, auf welchen nichts Dunkles war als die dünnen und frierenden Reihen kahler, nackter Pappelstämme. Und durch die Luft und durch den unendlichen Himmel schwärmte prahlend und schwelgerisch das ungeheure Licht, von jedem Hügel und jeder Matte und jedem Stein im Schneeglanz zurückgeworfen und verdoppelt. Es flimmerte in ungebrochenen Wogen über weiße Flächen hin, glühte am Wald und an fernen Bergen in goldenen Rändern auf, zuckte in haarfeinen Blitzen diamanten- und regenbogenfarbig durch die Lüfte, ruhte satt und süß auf gelbem Schilf und in den grünen, jenseitigen Seebuchten aus und machte sogar alle Schatten mild, bläulich weich und wesenlos, als müsste heute an diesem Tage des Glanzes jeder letzte widerstrebende Flecken mit Helligkeit durchdrungen und gesättigt werden.

An solchen Tagen ist es unmöglich, an ein Nachtwerden zu glauben, und wenn am Ende doch die Dämmerung sinkt, ist es wunderbar zu sehen, wie all der gleißend kühne Glast sich langsam hingibt, müde wird und eine Hülle sucht, obwohl nach diesen Tagen auch die Nächte, selbst, wenn kein Mond scheint, niemals völlig dunkel werden. Und auch darum sind solche Schneetage so lang, weil der reine Winterhimmel und die Unbändigkeit des Lichtes uns klein und froh zu Kindern macht, so daß wir noch einmal die Erde im Glanz der Schöpfung sehen und noch einmal ohne Bewußtsein der Zeit wie Kinder hinleben, von jeder Stunde überrascht und keines Aufhörens gewärtig.

So ging es mir, als ich gegen das Ende dieses Tages von einer weiten Wanderung zurückkehrend, beim Verlassen des schon finsteren Waldes mein Dorf im roten Abendduft daliegen sah. Ich hatte schneidend kalte, freie Höhen besucht, von denen ich Hügelzüge, Wälder, Ackerland, Seen und ferne blanke Alpengipfel betrachtete, und war durch todesstille, bläuliche Winterwälder gestreift, wo außer dem ängstlichen Seufzen überladener Stämme kein Laut zu hören war. Ich hatte im Bergwald den roten, vorsichtigen und doch dreisten Fuchs und am schilfigen Ried die dunklen Wildenten belauscht, war über eine Stunde lang einem Schwarzspecht nachgelaufen und hatte an einer tief verwehten Hügellehne die kleine Leiche einer erfrorenen Goldammer gefunden. An einer bevorzugten Stelle hatte ich, zwischen roten Föhrenstämmen hindurch, den gleißenden breiten Gipfel des Glärnisch gesehen, war auf dem doppelten Lodenboden meiner Winterhose manchen schrägen Hang hinabgeschlittelt und den ganzen Tag keinem Menschen begegnet.

Und nun schritt ich ermüdet und fröhlich heimwärts in der schon rasch zunehmenden Dämmerung, ein wenig steif in den Beinen und ziemlich ausgehungert, aber zufrieden. Heute war ein guter Tag gewesen, ein reiner, köstlicher, unvergeßlicher, und der ist hundert halb gelebte und vergessene Tage wert. Und in der Dämmerung auf der schneebedeckten Landstraße ging etwas Kleines vor mir her, das ich einzuholen suchte. Als es noch vielleicht hundert Schritte entfernt war, erkannte ich es als einen kleinen Buben, der auf dem Kopf die viel zu große wollene Nebelkappe seines Vaters und in der Hand einen leeren Eimer trug. Im selben Augenblick, da ich ihn deutlich zu sehen vermochte, begann ich auch, ihn zu hören: er sang nämlich. Eine Weile suchte ich vergeblich zu erraten, was er singe, denn er

Schlittschuhläufer auf dem zugefrorenen See.

ging wegen der Kälte sehr rasch, und ich hörte nur vereinzelte Töne. Dann kam ich näher und hielt mich von da an unbemerkt hinter ihm. Er lief eilig, die linke Hand tief in die Tasche gebohrt, und er stolperte öfters auf der rau und ungleich gefrorenen Straße. Aber er sang unaufhörlich, eine Viertelstunde und eine halbe Stunde lang und vielleicht noch länger, bis wir am Dorfe waren und er in die erste, schon dunkle Gasse entschwand.

Immer mußte ich nachdenken und mich besinnen, was für ein Lied das doch wäre, das der Kleine sang. Es klang wie ein rechtes Abendlied zu diesem Tage, wie ein Lied aus unvergeßlich reichen, dennoch fernen und dunkel gewordenen Kinderzeiten. Der Knabe sang keine Worte, er sang nur la und li und lo, aber es war immer dieselbe Melodie, nur wenig verändert, jedes mal ein klein wenig anders, la li – la lo, und die Melodie war so bekannt, so selbstverständlich, daß ich leise mitsingen mußte. Aber das Lied kannte ich nicht. Vielleicht ist es doch eine vergessene Kindermelodie gewesen. Ich glaube aber nicht. An solchen Wundertagen hört man viele Töne und sieht viele Dinge, die einem oft gehört und oft gesehen und uralt wohlbekannt erscheinen, und man hat sie doch nie gehört und nie gesehen.

(1905)

Manchmal

Manchmal, wenn ein Vogel ruft
Oder ein Wind geht in den Zweigen
Oder ein Hund bellt im fernsten Gehöft,
Dann muß ich lange lauschen und schweigen.

Meine Seele flieht zurück,
Bis wo vor tausend vergessenen Jahren
Der Vogel und der wehende Wind
Mir ähnlich und meine Brüder waren.

Meine Seele wird ein Baum
Und ein Tier und ein Wolkenweben.
Verwandelt und fremd kehrt sie zurück
Und fragt mich. Wie soll ich Antwort geben?

Am Gotthard

So oft ich schon in den Bergen war, so habe ich doch bis heute nur viermal einen Steinadler gesehen. Das erstemal, da war ich noch fast ein Knabe, und als ich hoch in silbernen Lüften den sicheren, schönen Bogenflug des großen Vogels wahrnahm und als man mir sagte, das sei ein Adler, da schlug mir das Herz, und ich sah in dem königlich Schwebenden ein Lied und ein Sinnbild, folgte ihm mit durstendem Blick und behielt ihn für immer im Gedächtnis. Seither besuchte ich die Berge nie ohne eine stille Sehnsucht, ihn wiederzusehen, und hundertmal hob ich auf Höhenwegen die Augen in halber Hoffnung. Selten hat sie sich erfüllt und sie blieb unvermindert in mir lebendig. Es gibt Dinge und Wünsche, an die ich alle atemlose Lebenslust und die Vorstellung der sehnlichsten Erdenwonne knüpfe; zu diesen gehören vor allen anderen die drei: eine sternklare Winternacht im Hochgebirge, eine abendliche Barkenfahrt auf der Lagune vor Venedig und dann das Erspähen eines Adlers über den Bergen. So oft Enttäuschung und Sorge mich müde macht, so oft ein leerer und unschöner Tag mich verdrießt und lähmt, flüchte ich zu diesen Bildern, und wenn sie auch zumeist Wünsche und unerfüllbar bleiben, so hat doch mein Verlangen darin ein festes und reines Ziel gefunden, und das ist schon halbe Genesung.

Kürzlich war ich eine Woche in Zürich, um den langen Winter zu unterbrechen und einmal wieder Kultur zu atmen, Menschen zu sehen und mich als Zeitgenossen zu fühlen. Es waren schöne, ausgefüllte Tage; ich sah neue Bilder von [Albert] Welti, hörte Beethoven, Mozart und Hugo Wolf, verkehrte mit befreundeten Malern, Dichtern, Redakteuren, sah bevölkerte Straßen, rasche Wagen und schön gekleidete Frauen, trank nachts meinen Wein bei lebhaften Gesprächen. Ich genoss das Vergnügen, in guten Läden gut bedient zu werden (obwohl ich höflichere Kaufleute kenne als die Züricher), ließ mich wieder einmal bequem und fein rasieren, nahm ein köstliches Dampfbad und saß gegen Abend in einem vielbesuchten Café, wo es französische und italienische Journale, elegante Gäste, eifrige Kellner und gute Billards gab. Zugleich war ich mir mit Vergnügen bewußt, das alles herzlich und innig zu genießen, was den Stadtleuten längst schal und alltäglich war, und wahrscheinlich bin ich in diesen Tagen der zufriedenste Mensch in der ganzen Stadt gewesen.

Am Ende der Woche wollte es mir scheinen, es sei nun für diesmal genug und es wäre jetzt gut, wieder daheim zwischen See und Wald zu sitzen, im gewohnten Bett zu schlafen und auch wieder ans Arbeiten zu denken. Die Menschen fingen an, mir weniger zu imponieren, mir weniger lebendig und geistreich vorzukommen, auch fühlte ich ein Bedürfnis, die täglichen Kunstgenüsse nun in Ruhe nachzugenießen, denn sie begannen sich schon ein wenig zu verwirren und ein wenig blaß zu werden. Also nach Hause!

Aber nun hatte ich acht Tage lang über den Zürichsee hinweg die bleichen, stillen Alpen gesehen, und mit dem allmählichen Müdewerden und Sattwerden war das lange nicht mehr gehörte Lied vom Steinadler und von der Winternacht im Hochgebirge mächtig in mir aufgewacht. Mein Reisegeld reichte noch für zwei, drei Tage aus, und ich beschloß, noch eine rasche Fahrt an den Gotthard zu tun, den ich im Winter noch nie gesehen hatte, außer im eiligen Durchreisen. Schneegamaschen und das übrige Winterzeug hatte ich bei mir, so brauchte ich nur noch ein Billett zu kaufen und einzusteigen.

Es war ein grauer Tag, vom Wagenfenster aus konnte man außer den zunächst stehenden Bäumen, Hügeln und Häusern nichts unterscheiden, alles zerrann in blassem Nebelbrodem, der nur durch den noch frischen reinen Schnee Licht erhielt. Der Zugersee wollte sich zu meinem Erstaunen nicht zeigen, bis ich entdeckte, daß er gefroren und eingeschneit war. Mit Ungeduld wartete ich auf ein Zeichen von Sonne und auf das Reißen der Nebel. In Arth, in Brunnen, in Flüelen erwartete ich es, und als wir Erstfeld passiert hatten – es ging schon gegen Mittag – und noch immer in Wolken und Dämmerung dahinfuhren, begann ich den Glauben zu verlieren und machte mich enttäuscht darauf gefaßt, oben Schneefall und Trübe anzutreffen. Selten bin ich mit so gespannter Aufmerksamkeit die wundervolle Gotthardbahn hinaufgefahren, aber Amsteg lag im Nebel, Gurtnellen lag im Nebel, die kühnen Reußbrücken lagen im Nebel und als ich durch Wassen fuhr und auch dort noch keine Sonne antraf, gab ich die Hoffnung auf und sank in die Bank zurück. Die Berge sind ja immer schön, und auch den Nebel genieße ich zuzeiten gern, aber wenn man weiß, wie ein Sonnentag in den Alpen aussieht, und wenn man nur zwei bis drei Tage übrig hat, fällt es immerhin schwer, vergebens auf blauen Himmel zu warten.

Während ich schon anfing zu überlegen, ob mein Ausflug nicht eine recht übereilte Geldvergeudung sei, fuhr der Zug oberhalb Wassen aus dem Kehrtunnel, und in dem Dunst und grauweißen Schneelicht glaubte ich plötzlich eine Ahnung von Bläue und Sonne zu spüren. Eilig sprang ich auf, öffnete das Fenster und spähte himmelwärts. Da drang langsam und unsicher eine hohe Felsenschroffe mit schrägen Schneeritzen rötlich aus dem Gewölk und wurde klarer und kam näher, und hinter ihr noch eine und darüber eine dritte; ein schwerer Windstoß fegte aus der

Höhe herab, Wolkenfetzen zerstoben dünn und geisterhaft, und in wenigen Augenblicken entschleierte sich das ganze Bergland, lag lachend und sonneglänzend in einer durchsichtigen milden Luft und hatte einen reinen, stillen, fast veilchenblauen Himmel über sich. Ein tiefes Lustgefühl kam über mich, hundert ähnliche Bergwintertage wachten in meiner Erinnerung auf, golden und strahlend und jeder ein Kleinod. Nun dachte ich nicht an den Adler und nicht an die Mondnacht mehr; leicht wie ein

Knabe sprang ich in Göschenen aus dem Wagen und lief in die blaue Herrlichkeit hinein.

Alle Grate und Gipfel standen so wunderlich klar und nah, wie man sie nur an auserlesenen Wintertagen sehen kann, mit langen violetten Schatten und gleißenden Schneefeldern. Es ging ein mäßiger Föhn und die durchsonnte Luft war frühlingshaft warm. Wieder wie an manchen früheren Wandertagen stand ich häufig still und hatte im Umherblicken ein Gefühl, als sei alles ein Zauber und könnte plötzlich verschwinden. Und wieder hatte ich das seltsam selige, fast bange Wandergefühl: So verklärt siehst du die Erde nicht wieder! Auf der von Holzschlitten aufgewühlten, vom Wind bald blank gefegten, bald ganz zugewehten, mit etwa meterhohem, gefrornem Schnee bedeckten Straße stieg ich langsam gegen den brausenden Wind bergan, den Schöllenen und der Teufelsbrücke entgegen. Die berühmte, herrliche Straße und dieser ganze Teil des wilden Reußtales sind im Winter unendlich viel schöner, als ich sie im Sommer sah. Und wie ein Märchen ist die junge, tosende Reuß, die in ihrer verschneiten Klamm unter bläulichen, häufig durchbrochenen Eisrinden hinabrollt, das einzige Leben in der weißen Todesstille. Der kleine Wasserfall oberhalb der Teufelsbrücke war von einem scheinbar freischwebenden, aus dem Sprühstaub entstandenen Eisbaldachin mit hundert grotesken Spitzen überwölbt.

Die Wetterscheide vor Andermatt war ein Erlebnis. Aus der wilden, rauen, vom Wind durchpfiffenen Schlucht trat ich durch den kurzen Tunnel, der dort die Straße deckt, in ein weißes, blendendes Sonnenland. Das breite Hochtal glänzte warm, die abschließende Höhenwand war bläulich verschattet, das stille Hospental mit dem schwarzen Langobardenturm schlief klein und dunkel zwischen hohen Schneemauern, links suchte mein Auge die verwehte und für Monate vom Schnee gesperrte Furkastraße. Merkwürdig sahen in Andermatt die leeren, geschlossenen Fremdenhotels aus, bis an die Parterrefenster im Schnee begraben, aus dem nur noch die Spitzen der eisernen Gartenzäune hervorragten. In der Krone trank ich einen Kaffee und wärmte mich auf dem steinernen Sitzofen, den vor etwa siebzig Jahren der damalige Besitzer Kolumban Camenzind erbaut hat. Sein und seiner Frau Namen stehen in altmodischer Schrift auf der mittleren Platte.

Es ging gegen Abend, und der Schnee begann rötlich zu scheinen, da kehrte ich um, und da geschah es, daß ich hoch am Berge, noch über der obersten Windung der Oberalpstraße, einen Vogelflug wahrnahm. Es war ein großer, still und langsam kreisender Steinadler, und ich blieb stehen und sah ihm lange zu, seltsam von dieser Erfüllung meines fast vergessenen

Wunsches betroffen. Und nun wußte ich, daß auch eine klare Mondnacht nicht fehlen würde, denn der Föhn hielt in mäßiger Stärke noch immer an, und gegen Süden war der Himmel so rein blau wie der offene Kelch des Frühlingsenzians.

Der Rückweg talabwärts nach Göschenen war keine Arbeit mehr. Im Rössli ließ ich mir Wein und Essen geben und ruhte eine Weile, bis nachts gegen 1 Uhr über den steilen Grat der fast noch völlige Mond herauskam. Da band ich die Gamaschen um, zog Fausthandschuhe an und wanderte durch das schlummernde Dorf und an dem alten Fruttkirchlein vorüber den wunderbar stillen Weg durch das enge Seitental, dem Dammagletscher und der Göschenenalp entgegen. Ich schritt ohne Ziel und ohne Mühe, soweit der Pfad es erlaubte, und kehrte, als ich müde ward, langsam wieder um. Auf dem weichen Schneeweg hörte ich meine Schritte nicht, und auch sonst war kein Ton zu hören, in der Höhe gegen den nachtblauen Himmel glänzte matt der überschneite Gletscher, das weiße Mondlicht erfüllte das Tal und war so hell, daß ich bei der Frutt die knapp aus dem Schnee ragende Tafel lesen konnte, die man einem dort von der Lawine erschlagenen sechzehnjährigen Knaben gesetzt hat. Groß und flimmernd standen viele Sterne in der Nacht, und ihr Leuchten und das weiß schimmernde Mondland und das Schweigen der matten Gipfel will ich nie vergessen.

Als ich morgens nach mehreren Stunden eines tiefen Schlafes aufstand und ans Fenster lief, war am oberen Rande des Gletschers schon wieder Sonne. Ins Tal kam sie freilich nicht, die Häuser der Frutt und die letzten diesseitigen Höfe von Göschenen haben von Ende Oktober bis Ende Februar keinen Sonnenstrahl. Aber vorne im Dorfe und im Reußtal abwärts mußte es noch vor Mittag sonnig werden. Ich beschloß, einen Teil der Heimfahrt auf dem Bergschlitten zurückzulegen. Zwar hätte ich diesen Tag noch hier oben bleiben können, aber es sah aus, als würde sich morgen das Wetter ändern, und ich hatte keine Lust, diese beiden Glanztage mit einem trüben Abschied abzuschließen. So machte ich nur noch einen Schlendergang an die Schöllenen und zurück, nahm dann gegen Mittag Abschied und entlehnte einen kräftigen Bergschlitten, den ich per Bahn zurückzuschicken versprach. Gleich jenseits der Bahnschienen konnte ich aufsitzen und laufen lassen, und sauste oberhalb der Reußschlucht, mit nur zwei kurzen Unterbrechungen, bis Wassen hinunter in weniger als einer halben Stunde. Vor und durch Wassen stieg der Weg eine Weile, dann ging es die wundervolle Strecke bis Gurtnellen und über die märchenhafte Brücke fast ohne Halt im eiligsten Laufe abwärts. Es gibt, außer einer flotten Segel- oder Schneeschuhfahrt, nichts Packenderes und Sprühenderes, als so eine sausend glatte Talfahrt auf niederem Schlitten, durch pfeifende Luft und an Schneemauern vorüber, die Wintersonne im Nacken und vor sich die mächtigen Berggipfel, kühn und kühl im warmen blauen Himmel ruhend.

Meine Fahrt war zu Ende. Ich kam eben noch recht, um meinen Schlitten aufzugeben und in den Zug zu springen.

Vor anderthalb Tagen, als ich herfuhr, war das untere Reußtal und der Urner Seestrand noch im Schnee gelegen. Der Föhn, der den Schneemassen auf der Höhe noch nichts anhaben konnte, hatte hier unten inzwischen mächtig gearbeitet. Je weiter wir talwärts fuhren, desto dünner lag der hier schon wässerige Schnee, und in Altdorf und Flüelen standen schon alle Matten feucht und graugrün in der lauen Mittagsluft. *(1905)*

Schlittenfahrt

Der Schneewind packt mich jäh von vorn,
Mein Schlitten knirscht im schnellen Lauf,
Genüber streckt sein fahles Horn
Der wolkenblasse Eiger auf.

Ein kühler Siegesmut erfaßt
Mein Herz mit unbekannter Lust,
Als trüg' ich eine werte Last
Von Stolz und Glück in meiner Brust.

Was noch von Krankheit in mir schlief,
Ich riß es aus mit fester Hand
Und warf es lachend steil und tief
Hinunter ins verschneite Land.

Dem Sommer entgegen

Als ich heute erwachte und aufstand, hatte das Wetter sich zum Guten gewendet, den sattblauen See bestrich ein mäßiger Ostwind mit zitternden Silberfurchen, die blühenden Kronen der Birnbäume standen frohlockend und strotzend gegen einen hellblauen Himmel, und lichte Bläue spiegelte sich im Brunnentrog und in den kleinen, schon fast vertrockneten Wasserlachen der Landstraße. In der Kapelle, die meinen Fenstern gegenüber liegt, war der Mesner mit den Zurüstungen zur Maiandacht beschäftigt. Auf dem improvisierten Zimmerplatz meines Nachbarn, der seinen Stall umbauen und vergrößern will, leuchtete und duftete in der schon prächtig warmen Sonne froh und festlich das weiße tannene Balkenholz.

Da fiel es mir aufs Herz, daß mein Ruderboot noch immer winterlich unter Dach stand und noch immer nicht revidiert, gestrichen und flottgemacht war. Schon mehrmals hatte ich an schönen, zum Seefahren verlockenden Tagen meine Saumseligkeit verwünscht und bitter bedauert und hatte dann, aus Trägheit und aus Mißtrauen gegen das Wetter, die Arbeit doch wieder auf ein andermal verschoben. Es war nachgerade eine Schande, und die Nachbarn, die mein Schifflein noch immer im Schuppen verstaut sahen, begannen zu grinsen und mich bedauernd anzusehen. Jetzt war es höchste Zeit, und ich beschloß, die Arbeit heute noch vorzunehmen.

Das 1905 entstandene Hesse-Portrait des Malers Ernst Würtenberger.

Die Farben standen schon bereit, ich brauchte sie nur noch mit Leinöl anzurühren, und bald durchzog der scharfe pikante Ölgeruch das Haus. Die große Schürze vorgebunden, begann ich das Boot und die Ruder zu reinigen und dann zu malen. Wie das fleckte und ausgab, wenn ich den schweren, breiten, saftig mit Ölfarbe gefüllten Pinsel über die Planken hinstrich! Wenn so das Feuilletonschreiben ginge, und wenn es so lustig wäre! Hühner gackerten vorbei, zwei junge Hündlein balgten sich und brachten meinen Ölkrug in Gefahr, Kinder kamen und schauten zu. Und die Nachbarn, wenn sie vorüberkamen, lachten und riefen: »Also endlich?«

Man malt ja die modernen Sportboote jetzt meistens hellbraun oder gelblich wie Kanzleimöbel. Aber mein Nachen muß schöner aussehen, ich streiche ihn mit dem alten, traditionellen, feurigen Grün und Hochrot, und ebenso Ruder und Zubehör. Eine Ruderschaufel muß rot sein, keine andere Farbe klingt mit dem Blau oder Grün des Wassers so freudig und lebendig zusammen.

Vier Stunden, fünf Stunden strich und salbte ich mit Eifer, dann schien es mir für diesen Tag genug. Noch ein paar Tage, dann wird alles fertig und geordnet sein, dann führen wir das Boot auf einem Wagen mit zwei Kühen an den Strand, und den Kühen werden die Hörner bekränzt, und dann mache ich meine erste Ruderfahrt in diesem Jahre allein und still, und es wird wie jedes Jahr ein Tag voll schweigender Herrlichkeit und voll wunderbar schwellender Erinnerungen sein.

Drei Dinge gehören für mich notwendig zu einem richtigen Sommer: Glühheiße, gelbe, schwerbrütende Kornfelder – ein hoher, kühler, schweigsamer Wald – und viele Rudertage. Rudertage! Ich denke an solche, da über See und Bergen ein glänzend blauer Himmel stand, da die Luft vor Hitze zitterte und vor Sonnenwärme das Holz des Bootes knisterte. Dann muß man halb nackt im breiten Schattenhut blendend blanke Seebuchten befahren und häufig baden oder schöne Rasten im dichten Ufergebüsche halten. Und ich denke an Rudertage, da ich bei bedecktem Himmel und frischem Wind stundenlang durch lauter Silber fuhr. Und an Tage, da ich keuchend über das schwarze, brodelnde Wasser jagte, vor einem jäh aus dem Gebirg hervorbrechenden Gewittersturm auf der Flucht. Da liefen blanke, eilige Schaumflocken über die dunkle, schwärzliche Fläche, peitschende Windstöße sprühten nadelfeinen Wasserstaub auf, und hastige Blitze fieberten blaß und zuckend durch die leidenschaftlich erregte, ängstlich schwüle Luft.

Das alles soll nun wiederkommen: Sommer, Kornfelderglut und Waldkühle, milde Abendröten am Schilfstrand, brennende Fahrten durch den blauen Mittagsglast und herrliche, seelenlösende, brausende Gewitter. Man hört ja immer wieder sagen, der Frühling sei die schönste Zeit des Jahres. Aber das Schönste an ihm ist doch die Vorfreude, das Erwarten des Sommers. Schnell ist der sanfte, sehnsüchtig laue Frühling vergessen, wenn der Sommer kommt und herrscht, wenn Sonne und Erde in Liebe und Kampf einander näher sind, wenn die Wärme mächtiger und inniger, die Regengüsse wilder und wuchtiger, die Tage leuchtender und die Nächte blauer sind. Da strahlen die Kastanien in unbegreiflicher Fülle und Pracht ihre weißen und roten Blütenkerzen aus, da verschwendet der Jasmin in betäubenden Wolken seinen süßen, lodernden Duft, da bleicht das Getreide, wird schwer und golden und rauscht üppig und festlich auf hunderttausend Halmen, da gärt der feuchte, schwarze Waldboden und wirft Mengen von farbigen Pflanzen ans Licht. Und überall zittert heimlich ein glühendes, wildes, berauschtes Lebensfieber. Denn der Sommer, der wahre Sommer, ist kurz, und kaum glänzt das Gefilde goldener und rauschen die

Ähren voller und tiefer, so droht auch schon Sichel und Sense und heißer Erntekampf.

Das alles soll nun wiederkommen. Im hellgrünen Waldtal tönt unermüdlich der Kuckucksruf, die Matten reifen rasch zum ersten Schnitt, der dunkle Klee geilt üppig, und die Saatfelder leuchten saftig grün. Am Waldrand glänzen weiße Maiblumen unter ihren breiten Blättern, und auf breiten Felderstreifen blüht der schwefelgelbe Raps.

Das ist die Zeit, in der der Mann zum Kinde und das Leben wieder zum Wunder wird, da jeder Tag unerwartet Neues bringt und jeder kleine Wiesengang eine Überraschung und ein Märchen ist. Es geht dem Sommer entgegen, der königlichen Zeit, den Tagen der Kornreife und den Nächten der Gewitter. Wohlan, ich bin bereit, noch einmal das Unerhörte zu erleben und Tage des Überflusses und der überschäumenden Pracht zu sehen, und ich möchte keinen Tag und keine Stunde versäumen, ehe allzu früh der Bauer den Wagen bekränzt und im reifen Korn die gierige Sichel rauscht!

(1905)

Weiße Wolken

O schau, sie schweben wieder
Wie leise Melodien
Vergessener schöner Lieder
Am blauen Himmel hin!

Kein Herz kann sie verstehen,
Dem nicht auf langer Fahrt
Ein Wissen von allen Wehen
Und Freuden des Wanderns ward.

Ich liebe die Weißen, Losen
Wie Sonne, Meer und Wind,
Weil sie der Heimatlosen
Schwestern und Engel sind.

Der Schnitter Tod

Es war plötzlich voller Sommer geworden. Die in den langen Regenwochen feist aufgewachsenen grünen Kornfelder begannen zu bleichen, der Mohn flackerte üppig rot auf jedem Felde. Die Landstraße glühte weiß und staubig, aus den dunkler gewordenen Wäldern tönte der Kuckucksruf müder, schwüler und eindringlicher, in den hohen Wiesen wiegten sich auf schwanken Stengeln die Margeriten und Esparsetten, Salbei und Skabiosen, alle schon in der üppigen Fülle und in dem fiebernd tollen Verschwendungsdrang der Todesnähe. Denn abends läutete schon da und dort in den Dörfern helltönig und unerbittlich mahnend das Sensendengeln.

An einem brennend warmen Nachmittag schlenderte ich langsam und fröhlich auf der Landstraße dem dunkel ragenden Wald entgegen, an den schwer duftenden Heuwiesen und leise silbern wehenden Ährenfeldern vorüber. Im ausgetrockneten Straßengraben spielten braune und grüngoldene Eidechsen, schönfarbige Laufkäfer mit großen, hohen Beinen und komisch scheuen, eckigen Bewegungen, dazwischen je und je eine glatte, lautlose Blindschleiche. Über den Wiesen zitterte die durchglühte Luft, an den Rändern des schwülblauen Himmels lagen kleine, dicht geknetete, silberweiße Turmwolken ruhig auf der Lauer, regungslos und in blendendem Glanz.

Als ich schon dem Waldrand nahe war, holte mich ein Bauer ein, der, mit der Sense über der Schulter, auf die Heumahd ging. Es war einer von meinen Nachbarn, ein froher, rüstiger Mensch, aufrecht und hellblond, mit dem ich auf Feldwegen oder feierabends drinnen im Dorfe häufig zu plaudern pflegte. Er trug den Strohhut zurückgeschoben auf dem dichten, kurzen Haar, im Munde hielt er einen langen Grashalm, an dem er kaute, und von seiner Stirne lief in kleinen, klaren Tropfen der Schweiß über das bräunliche Gesicht.

»Auch wieder spazieren?« fragte er mit gutmütig spöttischem Blick.

»Es macht warm heute«, gab ich zurück.

»Ja, besonders wenn man schaffen muß.«

Ich beneidete ihn um seinen braunen, breiten Nacken und um die sorglose Kraft, mit der er seine Sense auf der Schulter trug. Für mich war der heiße Gang im Staub eine Arbeit, von der ich im Walde auszuruhen gedachte; für ihn war er ein Spiel, dem die Arbeit erst folgen sollte.

»Nix Neues?« fragte ich.

»Doch, meine Schwarze hat zur Nacht gekalbt.«

»Gut gegangen?«

»Schon gut, aber leicht nicht. Wir sind die ganze Nacht im Stall gewesen und ich bin in kein Bett gekommen.«

»Na, wenn nur das Kalb gesund ist.«

»Da fehlt's nicht, das ist schon wie es sein soll. Also adieu denn, wenn Sie gradaus wollen.«

»Ja, adieu, Herr Nachbar«. »Überschaffen Sie sich nicht.«

»Hab's nicht im Sinn. Adieu denn.«

Ich sah ihm nach, wie er zwischen Acker und Wiese feldeinwärts schritt, schwer und zäh und doch mühelos, und wie das hohe Gras ihm um die Knie schlug und wie seine blanke Sense hoch in den Lüften blitzte. Dann ging ich weiter und erreichte bald die feucht duftende, milde Waldkühle.

Vögel riefen im flimmernden Geäst, weiches Moos federte wohlig unter meinen Schritten, braunrote Schmetterlinge rasteten atmend auf hohen Blütenstengeln, und kleine, goldbraune Waldbienen flogen suchend in raschen, geraden Flügen durch die weiche, schattige Luft. An einem stillen Platze zu Füßen einer dicken Buche setzte ich mich zur Rast, schaute in das dämmernde, tausendfältige Waldleben, den Fliegen und Faltern nach, und trank die frische Schattenluft. Dann zog ich ein altes Büchlein aus der Tasche und las langsam blätternd in alten, volkstümlichen Liedern. Das Lesen im Freien ist ja schön und bei Sommerfrischlern und Luftschnappern sehr beliebt, und auch ich versuche es oft, aber ich fand immer wieder mit Verwunderung, dass die Bücher, die im Walde schöner zu lesen sind als in der Stube, überaus selten sind. Altmodische Liederbücher und Volksmärchen gehören zu diesen Seltenheiten, und die einfachen Verse, die beim Lesen immer gleich zu Melodien werden wollen, vertragen Waldluft und Vogelruf und Windesrauschen besser als irgend andere Bücher.

Da las ich auch das Lied vom Schnitter Tod, und sah ihn groß und ruhig über blühende Felder hin schreiten und hörte den strengen, ernsten, kühlen Strich seiner Sense durch das lebendige Kraut. Es werden auch heute noch schöne Gedichte gemacht, aber wenig solche, bei denen wir lächeln und mitsummen müssen, während uns das Herz zittert und den Takt verändert. Dies Lied vom Schnitter Tod war ernst, war traurigmachend, herb und streng, aber es war nicht grausam, es klang zart und süß und wohllautend aus, als käme es aus Kindermund, als wisse es nicht um seine Traurigkeit.

Ein paar Stunden vergehen schnell, wenn man zur Sommerszeit im Walde schlendert, ruht und wieder schlendert, und der halbe Nachmittag war vorüber, als ich heimkehrend auf derselben Straße den Wald verließ. Sonne und Heugeruch drangen auf mich ein, im nächsten Dorfe hörte ich fünf Uhr schlagen, und mit beschleunigtem Schritt ging ich weiter. Da holte ich einen Leiterwagen ein; ein Mann ging neben den Pferden her, ein anderer saß vorn auf, und im Wagen lag ein dritter, der hatte ein rotes Kopftuch übergelegt und streckte nur die Beine heraus.

»Der schläft aber gut«, rief ich im Vorbeigehen.

»Er steht nimmer auf«, sagte der Führer und hielt die Pferde an. Ich zog das Tuch von dem Liegenden, da war es mein fröhlicher Nachbar, und als ich ihm die Hand auf die Brust legte, war sie kühl und ohne Herzschlag, und sein Gesicht hatte bläulich-blasse Schatten.

»Soll ich vorausgehen?« fragte ich den Führer.

»Ist nicht nötig, die Frau weiß es schon.«

Nun ging ich hinter dem Wagen her, durch die glänzenden Felder und das blumige Grasland, und sah bald in die weithin blauende Seeferne, bald auf den stillen Mann, der neben seiner Sense auf dem Wagenboden lag. Er war beim Mähen umgefallen, mehr wußten seine Begleiter nicht zu erzählen.

Wir kamen ins Dorf gefahren, und scheue Weiber und Männer kamen uns entgegen, die schlossen sich an und es entstand ein stiller Zug durch die langgestreckte, zweimal gewundene Dorfstraße, bis vor das Haus des Toten, den seine Frau mit bleichem Gesicht und großen, erschrocken aufgerissenen Augen empfing.

An jenem Abend war es ganz still im Dorf. Anderen Tages ging alles seinen alten Gang, nur daß man oft von dem Gestorbenen sprechen hörte. Das geschah ohne besondere Rührung, aber mit Ernst und einem Ton der Trauer, den man nur in kleinen Dorfgemeinden so hören kann. Sie hatten den Schritt des gefürchteten Schnitters gehört, der in so kleinen Gemeinschaften selten kommt und dann ehrfürchtiger begrüßt wird als in Städten, wo jeden Tag Menschen sterben, ohne daß außer den Allernächsten jemand darauf achten kann.

Und gestern war die Beerdigung. Vor dem Hause stand der Sarg, und jeder Herankommende besprengte ihn mit Weihwasser; wer einen Kranz mitgebracht hatte, der legte ihn auf den Sarg oder hängte ihn um den wartenden Totenwagen. Dann ward der Sarg in den Wagen gehoben, die Glocken der kleinen Kapelle klangen herüber und wir begleiteten unseren Nachbarn auf dem stillen, weiten Weg zum Grabe. Denn unser kleines Nest hat keinen Pfarrer und keinen Kirchhof, wir bringen die Toten ins nächste

Dorf hinüber. In zwei Reihen, zu beiden Seiten der Straße, schritten wir einer hinter dem andern, die Männer zuerst und dann die Weiber, und von Zeit zu Zeit stimmte irgend einer die Litanei an und alle fielen mit ihren harten, langsamen Stimmen betend ein. So brachten wir den Toten am blitzenden See, an den Weinbergen und Fruchtfeldern und Wiesen vorüber zum Kirchdorf, und dann standen wir auf dem alten, wunderbaren Friedhof, über dessen graue Mauer hinweg der See und die Insel und weite Bergzüge zu sehen sind. Der Pfarrer segnete und betete, der Chor sang seinen Choral, wir warfen Erde und Laub ins frische Grab und rings um uns lag das schöne, sommerliche Land in gleichmütigem Frieden gebreitet.

Einmal, während der Einsegnung des Grabes, als ich in halber Betäubung den Blick erhob und ausschaute, sah ich über das dunkle Häuflein der Leidtragenden hinweg für Augenblicke den Kopf eines schönen Bauernweibes ragen. Sie schaute mit klaren Augen und unbewegtem Gesicht still aus dem Gedränge über den See und die Weinberge hinaus, nicht traurig und nicht froh, mit halb geöffnetem Munde, und ihr schöner dunkler Kopf stand einen Augenblick lang scharf und kühn gegen den hohen Himmel.

(1905)

Dorfkirchhof

So nahe lieget ihr beisammen
In eurem Garten, stille Schar.
Von eures Lebens grellen Flammen
Loht keine mehr. Das Glockenläuten
Will euch nicht Leid noch Lust bedeuten
Noch Anklang dessen, was einst war.

Euch ist genug, daß in den Lüften
Hoch über euch der Flieder blüht
Und sommernachts mit warmen Düften
Ob eurer Stätte festlich glüht.
Was noch in euch als Kraft, Begierde
Und unerlöster Drang gelebt,
Ist nun erlöst und frei und schwebt
Im Duft dahin als Spiel und Zierde.

Ein Bummeltag

Still löse ich die Kette vom Baumstamm, schiebe mein leichtes Boot ins Wasser, kniee hinten auf und stoße vom Strande ab. Der See liegt spiegelglatt und flimmert grün und silbern, die Sonne brennt in voller Mittagskraft herunter, und der jenseitige Seerand spiegelt einen blauen, leuchtenden, von festgeballten, schneeweißen Sommerwolken durchzogenen Himmel.

Hinter mir entweicht das schattige Wiesenufer mit hohen Pappeln und breiten, alten, tiefhängenden Weiden, und mit dem Ufer flieht auch alles das zurück, was mir dort am Lande Arbeit und Freuden, Pein und Sorge macht. Es wird fern und unkenntlich, es verliert an Wichtigkeit und Wert, und je weiter ich in den blendenden Brand der Farben und Lüfte hineinfahre, desto fremder, älter, unbegreiflicher wird das kaum erst Vergangene.

Zu Hause liegen Briefe, auf die ich antworten soll, und Rechnungen, die ich zahlen, und Einladungen, denen ich folgen soll, angefangene Arbeiten und aufgeschlagene Bücher. Alle diese Dinge scheinen mir, indes ich langsam seewärts rudere, uralt und wesenlos, dumm und unnötig, einer sonderbar entarteten Welt zugehörig, der ich entronnen bin und die ich nimmer verstehe. Ein Kohlenhändler will Geld von mir, weil ich vor Monaten mit seinen Kohlen eingeheizt habe; ein Verlagsbuchhändler will, ich soll ein neues Buch schreiben; ein Freund verlangt Auskunft über die hiesigen Wohn- und Steuerverhältnisse. Über mir blaut in ungeheurer Weite und Glut der vieltausendjährige Himmel, Wolken schreiten ihren uralt heiligen Reigen und stille Berge stehen kühn und unveränderlich – wie ist es möglich, daß daneben immer noch der lumpige Bagatellenkram der kleinlichen Menschengeschäfte und Menschensorgen besteht! Nein, er besteht nicht mehr, er ist untergegangen wie alles Lächerliche untergeht, ist zu Sage, Traum und unbegreiflicher Vergangenheit geworden.

Unbegreifliche Vergangenheit! Alexander der Große und der Perserkönig Darius sind mir nicht ferner und merkwürdiger und unverständlicher, als es der heutige Morgen und der gestrige Abend ist. Was tat ich da? Ich weiß nicht mehr, vielleicht Briefe schreiben, vielleicht Bücher lesen. Warum tat ich es? War es notwendig? War es gut? War es unnütz und schädlich? Ich weiß es nicht. Ich weiß aber, dass jetzt in dieser gegenwärtigen, selig schönen Stunde die Mittagssonne mir die Arme und das Gesicht braun macht, daß auf der weiten Wasserfläche unerhörte, fabelhafte Farben spielen und inbrünstig glühen, daß aus der heißen, strahlenden Höhe Gott herabschaut und dies Tal und Gebirg und diesen See und seine Ufer samt Dörfern, Klöstern, Höfen und närrischen Menschen mit Wohlgefallen und

Güte betrachtet. Und ich weiß auch, daß das, was ich in dieser Stunde sehe und lebe und tue, gut und notwendig und köstlich ist. Denn jetzt sehe ich Gott in die Augen, jetzt redet der Geist der Erde und der Geist der Höhe, der See und das weithin gestreckte Gebirge mit mir; jetzt bin ich kein Einzelner, keine Persönlichkeit, kein ängstlich abgetrenntes und unterschiedenes Wesen mehr, sondern einfach ein Kind der Erde, das keine eigenen Gedanken und Wünsche und Sorgen hat und hingegeben dem größeren, reichen Leben der Lüfte und Wasser, Wolken und Wellen zuschaut.

Und nun habe ich unvermerkt die Seemitte erreicht. Dorf und Kirche des verlassenen Ufers sind ferngerückt und klein geworden, die Gebüsche am Strand fließen ineinander und über die Hügelhöhe hinweg, die noch vor einer Weile die höchste war und scharf im Blauen stand, sehe ich jetzt ferne höhere Berge ragen, Berge mit dunklen, weichen Waldrücken und andere mit steilen Felshängen. Weit um mein Boot her glänzt der unbewegte Wasserspiegel und nach wenigen Augenblicken bin ich der Kleider ledig, habe den köstlichen Sprung ins Kühle getan und schwimme ziellos in dem weichen, durchsichtig reinen Wasser dahin, in Bögen und Kreisen, bald heftig schlagend und plätschernd, bald unhörbar leise und heimlich. Mein grünes Boot mit dem grellroten Rand und den grellroten Ruderschaufeln ruht leicht und schwebend auf der Fläche und spiegelt seine farbigen, besonnten Flanken wie ein schöner schwimmender Vogel.

Wie habe ich das kleine, schmucke Fahrzeug lieb! Von allen Dingen, die ich besitze, ist es das einzige, das fern von Haus und Zimmer und fern von den Geschäften des Alltags neben draußen lebt und meiner wartet, wie ein Stück Natur, wie ein Baum oder ein Tier. Es ist vielleicht auch von allen Dingen, die ich besitze, das einzige, an welchem nur schöne, reine, liebe Erinnerungen hängen. Mein Boot hat mich wohl schon traurig, nachdenklich oder müde gesehen, aber es sah mich nie verdrießlich, ängstlich, mißmutig, hastig und zornig. Es ist mir auf ungezählten Fahrten lieb und vertraut geworden, ich kenne alle seine Fähigkeiten und Vorzüge, auch seine wenigen kleinen Fehler, es hat mir hundertmal genützt und mich hundertmal erfreut und vergnügt, und ich habe es geschont und gepflegt, mit Teer verdichtet, nach jedem Regen ausgeschöpft und getrocknet, mit schönen Farben bemalt und jedesmal am Strande zu einem sicheren, sandigen und bequemen Landeplatz geführt.

Da schwimmt es heiter und zierlich, wartet auf mich und schaut nach mir aus. Ich kehre zu ihm zurück, klettere triefend und erfrischt über Bord, ziehe die Ruder ein und lege mich der Länge nach auf den Boden. Nackt in der Sommersonne zu liegen, ist immer eine Wonne; es ist schön, wenn man es auf einer Wiese oder im Sand am Ufer oder auf der Dachterrasse eines Hauses tut, aber nirgends ist es so schön wie auf einem großen Wasserspiegel im Boot, das wie ein Kelch die Wärme empfängt und hält. Da geht der Sonnenbrand durch Haut und Fleisch bis ins Mark, und wenn es zuviel wird, braucht man nur einen raschen Sprung zu tun und liegt sogleich im tiefen, klaren Wasser. Zu Anfang des Sommers, wenn der Leib noch weiß und kleidergewohnt ist, gibt es kleine Beschwerden; da brennt die Haut und rötet sich und schält sich ab. Dann aber wird sie fest und braun und sonnensicher, und dann kommt die Zeit, da der Leib seiner selbst froh wird und in animalischem Wohlsein atmet und gedeiht und Sonne, Wasser und Luft als seinesgleichen fühlt. Dann hört auch die Empfindung der Einheit von Leib und Seele auf, ein peinliches Abhängigkeitsgefühl zu sein. Denn wie der Körper sich frei und wohl und sicher fühlt, so weist die Seele das Kleid der Gewohnheit und Alltäglichkeit von sich, atmet erstaunt und frei, kehrt zu heimatlichen Quellen zurück, wird dankbares Kind der Erde und Sonne, fühlt Verwandtschaft mit allem Lebenden und lernt die Sprache der Erde wieder verstehen. Sie wird Kind, Welle, Wolke, Lied, sie singt und träumt, sie erlebt Sagen und Wunder. Wie alle Dichtung Erinnerung ist, so sind die seltsamen Regungen und phantastischen Träume, die in solchen Sonnenstunden in uns spielen, Erinnerungen an fernstes Ehemals, an Schöpfung und Urzeit, an den »Geist über den Wassern« […].

Ein leiser Luftzug weckt mich auf. Der See beginnt sich in unendlich feinen, zarten Linien zu kräuseln, die Wolken über den Schweizer Bergen haben sich vereinigt und wachsen mit stummer Eile himmelan, werden dunkel und drohend. Bald wird es Wind geben und dumpfen Donner, vielleicht Sturm. Wie das im Luftreich arbeitet, strebt und brütet! In Eile werfe ich die Kleider um, lege die Ruder aus und trete die Heimfahrt an. Das Seegekräusel wird zum Wellenschlag, doch sind die Wellen noch klein und rund und geben wenig Widerstand. Mein gutes Boot fährt rasch darüber hin, und ehe noch die ersten Regentropfen fallen und das Wasser am Ufer zu branden beginnt, sind wir im Hafen.

Heimkehrend finde ich Bücher, Briefe und Rechnungen auf meinem Tische liegen, fange ungern zu arbeiten an und werfe nach einer Viertelstunde das ganze Zeug wieder von mir. Das Verständnis für die Notwendigkeit dieser törichten Dinge ist mir noch nicht wiedergekehrt. Draußen ist ein wütender Gewitterregen ausgebrochen, die Dorfgasse ist ein gelber Bach, und die Dächer glitzern weiß von den aufprasselnden Güssen. Drüben

R'au 55

überm See blitzt es und donnert prächtig, und mich faßt wie in Knabenzeiten bei diesem Toben ein übermütiges Frohgefühl. Pfeifend ziehe ich hohe Stiefel und eine Lodenjacke an, drücke den Filz auf den Kopf und wandere ohne Ziel in das laute, herrlich zürnende Gewitter hinaus. *(1905)*

Reiselied

Sonne leuchte mir ins Herz hinein,
Wind verweh mir Sorgen und Beschwerden!
Tiefere Wonne weiß ich nicht auf Erden,
Als im Weiten unterwegs zu sein.

Nach der Ebne nehm' ich meinen Lauf,
Sonne soll mich sengen, Meer mich kühlen;
Unserer Erde Leben mitzufühlen
Tu ich alle Sinne festlich auf.

Und so soll mir jeder neue Tag
Neue Freunde, neue Brüder weisen,
Bis ich leidlos alle Kräfte preisen,
Aller Sterne Gast und Freund sein mag.

Sommerreise

I.

Am Mittagstisch in Preda war von nichts anderem die Rede als von Alpenbären.

»Seit fünf Tagen suche ich den Alpenbär und habe noch keinen!«

»Ich habe schon zwei, einer ist ein Weibchen.«

»Gestern sah ich einen, aber er war nicht zu erwischen.«

Einer der Herren wandte sich zu mir: »Haben Sie vielleicht schon einen angetroffen?«

»Einen Alpenbären?«

»Nun ja.«

Ich überlegte einen Augenblick. Es beschämte mich nicht wenig, daß ich vom Vorkommen des Bären in diesem Teil Graubündens absolut nichts gewußt hatte. Ich beschloß lieber zu leugnen, als mir eine Blöße zu geben.

»Gesehen habe ich noch keinen«, antwortete ich gleichmütig, »aber brummen gehört hab' ich sie schon öfter.«

Der Herr riß die Augen auf, starrte mich an, schüttelte den Kopf und brach dann in ein Gelächter aus.

»Sie sind nicht Entomolog?« fragte er noch lachend.

»Nein, was ist das?«

»Schmetterlingssammler, meine ich. Der Alpenbär, auch Flavia, ist ein hier in der Gegend vorkommender alpiner Falter. Wir sind alle hinter ihm her.«

»So? Ich dachte, das sei ein Sport für kleine Buben.«

»Doch nicht. Aber, wenn ich fragen darf – was suchen Sie eigentlich in Preda, wenn Sie nicht Entomolog sind?«

Die Frage schien mir naiv, denn Preda liegt wunderbar schön und hoch in den Bergen des Albulagebirges, drei Stunden von der Paßhöhe, und jeder einzelne Berg der Umgebung verlockt zum Steigen, namentlich der Piz Val Lung und der nahe Piz Moulix. Aber es zeigte sich nach wenigen Tagen, daß der Schreckliche recht gehabt hatte. Preda besteht lediglich aus einem kleinen Stationsgebäude und zwei Gasthäusern, und in beiden Gasthäusern sitzen Entomologen. Schmetterlingsnetze, Ätherfläschchen, Acetylenlaternen stehen herum, auf jeder Matte flattert ein Netz, auf jedem Geröllfeld stehen ernste Männer und drehen Stein um Stein um, da die Flavia dort ihre Eier legt. Es sind Sammler da, die seit fünf und mehr Jahren jeden Sommer kommen, manche haben von den seltenen Alpenschmetterlingen schon dreißig und mehr Exemplare zusammengeräubert, andere sehen resigniert und nervös aus, denn sie suchen gewisse Falter schon seit Jahren vergebens.

Es gibt ohne Zweifel unter ihnen Leute, mit denen im täglichen Leben angenehm zu verkehren wäre, aber hier auf dem Tummelplatz ihrer Leidenschaft werden sie fanatisch und unmöglich. Jeder lechzt nach Beute, jeder kontrolliert den anderen. Wer ein seltenes Tier erbeutet hat, gibt dem Kollegen einen falschen Fundort an, weiß aber nicht, daß mindestens einer von ihnen ihm heimlich auf den Fersen war und sich den Ort gemerkt hat. Jeder glaubt Plätze zu kennen und Erfahrungen zu haben, die er bis in den Tod geheim halten muß. Und wenn einmal ein gefürchteter Konkurrent über ein Wändchen stürzt und die Knochen bricht, vernehmen es die anderen mit nur schlecht geheucheltem Bedauern.

Dies alles macht den Aufenthalt in Preda einigermaßen peinlich. Noch schlimmer aber ist die Ansteckungsgefahr. Nach etwa acht Tagen geschah es, daß ich einem Freunde, mit dem ich die Reise unternommen hatte, auf einer kühlen Bergwanderung mitteilte, ich sei entschlossen, nach meiner Heimkehr eine Schmetterlingssammlung anzulegen, und zwar werde ich zum Töten der gefangenen Tiere nicht Zyankali, sondern Äther verwenden. Mein Begleiter sah mich sonderbar an, und plötzlich erkannte ich das Gefährliche meines Zustandes. Sofort beschloß ich abzureisen. Am Abend aber gelüstete es mich doch, noch einen Blick in das Treiben der Entomologen zu tun; ich schloß mich einer von ihren Touren an und bereute es nicht. Es war meine schönste Nacht in Preda.

Nach der Abendmahlzeit brachen wir auf, zwei Schmetterlingsjäger, mein Freund und ich. Es war noch hell, und wir wanderten langsam die schöne Straße bergan, an Palpuogna und an dem wundervollen kleinen Alpensee vorbei, der mitten in seiner glasig grünen Fläche ein großes tiefblaues Auge hat.

»Sehen Sie, die paar wunderbaren schwarzen Bäume dort am See! Wie ein Märchen.«

»Ja, das sind Lärchen. Dort können jetzt leicht ein paar Spanner fliegen. Gehen wir hinunter?«

»Um Gotteswillen nicht.«

»Also weiter. Dort ist der Weißenstein.«

Der Weißenstein ist ein früher vielbesuchtes, seit der Eröffnung der Albulabahn aber geschlossenes Gasthaus und der Hauptausgangspunkt für die Beutezüge der Entomologen, nur noch eine knappe Stunde vom Flaviafelsen, dem berühmtesten Fundort des Alpenbären, entfernt.

Ein bequemer Fußweg biegt links von der Paßstraße ab und führt an einem Wasserfall und mehreren großen, öden Geröllhalden vorüber direkt zum Hospiz. Langsam stiegen wir und wendeten unterwegs alle größeren Steine um, darunter Blöcke in Mannesgröße, in der Hoffnung, Eier oder Puppen des Alpenbären zu finden. Doch fiel uns nur eine leere Puppenhülse in die Hände. Wir verloren uns bergaufwärts ins Geröll und mußten an steilen Stellen viel Mühe und Vorsicht anwenden, um mit den gewendeten Steinblöcken einander nicht zu erschlagen. Einen weiteren Reiz erhielt diese an sich wenig interessante Tätigkeit noch durch die Mitteilung eines Sennen, es gebe unter diesen losen Steinen Massen von Kreuzottern. Aber auch von diesen bekamen wir nichts zu sehen; alles schien wüst und ausgestorben, nur von der Höhe her ertönte zuweilen der grelle, fast höhnische Pfiff eines Murmeltieres.

Die erfolglose Mühe begann mich zu verdrießen, auch wurde es rasch dunkler, und das Arbeiten im Steinschutt wurde fast unmöglich. Jenseits unseres Geröllfeldes stieß ich auf einen beinahe steinfreien Mattenstreifen, auf dem ich ohne Mühe in die Höhe kam. Ich ließ die drei zurück und stieg eine Weile gedanken- und ziellos steil bergan, in die zunehmende Finsternis hinein. Kleine Steine glitten leise unter mir weg, zuweilen schrillte die Spitze meines Bergstocks in einer Felsritze, sonst war nichts zu hören als das schwache Reiben meiner Schuhnägel am Boden.

Mittlerweile gingen, von mir ungesehen, über den jenseitigen Gipfeln die ersten Sterne auf, und als ich mich ausruhend umwandte, wurde mir ein unerwartet mächtiger Anblick. Vor mir fiel der kahle Berg in ununterbrochener, steiler Schräge tief ins Albulatal hinab, das in brauner Öde lag. Zwischen Moorstrecken und Steinwüsten glänzten blaß die vielen winzigen Quellseen, und in jedem schwamm das Spiegelbild eines Sterns. Jenseits des breiten, großartigen Hochtales stiegen die Zwillinge, der Piz Loleis und das Albulahorn, mit scharfen Umrissen in den Nachthimmel. Alles lag in dem ungewissen, grünlichen Sternenlicht und sah verlassener, wilder und größer aus als am Tage. Nächst dem feuchten, fließenden Silberlicht eines windigen Nebelmorgens weiß ich keine Stimmung und Beleuchtung, die den eigentümlich grandiosen Charakter des prächtigen Hochpasses so eindringlich und rein vor Augen bringen könnte wie dies graugrüne, kalte, schleierartige Licht einer klaren, aber mondlosen Nacht.

Einen halb gespenstischen, halb komischen Anblick boten von hier aus die beiden Entomologen, die tief unter mir im Geröll ihrer Jagd oblagen. Jeder hatte eine stark leuchtende Blendlaterne aufgestellt, deren Licht auf ein ausgespanntes weißes Leinentuch fiel. Um diese leise zuckenden Lichtstreifen sah ich die beiden Jäger eilig, doch vorsichtig an der Steinhalde hin und wider tanzen, die weißen Schmetterlingsnetze in hastigen Bogen und Kreisen schwingend, um die vom Licht angelockten Nachtfalter einzufangen. Bald erschienen sie undeutlich als irrende Flecken, wenn sie sich vom Licht entfernten, bald kehrten sie in die Helle zurück und waren plötzlich scharf zu sehen; zuweilen stürzte einer ausgleitend zu Boden oder kniete nieder, um eine Beute zu bergen. Es sah aus wie der nächtliche Tanz von Wilden. Und das ganze Bild, dies ungeheuer in der Nacht ausgedehnte, von riesigen Bergen umschlossene Alpental mit den beiden leidenschaftlich bewegten, winzigen, einer harmlos tollen Begierde frönenden Menschen, gab mir einen unvergesslichen Eindruck.

Zurückkehrend fand ich die eine Laterne erloschen und ihren Besitzer in mühsam gedämmter Wut, während der zweite ruhig und lächelnd seine Jagd fortsetzte. Doch ließ er sich bestimmen, nun auch ein Ende zu machen, und beim Schein seines Lichtes gingen wir heimwärts. Ich erkundigte mich nach den Ergebnissen des Falterfangs; der eine von den Sammlern hatte Glück gehabt und war zufrieden, der andere, dessen Laterne versagt hatte, schimpfte halblaut vor sich hin.

»Ihr Kollege hat, scheint's, mehr Glück gehabt als Sie?« sagte ich zu ihm.

»Ja«, knurrte er zornig, »das haben die Dummen ja immer.«

Der andere hörte es wohl, lachte aber nur vergnügt vor sich hin. Einen Alpenbären aber hatte auch er nicht gefangen. Ich allein war so glücklich, einen zu sehen. Er flog, als ich nach der späten Heimkehr im Gasthaus Licht machte, gegen mein Fenster. Doch habe ich ihn weder gefangen noch einem der Sammler verraten. Es war ein schönes Tier, schwarz und gelbbraun, mit starkem behaartem Rumpf. Ich nickte ihm zu, löschte mein Licht und sah ihn rasch flatternd in die bläuliche Nacht verschwinden.

II.

An einem wolkenlos blauen Hochsommermorgen verließ ich Preda und wanderte ohne Eile die schöne, sanft steigende Straße nach dem Hospiz hinan. Der letzte Teil des Weges ist von einer wuchtig ernsten Schönheit, nicht unähnlich dem St. Gotthard, und doch anders, kahl und ganz Form, ohne alles Kleine, Zierliche, Zufällige. Auf der Höhe liegt nur sehr wenig Schnee, ein paar kleine graue Felder in runden Schattenmulden, aber wie überall in dieser Gegend ist Wasser genug vorhanden. Das urweltlich Kolossale der Steinlandschaft reinigt die Phantasie, schon indem es für eine Weile alle menschlich kleinen Beziehungen zum Schweigen bringt und mit schlichter Gewalt, gleich den ersten Worten der Genesis, auf die Geburtszeit der Erde und ihre Einheit mit dem Kosmos deutet, die uns sonst selten so klar und nachhaltig zum Bewußtsein kommt.

Von der erreichten Paßhöhe einfach weiter straßabwärts zu gehen, hätte mir leid getan; statt dessen stieg ich vom Hospiz an höher und brachte zwei Stunden damit zu, oben an den Rändern der Wände und Schutthalden einen Strauß Edelweiß zu sammeln. Die dort sehr zahlreich hausenden Murmeltiere bekam ich leider nur zu hören, nicht zu sehen. Als ich bald nach Mittag meinen Weg auf der Paßstraße fortsetzte, war es trotz der Höhe schon sehr warm, und je tiefer die Straße führte, desto heißer glühte der sonnige, mit fernher anziehenden Gewitterwolken drohende Tag. Große Viehherden, deren Hirten auffallenderweise fast alle deutsch sprachen, waren auf den ausgedehnten Mattenhängen verstreut. Es tauchten Gesträuche, dann Bäume auf, und die bisher fast vegetationslose Landschaft ward grün und immer waldiger, bis unten das Inntal sich öffnete. Freudig schritt ich den schönen Dörfern mit den schönen Namen Ponte, Camogask, Matulein und Guardaval entgegen, wo an jeder Gasse stattliche alte Bündnerhäuser mit Vortreppen, spitzen Erkern und reichen Balkongittern von schöner Schmiedearbeit stehen. Häuser, Gassen, große steinerne Brunnen, ehrbare alte Gasthäuser deuten auf Wohlstand und ältere Kultur, Wagen und Pferde erfüllen die lebhafte Talstraße mit Getöse, Staub und Leben, und unter Männern, Frauen und Kindern sieht man zahlreiche wundervolle bräunliche Schönheiten. Allerdings beginnt hier auch, namentlich von Bevers an aufwärts, der berühmte Engadiner Fremdenbetrieb, der das Vergnügen des Wanderns zwischen hier und Sankt Moritz stark beeinträchtigt.

In Bevers machte ich Rast, vom Gehen und von der Hitze ziemlich mitgenommen. Dabei erlebte ich eine Ermüdungserscheinung, die mir noch nie passiert war. Im Wirtshaus, wo ich eine Flasche Bier getrunken und ein Brot gegessen hatte, zahlte ich die geringe Zeche mit einem großen Geldstück und ging, während die Kellnerin im Nebenzimmer die Münze wechselte, gedankenlos davon. Nach fünfzig Schritten holte das Mädchen mich auf der Straße ein und drückte mir zu meinem Erstaunen eine Menge Kleingeld in die Hand, was mich sehr fröhlich stimmte, da ich mein Anrecht darauf innerhalb zweier Minuten vollkommen vergessen hatte.

In Sankt Moritz hielt ich es nur eine Stunde aus. Immerhin sah ich viel;

es war Sonntag, Musik und Kurpromenade. Unter den vielen Läden sind einzelne Italienerbuden mit Silbersachen, Seide und Stickereien, bei denen man köstliche Dinge sehen kann, bei nicht allzu übertriebenen Preisen. Die Promenade wimmelt von Toiletten, Figuren und Physiognomien, die sich am Boulevard des Italiens, in Ostende oder auch in Monte Carlo besser machen würden. Man sieht Lebemänner, internationale Dirnen, Mütter mit mannbaren Töchtern, Herumtreiber und Gauner mit den bekannten konfiszierten Gesichtern, halb Casanova, halb Frank Wedekind. Wenn man die Aussicht hat, in Bälde wieder allein zwischen Bergen und Wäldern zu sein, ist eine solche Stunde Aufenthalt in Sankt Moritz ein munteres, komödienhaftes Vergnügen. Übrigens klagten die Hoteliers, die Saison sei mäßig.

Kaum hat man dies farbige Theater und die letzten künstlich gewundenen und geglätteten Spazierwege hinter sich, so sieht man plötzlich das eigentliche Oberengadin, von dem Sankt Moritz noch keinen Eindruck gibt. Eine unsäglich kräftige, kühle, herbe Bergluft gibt allen Farben eine emailartige Frische, namentlich das Wasser des Flusses und der Seen hat einen Glanz und eine glasklare Tönung wie kaum in einem anderen Tal der Schweiz. Ein schöner Waldweg führt über dem Wasser hin, jenseits von Silvaplana am See vorbei nach Sils Maria. Und von hier sieht man über den zweiten See hinweg in die Berge und auf herrlich steile Gelände, und am Horizont liegt breit und fürstlich als Tor zum Süden das alte Maloja, das Bergell und die Wunderstraße nach Italien verbergend.

Eine Halbinsel im See, leider sehr kultiviert, trägt den wenig schönen Nietzschestein. Damen mit Sonnenschirmen stehen davor, und in Sils Maria, das für seine Einsamkeit und Stille berühmt ist, sind die teuren Hotels für Wochen hinaus bis aufs letzte Bett und den letzten Platz am Tisch besetzt. Freilich ist der Ort verlockend und nicht nur zum Rasten schön, sondern auch für mehrere Bergtouren günstig gelegen. Es tat mir leid darum, aber auf Reisen ist die erste Kunst die des Verzichtenkönnens, und ich hatte keinerlei Ausrüstung bei mir, nicht einmal den Bergstock.

Es muß an jenem Sonntag im Tiefland maßlos heiß gewesen sein, da sogar hier oben trotz eines kräftigen, kühlen Schneewindes das Gehen warm machte. Hinter Maloja stand dunkles Gewölk unbeweglich wie ein abenteuerlich hoher, frech gezackter Gebirgszug. Die Wanderung dieser bläulich verschleierten Ferne entgegen war verlockend schön. Bei Isola rastete ich kurz an einem versteckten, tief in einer schmalen Schlucht wühlenden Wassersturz, dann kamen mir in langen Zügen mit Geläute die heimkehrenden Kuhherden entgegen, und langsam legte ich, während der zunehmende Abendwind Kühlung brachte, den herrlich gewundenen Strandweg nach Maloja zurück. Dort hatte ich auf der großen Holzlaube eines vortrefflichen Gasthauses einen behaglichen Feierabend bei gutem Veltliner, ließ mir von der Wirtin die Schauergeschichte des Attentäters Orsini erzählen und sah die Schneefelder der Margna und des Lunghin verglühen.

Mein Plan war, hier zu übernachten, vielleicht einen kleinen Abstecher in die Höhe zu machen, und dann zu Fuß oder mit der Post denselben Weg durchs Engadin zurück zu nehmen, um dann über den Julier heimzugehen. Mein Reisegeld war in Preda stark geschmolzen, und zu Hause wartete Arbeit genug auf mich. Nun wollte ich wenigstens noch einen hungrigen Blick talabwärts ins Bergell tun. Bei den letzten Häusern von Maloja, wo die Straße sich biegt und zu fallen beginnt, öffnet sich die Aussicht, und man blickt der phantastisch gewundenen Straße nach in das herrliche Tal hinein. Ich hatte nicht lange hinuntergeblickt, da ließ ich den Julier, die Heimkehr und den Gedanken an die Arbeit fallen und gab der Verlockung nach, auf diesem prachtvollen Weg schnell nach Italien zu streifen, Chiavenna zu sehen, den Comersee wieder einmal zu grüßen und einen Abend bei Chianti und Italienerliedern zu verschlemmen. Mit diesem Entschluß ging ich zu Bett und träumte die halbe Nacht von lauter welschen, farbigen, wohlschmeckenden Dingen [...].

III.

Die Gotthardstraße bis zu dem trotzig malerischen Hospental hinab zu gehen, ist immer eine besondere Lust. Namentlich der höhere Teil des Passes mit den unvergleichlich kühnen, massigen Formen der Felsberge, den kleinen Seebecken und dem aus vielen kleinen Rinnsalen entstehenden Bach gehört zum Gewaltigsten, was man auf den gebahnten Bergstraßen sehen kann. Über Hospental, wo man den Zusammenhang der drei großen Paßstraßen (Gotthard, Oberalp und Furka) überschaut und am Ende des fast ebenen Tales die Reuß, gegen die Schöllenen zu, verschwinden sieht, hat man den letzten großen Eindruck. Dann wird die Straße eben und verliert den Gebirgscharakter, von Andermatt her spazieren elegante Kurgäste, Hotelomnibusse knattern einher, und man hat plötzlich das Gefühl, 500 Meter tiefer zu sein, als man in Wirklichkeit ist. Protzige Gasthäuser verderben Andermatt, das sonst ein sehr hübscher Ort wäre, und alles nimmt wieder den Charakter der Durchschnittsschweiz an: Ansichtskartenhandel, Läden mit Holzschnitzereien, Berliner Familien, Hotellivreen usw.

Mein Begleiter, der morgen noch über die Furka wollte, blieb für die Nacht in Andermatt. Mich duldete es dort nicht länger, ich nahm Abschied und ging mit langen Schritten weiter bis zu der wunderbaren Stelle, an der das Tal sich nahezu schließt, die Straße als Tunnel unterm Berge durchschlüpft und die wilde Reuß sich mit einem brausenden Sturz in die finstere Schlucht hinunterwirft. Hier mögen Wagen fahren und Touristen gehen, Photographen ihre Apparate stellen und Backfische ihre Skizzenbücher aufmachen, man sieht es nicht, es verschwindet und geht unter neben der Gewalt der Felsen und Wasser. Im vergangenen Winter war ich hier im Schlitten vorbeigefahren und früher zweimal an schönen sonnigen Tagen dagewesen. Jetzt hingen Nebel um die Höhen und eine verfrühte Dämmerung brach ein, kühl und düster, und ich stieg langsam talabwärts. Alle Eindrücke meiner Reise waren vergessen, ich war glücklich, wieder diese Wunderstraße gehen zu dürfen, schaute an jedem Felsen empor und in jeden Strudel hinab und war nicht weniger benommen als an jenem Sommertag, da ich vor Jahren zum ersten Mal diesen Weg gegangen war.

Übrigens mußte ich, so oft ich hier vorüberkam, jedes mal nicht an Goethe und nicht an Suwarow und nicht an Böcklin denken, sondern an das erste Kapitel des Vischerschen »Auch Einer«.

In Göschenen dunkelte es schon, als ich dort ankam, und den Blick durchs Göschenertal auf den Dammagletscher mußte ich auf den anderen Morgen verschieben.

Und als es soweit war, reichte mein Geld gerade noch zur direkten Heimfahrt, und ich saß im Zuge mit dem Gefühl des Verurteilten, der an hundert verlockenden Gassen und Türen vorbei in den Kerker geführt wird. Die Göscheneralp, das Maderanertal, die Axenstraße und der zu wenig bekannte schöne Zuger See blieben alle unbesucht liegen, und meine Reise endete, wie jede von meinen Reisen, mit dem drängenden Verlangen, bald wieder zu wandern, so bald und so weit wie möglich. *(1905)*

Windiger Tag im Juni

Der See starrt wie Glas,
Am steilen Hügelhang
Weht silbern das dünne Gras.

Jammernd und todesbang
Schreit ein Kiebitz in der Luft,
Taumelt in zuckenden Bogen.

Vom anderen Ufer herübergeflogen
Kommt Sensengeläut und sehnlicher Wiesenduft.

[Im August]

Wenn des Sommers Höhe überschritten,
weiße Fäden in den Hecken wehn
schwer bestaubt am Weg die Margeriten
mit gebräunten Stengeln müde stehn,
wird aus Müdigkeit und Todeswille
über allem eine tiefe Stille,
will Natur nach so gedrängtem Leben
nichts mehr tun als ruhn und sich ergeben.

Herbstbeginn

Während vor den Fenstern eine kühle, schwarze Regennacht liegt und mit stetig leisem Rhythmus auf den Dächern tönt, tröste ich mein unzufriedenes Herz mit farbig lockenden Herbstgedanken, mit Gedanken an reine, lichtblaue, goldklare Himmel, silberne Frühnebel, an blaue Pflaumen und Trauben, rote Äpfel und goldgelbe Kürbisse, an herbstfarbige Wälder, an Kirchweih und Winzerfeste. Ich hole mir den Mörike her und lese seinen mild leuchtenden »Septembermorgen«:

»Im Nebel ruhet noch die Welt,
Noch träumen Wald und Wiesen:
Bald siehst du, wenn der Schleier fällt,
Den blauen Himmel unverstellt,
Herbstkräftig die gedämpfte Welt
In warmem Golde fließen.«

Leise lese ich die Verse des Meisters vor mich hin und lasse sie in mich dringen wie einen langsam geschlürften, klaren, alten Wein. Sie sind schön, und sie tun mir wohl, und der Herbst, den sie malen, ist etwas Schönes, Zartes, Gesättigtes – aber ich freue mich nicht auf ihn. Er ist die einzige Jahreszeit, auf die ich mich niemals freue.

Und schon ist er da. Es ist nicht mehr Sommer. Die Felder sind leer, auf den Matten liegt ein leichter, kühler, metallener Duft, die Nächte sind schon kühl und die Morgen neblig, und gestern war es, daß ich auf einem schönen, fröhlichen Bergausfluge an den steilen Wiesenhängen die ersten blassen Herbstzeitlosen fand. Seit ich sie sah, ist mein Sommerübermut gebrochen; das, was für mich das Schönste im Laufe eines Jahres ist, ist wieder einmal vorüber.

Noch sind die Tage warm und die Bäume grün, man kann im See noch baden und in Hemdärmeln im Garten sitzen. Und doch ist die Höhe des Jahres überschritten; man fühlte es, noch ehe man es sah. Die letzten echt sommerlichen Tage und Nächte, für mich die köstlichsten des Jahres, tragen den Duft des Flüchtigen, rasch Vergehenden in sich, und vielleicht macht eben dieser Duft sie so schön. Diese Tage sind ein Fest, ein Abschiedsfest, und solche Feste dürfen nicht lange dauern.

O diese letzten Augusttage! Sie machen nicht fröhlich, aber sie machen dankbar, milde und nachdenklich. Man legt sich ins Öhmdgras und nimmt teil an der Milde und Zärtlichkeit der goldenen Stunden. Man fühlt die Neige der Jahreszeit; die ganze reife Süßigkeit des Sommers quillt weich und müde über, man fühlt sich von stillem Glanz umgeben und man weiß zugleich, daß schon bald, viel zu bald, auf den Wegen rote Blätter liegen werden. Man schwelgt im Anblick dieser Tage wie im Genusse einer heißen, erregenden Musik, von der man weiß, daß sie plötzlich abbrechen wird, und wie im Genuß eines Tanzes, der uns mit sehnlichem Drängen mitreißt, während wir bei jedem enteilenden Takte sein rasch nahendes Ende fürchten. Zärtlicher und inniger ist das bräunliche Spiel der Schatten und Lichter an den Waldrändern, süßer der Regenbogenduft über dem glatten Seespiegel, die Abende sind goldener und die Sonnenuntergänge purpurner als sonst.

Vorüber, vorüber! Ein paar kühle Nächte, ein paar Regentage, ein paar dichte Morgennebel, und plötzlich hat das Land Herbstfarben bekommen. Die Luft ist spröder und durchsichtiger, das Blau des Himmels lichter geworden. Vogelschwärme rauschen über die kahlen Felder und rüsten zur Wanderung. Morgens liegt das erste reife Obst im nassen Gras, und die Zweige sind von den feinen, blitzenden Gespinsten der kleinen Spätjahrspinnen bedeckt. Bald wird das Schwimmen im See und das Liegen im Gras ein Ende haben, und die Abende im Boot, die Mahlzeiten im Garten, die Waldmorgen und die Seenächte! Und draußen rinnt der zähe Regen, kühl und unerbittlich, die ganze unfreundliche Nacht. Jedes Jahr dasselbe Lied vom Herbst, vom Altwerdenmüssen, vom Sterbenmüssen! Mißmutig und mit einem Fluch auf den Lippen schließe ich das Fenster, stecke eine Zigarre an und gehe fröstelnd im Zimmer auf und ab.

Wie jedes Jahr um diese Zeit steigen wieder verlockende Reisepläne vor mir auf. Warum nicht dem Herbst entrinnen und den Winter kürzen, da es doch wärmere Länder, Eisenbahnen und Schiffe gibt? Nachdenklich hole ich den Globus und dann eine Karte von Italien her, suche den Gardasee, die Riviera, Neapel, Korsika und Sizilien. Da ließe sich die Zeit bis Weihnachten verbringen! Sonnige Felsenstrandwege am blauen Meer, laue Stunden auf süditalienischen Küstendampfern und in Fischerbarken, ernste Palmenwipfel, in der tiefen Mittagsbläue ruhend. Es wäre nicht übel, immer vor dem Herbst her einige Meilen südwärts zu fahren und dann mitten im Winter sonnenverbrannt in die heimische Ofenbehaglichkeit zurückzukehren. Die Landkarte da unten wimmelt von schönklingenden Namen schöngelegener Städte und Dörfer, die ich noch nicht kenne und die mir Tage des Wohlseins und Schwelgens versprechen, und die ganze Reise ist, sobald ich sie auf dem Globus ausmesse, erstaunlich klein und bescheiden. Vielleicht könnte ich, der Wärme nachgehend, noch einen

Aufenthalt in Afrika machen, in Constantine oder in Biskra Kameltouren unternehmen, Negermusik anhören und türkischen Kaffee trinken und den Faltenwurf an den Gewändern der Beduinen und Araberfrauen betrachten?

Wie schön solche Pläne einen leeren Abend füllen! Eine Landkarte, ein paar alte Kursbücher und ein Bleistift – wie man sich damit die Zeit vertreiben, einen Ärger vergessen und sich die Phantasie mit lauter reizenden Vorstellungen füllen kann!

Wie jedes Jahr um diese Zeit suche ich die Karte nach warmen, herrlichen Gegenden ab, studiere die Schiffslinien und die Fahrpreise. Und wie jedesmal bleibe ich hier und reise nicht. Was mich zurückhält, ist ein sonderbares Schamgefühl. Es will mir unrecht scheinen, den rauen Tagen zu entfliehen, nachdem ich die schönen genossen habe. Vielleicht ist es auch nur ein gesetzmäßiges Bedürfnis der Natur, daß sie nach Monaten der Wärme, der Farben, nach dem Überfluß an Behagen, Schönheit und starken Eindrücken müde wird und nach Kühle, Rast und Beschränkung verlangt. Es ist nun einmal nicht das ganze Jahr Sommer, so soll man auch nicht ohne Not ihn künstlich verlängern wollen.

Ein paar unentschiedene und unzufriedene Tage, dann haben diese Erwägungen Macht gewonnen, und der Herbst beginnt mir lieb zu werden. Wie konnte ich ans Fortreisen denken, da ich doch von so vielen Dingen, die mir lieb sind und denen ich Dank schulde, Abschied nehmen muß. Die letzten Gartenfreuden, die letzten Wiesenblumen, die Schwalben unter meinem Dach, die letzten satt und taumelnd übers Land wehenden Schmetterlinge. Man achtet schon wieder jeden einzelnen und fürchtet bei jedem, er möchte der letzte seiner Gattung sein. Auch unsere altmodischen kleinen Dampfschiffe, meine einzige Verbindung mit der Welt, werden in Bälde rar werden. Vom Oktober an kommt nur noch eins am Tag, und im tieferen Winter bleibt auch das zuweilen aus. Sie alle, Schwalbe und Feldblume, Schmetterling und Dampfschiff, sind mir lieb und haben mir diesen Sommer hindurch viele Freuden gebracht; ich möchte sie alle noch ein wenig halten und noch einmal recht zu eigen haben, ehe sie dahingehen. Was für ein Narr bin ich gewesen, wie viele Sommerstunden bin ich trotz alledem im Hause und am Büchertisch gesessen, wie viele Abende und Morgenfrühen habe ich versäumt! Ade auch, ihr ungenossenen Tage, die ihr nun schöner und köstlicher scheint als alle anderen!

Über dem Abschiednehmen kommt dann auch das Neue zu Ehren, das der unwillkommene Herbst gebracht hat: silberne Nebelschleier, braune

und lachend rote Farben im Laub, reifende Trauben, volle Obstkörbe, beginnende Abendunterhaltungen im Hause bei Lampenlicht, ferner wundersame, aufregend herrliche Sturmtage, an denen See und Lüfte tönen und die ganze stumme Schöpfung Stimme erhält. Jetzt kommt auch als täglicher, andächtiger Genuß an jedem Vormittag der spielende Kampf der Sonne mit dem Nebel, das trüb ringende Hin und Her und der feierliche, königliche Sieg des Lichtes. Und wenn der Oktober und die Weinlese kommen, wollen wir uns einen Tag und einen Taler nicht reuen lassen und bei einem großen Kruge vom Neuen dankbar der vielen unverdienten Freuden und ungesucht gefundenen Genüsse gedenken, die das alternde Jahr uns gebracht hat. *(1905)*

Elegie im September

Feierlich leiert sein Lied in den düsteren Bäumen der Regen,
Über dem Waldgebirg weht schon erschauerndes Braun.
Freunde, der Herbst ist nah, schon äugt er lauernd am Wald hin;
Leer auch starret das Feld, nur von den Vögeln besucht.
Aber am südlichen Hang reift blau am Stabe die Traube,
Glut und heimlichen Trost birgt ihr gesegneter Schoß.
Bald wird alles, was heut noch in Saft und rauschendem Grün steht,
Bleich und frierend vergehn, sterben in Nebel und Schnee;
Nur der wärmende Wein und bei Tafel der lachende Apfel
Wird noch vom Sommer und Glanz sonniger Tage erglühn.
So auch altert der Sinn uns und kostet im zögernden Winter,
Dankbar der wärmenden Glut, gern der Erinnerung Wein,
Und von zerronnener Tage verflatterten Festen und Freuden
Geistern in schweigendem Tanz selige Schatten durchs Herz.

Seeüberfahrt

Bootreise

Ein sehr kühler Abend, feucht, ungastlich und früh dunkelnd. Auf einem steilen Sträßlein, zum Teil lehmiger Hohlweg, war ich vom Berg herabgestiegen und stand am Seeufer allein und fröstelnd. Nebel rauchte jenseits von den Hügeln, der Regen hatte sich erschöpft, und es fielen nur noch einzelne Tropfen, kraftlos und vom Winde vertrieben.

Am Strand lag ein flaches Boot halb auf den Kies gezogen. Es war gut imstande, sauber gemalt, kein Wasser am Boden, und die Ruder schienen ganz neu zu sein. Daneben stand eine Wartehütte aus Tannenbrettern, unverschlossen und leer. Am Türpfosten hing ein altes messingenes Horn, mit einer dünnen Kette befestigt. Ich blies hinein. Ein zäher, unwilliger Ton kam heraus und flog träge dahin. Ich blies noch einmal, länger und stärker. Dann setzte ich mich ins Boot und wartete, ob jemand käme.

Der See war nur leicht bewegt. Ganz kleine Wellen schlugen mit schwächlichem Klatschen an die dünnen Bootswände. Mich fror ein wenig, und ich wickelte mich fest in meinen weiten, regenfeuchten Mantel, steckte die Hände unter die Achseln und betrachtete die Seefläche.

Eine kleine Insel, dem Anschein nach nur ein stattlicher Felsen, ragte in der Seemitte schwärzlich aus dem bleifarbenen Wasser. Ich würde, wenn sie mein wäre, einen Turm darauf bauen lassen, mit wenigen Zimmern und quadratischem Grundriss. Ein Schlafzimmer, ein Wohnzimmer, ein Eßzimmer und eine Bibliothek.

Dann würde ich einen Wärter hineinsetzen, der müßte alles in Ordnung halten und jede Nacht im obersten Zimmer Licht brennen. Ich aber würde weiterreisen und wüßte nun zu jeder Zeit eine Zuflucht und Ruhestätte auf mich warten. In fernen Städten würde ich jungen Frauen von meinem Turm im See erzählen.

»Ist auch ein Garten dabei?« würde vielleicht eine fragen. Und ich: »Ich weiß nicht mehr, ich war so lange nimmer dort. Wollen Sie, daß wir hinreisen?« Sie würde lachen, und der Blick ihrer hellbraunen Augen würde sich plötzlich verändern. Möglich auch, daß ihre Augen blau sind oder schwarz, und ihr Gesicht und Nacken bräunlich, und ihr Kleid dunkelrot mit Pelzbesätzen.

Wenn es nur nicht so kühl gewesen wäre! Eine Verdrießlichkeit wuchs in mir herauf.

Was geht mich die schwarze Felseninsel an? Sie ist lächerlich klein, wenig besser als ein Vogeldreck, und man könnte auf ihr überhaupt nicht bauen. Wozu auch, bitte? Und was liegt daran, ob eine junge Frau, die ich mir erdenke und der ich möglicherweise, falls sie wirklich existierte, mein Turmschloß zeigen würde, falls ich eines hätte – ob diese junge Frau blond ist oder braun und ob ihr Kleid einen Pelzbesatz hat oder Spitzen oder gewöhnliche Litzen? Wären mir Litzen etwa nicht gut genug?

Gott bewahre, ich gab den Pelzbesatz, den Turm und die Insel preis, rein um des Friedens willen. Meine Verdrießlichkeit kassierte die Bilder mürrisch, schwieg und nahm zu statt ab.

»Bitte«, fragte sie nach einer Weile wieder, »wozu sitzt du eigentlich hier, an einem weltfremden Ort, in der Nässe am Strand und frierst?«

Da knirschte der Kies, und eine tiefe Stimme rief mich an. Es war der Fährmann.

»Lang gewartet?« fragte er, während ich ihm das Boot ins Wasser schieben half.

»Gerade lang genug, scheint mir. Jetzt also los!«

Wir hängten zwei Paar Ruder ein, stießen ab, drehten und probierten den Takt aus, dann arbeiteten wir schweigend mit starken Schlägen. Mit dem Erwärmen der Glieder und mit der flotten, taktfesten Bewegung kam ein anderer Geist in mir auf und machte dem fröstelnd trägen Unmut ein rasches Ende.

Der Schiffsmann war graubärtig, groß und mager. Ich kannte ihn, er hatte mich vor Jahren mehrmals gerudert; doch erkannte er mich nicht wieder.

Wir hatten eine halbe Stunde zu rudern, und während wir unterwegs waren, ward es vollends Nacht. Mein linkes Ruder rieb in seiner Öse bei jedem Zuge mit rostig knarrendem Ton, unter dem Vorderteil des Bootes schlug das schwache Gewoge unregelmäßig mit hohlem Geräusch an den Schiffsboden. Ich hatte zuerst den Mantel, dann auch noch die Jacke ausgezogen und neben mich gelegt, und als wir uns dem jenseitigen Ufer näherten, war ich leicht in Schweiß geraten.

Jetzt spielten vom Strande her Lichter auf dem dunkeln Wasser, zuckten springend in gebrochenen Linien und blendeten mehr, als sie leuchteten. Wir stießen ans Land, der Fährmann warf seine Bootskette um einen dikken Pfahl. Aus dem schwarzen Torbogen trat der Zöllner mit einer Laterne. Ich gab dem Schiffsmann seinen kleinen Lohn, ließ den Zöllner an meinem Mantel schnuppern und zog mir die Hemdärmel unter der Jacke zurecht.

Im Augenblick, da ich wegging, fiel mir der vergessene Name des Schif-

fers wieder ein. »Gut Nacht, Hans Leutwin«, rief ich ihm zu und ging davon, während er, die Hand vorm Auge, mir erstaunt und brummend nachglotzte.

Sturm

Am verstürmten Himmel trieben zerfaserte Wolkenbänder, grau und lila, und ein heftiger Wind empfing mich, als ich am nächsten Vormittag nicht zu früh meine Weiterreise antrat. Bald war ich oben auf dem Hügelkamm und sah das Städtchen, das Schloß, die Kirche und den kleinen Bootshafen eng und spielzeughaft am Gestade unter mir liegen. Schnurrige Geschichten aus der Zeit meines früheren Hierseins fielen mir ein und machten mich lachen. Das konnte ich brauchen, denn je näher ich dem Ziel meiner Wanderung rückte, desto befangener und schwüler wurde mir, ohne daß ich es mir gestehen mochte, das Herz.

Das Gehen in der kühlen sausenden Luft tat mir wohl. Ich hörte dem ungestümen Wind zu und sah im Vorwärtsschreiten auf dem Gratsteig mit aufregender Wonne die Landschaft weiter und gewaltiger werden. Von Nordost her hellte der Himmel auf, dort hinüber war die Aussicht frei und zeigte lange, bläuliche Gebirgszüge in großartiger Ordnung aufgebaut.

Der Wind nahm zu, je höher ich kam. Er sang herbstlich toll, mit Stöhnen und mit Lachen, fabelhafte Leidenschaften andeutend, neben denen unsere nur Kindereien wären. Er schrie mir nie gehörte, urweltliche Worte ins Ohr, wie Namen alter Götter. Er strich über den ganzen Himmel hinweg die irrenden Wolkentrümmer zu parallelen Streifen aus, in deren Linie etwas widerwillig Gebändigtes lag und unter welchen die Berge sich zu bücken schienen.

Dem Brausen der Lüfte und dem Anblick der weiten Bergländer wich die leise Befangenheit und Bänglichkeit meiner Seele. Daß ich einem Wiedersehen mit meiner Jugendzeit und einem Kreise noch ungewisser Erregungen entgegenging, war nicht mehr so wichtig und beherrschend, seit Weg und Wetter mir lebendig geworden waren.

Bald nach Mittag stand ich ausruhend auf dem höchsten Punkte des Höhenweges, und mein Blick flog suchend und bestürzt über das ungeheuer ausgebreitete Land hinweg. Grüne Berge standen da und weiter entfernt blaue Waldberge und gelbe Felsberge, tausendfach gefaltete Hügelgelände, dahinter das Hochgebirg mit jähen Steinzacken und bleichen Schneepyramiden. Zu Füßen in seiner ganzen Fläche der große See, meerblau mit weißen Wellenschäumen, zwei vereinzelte flüchtige Segel darauf, geduckt hingleitend, an den grün und braunen Ufern lodernd gelbe Weinberge, farbige Wälder, blanke Landstraßen, Bauerndörfer in Obstbäumen, kahlere Fischerdörfer, hell und dunkel getürmte Städte. Über alles weg bräunliche Wolken fegend, dazwischen Stücke eines tief klaren, grünblau und opalfarben durchleuchteten Himmels, Sonnenstrahlen fächerförmig aufs Gewölk gemalt. Alles bewegt, auch die Bergreihen wie hinflutend und die ungleich beleuchteten Alpengipfel jäh, unstet und springend.

Mit dem Sturm- und Wolkentreiben flog auch mein Fühlen und Begehren ungestüm und fiebernd über die Weite, ferne Schneezacken umarmend und flüchtig in hellgrünen Seebuchten rastend. Alte, betörende Wandergefühle liefen wechselnd und farbig wie Wolkenschatten über meine Seele, Empfindung der Trauer über Versäumtes, Kürze des Lebens und Fülle der Welt, Heimatlosigkeit und Heimatsuchen, wechselnd mit einem hinströmenden Gefühl der völligen Loslösung von Raum und Zeit. Langsam verrannen die Wogen, sangen und schäumten nicht mehr, und mein Herz wurde still und ruhte unbewegt, wie ein Vogel in großen Höhen.

Da sah ich mit Lächeln und wiederkehrender Wärme Straßenkrümmen, Waldkuppen und Kirchtürme der vertrauten Nähe; das Land meiner schönen Jünglingsjahre blickte mich unverändert mit den alten Augen an. Wie ein Soldat auf seiner Landkarte den Feldzug von damals aufsucht und überliest, von Rührung so sehr wie vom Gefühl der Geborgenheit erwärmt, las ich in der herbstfarbenen Landschaft die Geschichte vieler wundervoller Torheiten und die schon fast zur Sage verklärte Geschichte einer gewesenen Liebe.

Nebel

Am Morgen wachte ich zeitig auf und beschloß, sogleich weiterzuwandern. Es war kalt, und ein Nebel lag so dicht, daß man kaum über die Straße sah. Frierend trank ich Kaffee, bezahlte Zeche und Nachtlager und ging mit langen Schritten in die dämmernde Morgenstille hinein.

Rasch erwarmend, ließ ich Stadt und Gärten hinter mir und drang in die schwimmende Nebelwelt. Das ist immer wunderlich ergreifend zu sehen, wie der Nebel alles Benachbarte und scheinbar Zusammengehörige trennt, wie er jede Gestalt umhüllt und abschließt und unentrinnbar einsam macht. Es geht auf der Landstraße ein Mann an dir vorbei, er treibt eine Kuh oder Ziege oder schiebt einen Karren oder trägt ein Bündel, und hinter ihm her trabt wedelnd sein Hund. Du siehst ihn herkommen und sagst grüß Gott, und er dankt; aber kaum ist er an dir vorbei und du wendest dich und schaust ihm nach, so siehst du ihn alsbald undeutlich werden und spurlos ins Graue hinein verschwinden. Nicht anders ist es mit den Häusern, Gartenzäunen, Bäumen und Weinberghecken. Du glaubtest die ganze Umgebung auswendig zu kennen und bist nun eigentümlich erstaunt, wie weit jene Mauer von der Straße entfernt steht, wie hoch dieser Baum und wie niedrig jenes Häuschen ist. Hütten, die du eng benachbart glaubtest, liegen einander nun so fern, daß von der Türschwelle der einen die andere dem Blick nicht mehr erreichbar ist. Und du hörst in nächster Nähe Menschen und Tiere, die du nicht sehen kannst, gehen und arbeiten und Rufe ausstoßen. Alles das hat etwas Märchenhaftes, Fremdes, Entrücktes, und für Augenblicke empfindest du das Symbolische darin erschreckend deutlich. Wie ein Ding dem andern und ein Mensch dem andern, er sei wer er wolle, im Grunde unerbittlich fremd ist, und wie unsere Wege immer nur für wenige Schritte und Augenblicke sich kreuzen und den flüchtigen Anschein der Zusammengehörigkeit, Nachbarlichkeit und Freundschaft gewinnen.

Verse fielen mir ein, und ich sagte im Gehen leise vor mich hin:

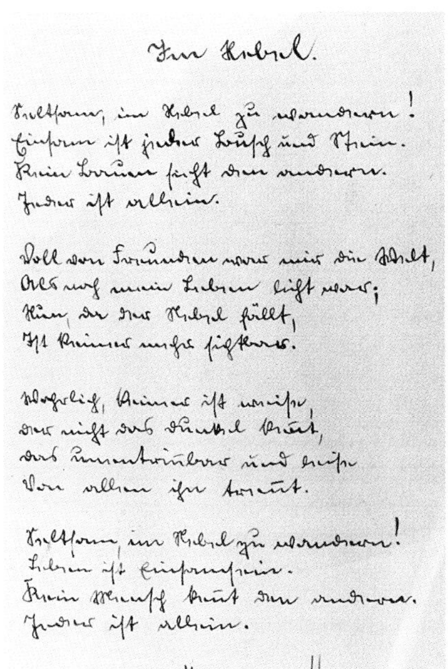

Im Nebel.

Seltsam, im Nebel zu wandern!
Einsam ist jeder Busch und Stein.
Kein Baum sieht den andern.
Jeder ist allein.

Voll von Freunden war mir die Welt,
Als noch mein Leben licht war;
Nun, da der Nebel fällt,
Ist keiner mehr sichtbar.

Wahrlich, keiner ist weise,
Der nicht das Dunkel kennt,
Das unentrinnbar und leise
Von allen ihn trennt.

Seltsam, im Nebel zu wandern!
Leben ist Einsamsein.
Kein Mensch kennt den andern.
Jeder ist allein.

Hermann Hesse

Seltsam, im Nebel zu wandern!
Einsam ist jeder Busch und Stein.
Kein Baum sieht den andern.
Jeder ist allein.
  Voll von Freunden war mir die Welt,
Als noch mein Leben licht war;
Nun, da der Nebel fällt,
Ist keiner mehr sichtbar.
  Wahrlich, keiner ist weise,
Der nicht das Dunkel kennt,
Das unentrinnbar und leise
Von allen ihn trennt.
  Seltsam, im Nebel zu wandern!
Leben ist Einsamsein.
Kein Mensch kennt den andern.
Jeder ist allein.

(Aus »Eine Fußreise im Herbst, 1906)

Nachtgang

Wohin? Wohin?
Lau schläft am See die weiche Nacht
Und hat im weiten Lande
Wald, Strom und Menschen müd gemacht.

Ein Tönen ist erklungen
Aus dumpfen Erdentiefen her
Und hat sich zart erschwungen
Ins Reich der Luft und tönet
Wie Harfen zart und Glocken schwer.

Wohin? Wohin?
Mich hat ein Ton gerufen
Aus dumpfen Erdentiefen her,
Führt über dunkle Stufen
Empor und sehnlich weiter,
Nun schwingt er aus und tönt nicht mehr.

Ein Nachtvogel rauschet
Vorüber und schlägt mit den Flügeln.
Schon schmilzt es über den Hügeln
Ins dunkle Schweigen, und rauschet
Und fragt und lockt nicht mehr.

Wintertage in Graubünden

Von Klosters aus stieg ich an einem sonnenklaren, kalten Morgen die verschneiten Gassen und Matten hinan. Die Gipfel sprangen, einer nach dem anderen, ins milde Goldlicht des aufsteigenden Tages und lachten rosig in der milchig-sanften Himmelsbläue. Im Dorfe war wenig Leben, die Engländer schliefen noch im Grand Hotel, die Kinder waren in der Schule; man sah nur da und dort einen Bauern mit Schlitten und Kuhgespann bergaufwärts fahren, um aus den hochgelegenen braunen Holzschuppen Heu zu holen, oder einen anderen, der ins Holz ging und seinen schweren Handschlitten an den hohen Hörnern nachschleppte. Sonst kein Leben und kein Ton als das Knirschen meiner Sohlen auf dem gefrorenen Schnee und weit unten im Tal das kaum hörbare, entfernte Schnauben der Davos-Landquarter-Eisenbahn.

Langsam kam ich empor, über das Dorf hinaus und der Sonnengrenze näher, die mir unmerklich entgegenkam und nach der ich allmählich sehnlich begehrte, da mir Ohren und Hände steif und rot gefroren waren und weh taten. Der Weg war, obwohl nicht gepfadet, angenehm und wenig anstrengend, da der harte Schnee mich bequem trug und doch so viel nachgab, daß ich sicher und ohne Gleiten direkt aufwärts steigen konnte. Zwei Raubvögel, vermutlich Turmfalken, kreisten hoch und feierlich umeinander, sonst war außer mir nichts Lebendiges mehr am Berge sichtbar.

Aufatmend erreichte ich die höheren, von der Sonne beschienenen Schneematten. Hier herrschte kein Frost mehr, während ich noch vor einer Stunde in einer Kälte von zwölf Grad gegangen war. Aber nach kurzer Zeit war die Blendung so stark, daß ich die Schneebrille aufsetzen mußte. Über die steil geneigten, von der leuchtenden Schneedecke weich abgerundeten Hänge flutete das Licht des jungen Tages diamanten und festlich, spielte in jähen Irisfarben, lachte eisig und unerträglich auf glatten Flächen, füllte Mulden und Hangränder mit zarten, schön blauen Schatten. Reif und Eis schmolzen mir vom Schnurrbart, die Luft begann sich leise zu erwärmen, und ich hielt eine erste kurze Rast, um diese Herrlichkeit zu begrüßen und die beginnenden Freuden der Wintersonne vorauszukosten.

Denn es gibt in der weiten Welt nichts Wunderbareres, Edleres und Schöneres als die Hochgebirgssonne im Winter. Von Schnee und Eis und Stein zurückgeworfen, spielt Licht und Wärme schwelgerisch in den unbeschreiblich durchsichtigen winterklaren Lüften – ein Licht und ein Strahlen feiner, zarter, trockener Wärme, von dem das Tiefland auch an den glänzendsten Tagen keine Ahnung hat.

Der lichte Himmel nahm allmählich tiefe Farben an, von Gipfel zu Gipfel gespannt, ruhte er tief und strahlend ohne jeden kleinsten Dunst, blau bis zur Farbe der Veilchen. Zugleich nahm die Wärme zu und ich rastete oft auf dem Schnee, um nicht in Schweiß zu kommen. Den Rock trug ich längst überm Arm und die Handschuhe in der Tasche.

Hinter den obersten einsamen Heuhütten begann Tannenwald und hinter dem Tannenwald stiegen unzugänglich senkrechte Steinwände in den Himmel mit fast gewaltsam scharfen, grellen Umrissen. Rückwärts übersah ich nun das tiefe und weite Tal, ungezählte Gipfel, berühmte und namenlose, und im Schnee verlorne winzige Dörfer, ganz unten die dunkel fließende Landquart. Inzwischen hatte ich die Mütze abgelegt und das Hemd aufgeknöpft. Dann suchte ich mir zwischen Wald und Felsen einen geschützten Ort, wo verdorrtes Moos und Heidekraut schneefrei und trokken in der Sonne brannte. Dort legte ich mich hin, aß ein Stück Schokolade und ruhte gründlich aus.

Ich lag wie im Sommer, fühlte die Dezembersonne auf Nacken und Arme brennen und dachte mit Behagen an meine Heimat am Bodensee, wo jetzt feuchte Kühle und Nebel herrschten. Dann begann ich mir Hände und Arme mit Schnee zu waschen. Und da dies köstlich wohltat, warf ich eilig Schuhe und Strümpfe und alle Kleider ab, tat einen Freudenschrei und badete mich erschauernd im körnigen Schnee. Als ich wieder in den Kleidern war und in der Sonne lag, fühlte ich unter der erfrischten Haut mein Blut wohliger und wärmer und lebendiger kreisen als je nach dem raffiniertesten Dampfbad.

Einen Teil des Rückweges konnte ich, auf meiner Lodenjacke sitzend, über den Schnee abrutschen, den Rest legte ich zu Fuß zurück und kam gerade zur rechten Zeit nach Klosters, um bei einem guten Mittagessen meinen inzwischen scharf gewordenen Hunger zu stillen. Im Hotel waren außer mir nur Engländer, und die Ruhestunden und langen Winterabende wurden mir einigermaßen zur Qual. Ich hatte zum Glück ein gutes Buch mit; es heißt »Maria-Himmelfahrt« und ist von einem Arzt in Bozen geschrieben und erlebt. Aber immer konnte ich nicht lesen, und die Unterhaltung mit den Engländern hatte Schwierigkeiten, da sie wenig mehr Deutsch und Französisch konnten als ich Englisch. Überdies ließ man mich fühlen, daß ich nur ein Einheimischer war und im Touristenkleid zu den feierlichen Mahlzeiten kam.

So blieb mir nichts übrig, als zu lesen, mich zu mopsen und die Gäste zu beobachten. Sie fühlten sich offenbar im Hause schon ganz heimisch und trieben es nach ihrer Art fröhlich, laut und rücksichtslos. Der eine pfiff mit

ausdauerndem Atem schöne Lieder, der andere knackte im Salon Haselnüsse mit den Stiefelabsätzen auf, ein Mädchen spielte auf dem Billard mit der weißen Hauskatze. Wer von schüchterner Gemütsart ist, hat es so zwischendrin nicht leicht, er muß verzweifeln oder sich an den Wein halten, und das tat notgedrungen auch ich. Graubünden ist ja erstaunlich reich an guten Weinen, und im obersten Rheintal wachsen einige Trauben, die sich vor denen des mittleren Rheines nicht zu schämen brauchen.

Ein merkwürdig gesegnetes Weinnest ist Malans, ein schönes Dorf zuunterst im Landquarttale, an dessen oberem Ende ich jetzt sitze. Neben vorzüglichen, pikanten, leicht prickelnden Rotweinen wächst dort ein vor Zeiten von den Spaniern angepflanzter, goldener und schwerer Weißwein. Er heißt Completer und ist nur in seiner Heimat erhältlich, da er die schnurrige Eigenschaft hat, blau zu werden, wenn er in der Flasche geschüttelt wird. Es wäre besser, die Weinhändler würden blau, die sich bemühen, diesem »Übelstande« abzuhelfen.

Zu meinem Glück kam abends manchmal der hiesige Arzt ins Hotel zu einem Billard. Er spielte so schlecht wie ich und erzählte mir von seiner Landpraxis, der er auf Schneeschuhen nachgeht.

Die Straße von hier nach Davos führt über Laret und Wolfgang in großen Kehren und Schlingen bergauf, zum Teil durch Tannenwald. Oben im Davoser Tal ist es noch sonniger, aber nachts und bei trübem Wetter auch viel kälter als in Klosters; Nachttemperaturen von dreißig Grad und mehr sind dort nicht selten. Die beiden Orte Davos-Dorf und Davos-Platz sind als Hoteldörfer das Grauenhafteste, was es in den Alpen gibt, aber das Tal ist wunderbar, überall der Sonne geöffnet und von reichgezackten herrlichen Bergen umgeben. Für Schlitteln, Skisport und Eislauf kann man sich nichts Verlockenderes denken, und es ist auch eine Menge englischer und anderer Sportleute dort. Ich begreife das, ohne mitzumachen; mir ist beim Anblick der vielen Riesenhotels und Sanatorien und beim Anblick der bis weit in die Landschaft hinaus aufgestellten Tafeln, die den Schwindsüchtigen das Ausspucken verbieten, die Lust an Davos so ziemlich vergangen.

Die Art, wie in Davos der Wintersport betrieben wird, ist flott und imponierend. Man sieht prächtige Menschen jeden Alters mit geübten Gliedern sich bewegen. Die Schlittschuhplätze sind groß und glashart, ringsum ist das Land für Skitouren wie geschaffen und die Schlittenbahnen sind die besten, die ich gesehen habe. Immerhin ist der Ton solch internationaler Sportplätze für empfindsame Reisende nicht lange erträglich, und auch ich nahm nach einigen Stunden gern wieder Abschied, um auf meinem Bergschlitten nach Klosters zurückzukehren.

Nie habe ich eine schönere Schlittenpartie gemacht. Die Fahrt auf dem gut gebahnten, genügend steilen Weg ging rasch und flott, ohne übermäßig anzustrengen, und ich fuhr, auf dem niederen Schlitten zurückgelehnt, beinahe flach auf dem Rücken liegend, durch Wald und an schönen weiten Ausblicken vorbei, das Auge bald auf den Weg gerichtet, bald im hohen reinen Himmel ruhend, während feine, vom Schlitten aufgerissene Schneestaubwolken mir kalt und prickelnd übers Gesicht stoben. Unterwegs holte ich einen Bobsleigh, einen langen Sportschlitten mit fünf Fahrern, ein. Er hatte umgeworfen und war völlig zerbrochen, und die fünf Fahrer standen dabei, rieben sich schmerzende Glieder und wären in der Eile beinahe von mir nochmals umgerannt worden.

Den Weg, den man in etwa anderthalb Stunden bergauf gestiegen ist, legt man rückwärts auf dem Schlitten in knapp zehn Minuten zurück. Im Dahinfahren durch den weißen Bergwinter, tausend Meter über dem gewohnten Leben, vergißt man alles, was des Vergessens wert ist, und reitet sausend talab, aus dem Gipfelglanz und der Sonnenwärme der Höhe in die strenge Kühle des totenstillen Bergtales hinunter. Der Geist der Berge geht mit, der große Tröster –

Und manchesmal, wenn ich im Herzen litt,
Ging er auf Gletscherwegen leise mit
Und legte gütig seine kühle Hand
Auf meine Stirne, bis ich Frieden fand.

(1906)

Fastnacht

Am Fastnachtsdienstag kamen wir in ein altes Städtchen am Oberrhein, mein damaliger Wanderkamerad und ich. Von der Vorfrühlingsluft ermüdet, suchten wir in einem stillgelegenen Wirtshause Rast und saßen ein paar Stunden trinkend und wenig redend auf der schweren, altmodischen Gastbank. Es war in der zweiten Märzwoche, der Föhn schrie in den noch völlig kahlen Wäldern und wühlte im hellgrünen Bodensee, dazwischen stob strichweise ein barscher Gegenwind mit plötzlichen Schauern von Schnee und Hagel. Die Allgäuer Höhen waren noch tief herunter weiß, und einige von den föhnblauen, schönen Hegaubergen hatten blanke Felder von Neuschnee.

Es war ein schönes, doch mühsames Wandern gewesen, und fröhlich waren wir beide nicht. Worüber auch? Mein Freund hatte ohnehin kein heiteres Wesen, und mir war nach einem langen, sorgenvollen Winter auf dieser ersten Fußreise des zögernd anhebenden Frühlings auch mehr nachdenklich als lustig zumute. Wenn die Märzstürme vom Gebirg her fahren, und im Moos und Waldgesträuch das erste, braune Knospen beginnt, treibt es mich jedes Jahr mit stummer Nötigung hinaus, zu laufen und zu atmen. Aber es gibt da noch kein Rasten auf warmen Steinen und trockenen Wiesen zwischen Wandern und Weiterwandern; man wird müde, und zugleich wächst die Sehnsucht; nachwehende Winterängste bedrängen das Herz, und ich kann keinen jungen Trieb am Weidenbusch und keine erste Bachblume sehen, ohne daß es zweifelnd fragt: Wird nun auch dir ein Frühling kommen? Und das Leben der Erde und der Pflanzen, das unsichtbare Quellen unter der Oberfläche erfüllt die Luft mit Ahnung von Kampf und gärender Gewalt. Es ist nicht, wie die Frühlingsdichter sagen, ein Lächeln und süßes Augenaufschlagen aus Wonneträumen, was jetzt die Ackerscholle und den Moosboden und die Waldränder bewegt und lebendig macht, sondern ein verzweifeltes Gebären unter stummen Schmerzen. Und es redet so deutlich zu uns, daß auch wir nur in Schmerzen und nur nach bitteren Werdenöten uns im Innern erneuern und junge Sprossen treiben können. – Darüber hatten wir gesprochen und waren bald wieder still geworden, und jeder hatte vor sich hin gedämmert und langsam seine Flasche herben Wein geleert.

Vom Fastnachtstreiben hatten wir anfänglich kaum etwas bemerkt, ab und zu war auf der Straße Lärm und Gelächter, Schellengerassel und Klappern von Clownsknarren erklungen, und wenige Male war ein Maskierter in unser Schanklokal getreten, um sogleich unbefriedigt wieder fortzugehen. Nur einer hatte uns angeredet und uns fade Trauerwedel gescholten, aber wir hatten unfreundlich geschwiegen und ihn abfahren lassen. Nun aber, da es schon gegen Abend ging, zogen öfters ganze Gruppen und Züge von Kostümierten durch die Kneipe, und wenn sie auch in der entlegenen Bude kaum haltmachten und bald enttäuscht davonliefen, brachten sie doch einen Klang von Lust und Tollheit mit, ihre Stimmen tönten erregt und heiß, ihre Bewegungen waren nicht mehr einstudiert und dem Kostüm künstlich angepaßt, sondern ausgelassen und stürmend. – Mich, der ich neben meinem wortkargen Begleiter im bespritzten Reisekleid dasaß und fremd in die vorüberziehenden Maskengesichter starrte, überkam allmählich jene unleidlich sentimentale Melancholie des ungebetenen Festzuschauers. Man fühlt sich dem kindischen Getriebe ohne Befriedigung überlegen und schämt sich doch seines Ernstes; denn man weiß wohl, daß nur ein gewisser momentaner Mut dazu gehört, sich hineinzustürzen, um selber mitten drin zu sein, und diesen Mut hat man nicht. Allmählich wurde diese törichte und nutzlose Traurigkeit, da ich mich selber über sie ärgerte, zu einem schnell wachsenden Zorn, ich stieß das Glas auf den Tisch, daß es zerbrach, und war bereit, mit dem Nächsten, der mich anreden oder berühren würde, Raufhändel anzufangen. Am meisten ärgerte mich mein Kamerad, der immer finsterer schwieg und den längst schal gewordenen Rest seines Weines im Glase schaukelte.

»Zum Donnerwetter, lassen Sie jetzt dieses verfluchte Schlenkern bleiben!« schrie ich ihn an und nahm ihm das Glas weg.

Da stand er auf und sah mich komisch an.

»Sind Sie auch soweit?« sagte er ruhig. »Dann bleibt uns nichts übrig, als dass wir einander verprügeln, oder –«

»Oder?«

»– dass wir uns maskieren und den ganzen Senf mitmachen, aber dann gründlich.«

»Gut, los denn!«

Die Sache war leicht zu machen, wir hatten beide Bekannte in der Stadt. Noch ehe es in den Straßen völlig dunkel geworden war, steckten wir schon im Domino und schwangen die Pritsche. In einem Gasthaus, wo es drunter und drüber ging, nahmen wir ungefragt am Abendessen eines Familientisches teil, dann an einem Ball im »Hirschen«, dann an einem Ball im »Sternen«, dann an einer kleinen Keilerei im Freien, bei der mir mein Kamerad abhanden kam.

Das war etwa um Mitternacht. Ich hatte gesungen, getanzt, geschrien, geflirtet und gehauen; ich hatte Weißwein, Bier, Rotwein, Tee, Grog, Champagner und Limonade getrunken, geschwitzt und gefroren. Ich war einem flüchtigen Luftballon nach an den Plafond eines Tanzsaales geklettert und heruntergefallen, hatte einer Zigeunerin ein Gedicht ins Tamburin gemacht, von einem Biertisch herunter eine Rede über die Kultur der Zukunft gehalten, zwei blonde Mädchen zu einer Reise nach Venedig eingeladen und bei einem Maler ihre Porträts in Tempera und Lebensgröße bestellt. Nun kam eine heitere Ruhe über mich, und leise singend wanderte ich durch die Gassen, in denen Schnee und Regen im Winde trieb, nach einem berühmten Weinkeller, um mich nun zu pflegen und bei einer guten Flasche auf neue Abenteuer zu warten. Auch hoffte ich, dort meinen Gefährten anzutreffen.

Im Sebastianskeller war ein prächtiges Leben. Alle Tische waren besetzt, zumeist von Masken. Es ging nicht so toll und schreiend her wie in den großen, modernen Biersälen, aber es waren die eigentlichen Genießer da. Denn nicht nur gab das vom Maskenleben erfüllte niedere Gewölbe des alten Kellers ein erfreuliches Bild, sondern es wurden dort auch nur gute, solide Weine ausgeschenkt. Und ich war nun der geschwefelten Faßweine und geschmierten Flaschenweine satt. – Ein Faunsgesicht mit Denkerfalten und Kinderaugen glänzte weinselig am hinteren Tisch. Das war ein Bildhauer, ein herzenslieber Mensch, und ich nahm die Maske ab und setzte mich zu ihm. Wir schüttelten einander die Hände und spielten das Fingerstreckspiel um eine Flasche Bocksbeutel. Dann saßen wir bei dem kühlen, reinen, milden Wein, unter allerlei fröhlich buntscheckigem Volk, sangen viele von den ringsum angestimmten Liedern mit und trieben gedankenlos auf der breiten, flutenden Woge der allgemeinen Lustbarkeit dahin. Ich hatte seit Monaten nicht mehr gezecht und manchmal ein philisterhaft trübes Gefühl gehabt, als sei mir die rechte Freude am Trinken mit all den anderen Jugend- und Junggesellenkünsten allmählich abhanden gekommen und fremd geworden. Nun fühlte ich mich im sanften Becherschwung wie ehemals vom Erdgeist kühl und gut umarmt, und aus hundert verschollenen Jugendnächten her klang mir Gesang und Gläsergeläute und heiliger Taumel herauf. Langsam entglitt mir das drückend stetige Gefühl der Gegenwart, und ich lebte nicht mehr im Heute, sondern im Ewigen und Niegewesenen, in allen Augenblicken meines Lebens. Ich saß mit Freunden am Tübinger Neckar unter den Linden der Allee, mit anderen Freunden in den liebgewordenen Kneipen von München, Zürich, Stuttgart, Basel, Bern. Ich lag auf der Wandbank einer Kellertrattoria in

Florenz und in der winzigen Trinkzelle von Giacomuzzi in Venedig beim gelben Zypernwein.

Mein Nachbar, der Bildhauer, war freilich ein wundervoller Zechkamerad. Ihm schlug der Wein in die Knie, und er hätte längst nicht mehr zu gehen vermocht, aber er saß aufrecht und schlank, und sein rotblonder Kopf, halb Kind, halb Faun, lachte mit klaren Augen in die närrische Welt.

Männer nickten uns zu, und Frauen und Jünglinge; sie gingen im lauen Gewölk vorüber, waren froh und riefen uns fröhliche Dinge zu, die wir fröhlich erwiderten. Ein Gymnasiast trug uns ein Gedicht vor, und ich schenkte ihm ein Glas Wein dafür. Ein bleicher Mensch saß da und trank Mineralwasser, und wir hänselten ihn und lachten ihn aus. Dazwischen schwiegen wir lang und kosteten ohne Gedanken das wunderbare Gefühl, fern von der sorgenvollen Welt auf einer schwebenden Wolkeninsel dahinzufahren.

Und einmal, als ich aufblickte, sah ich am anderen Ende unseres Tisches eine junge Frau mit einem roten Hut sitzen. Ich weiß nicht, ob sie schon lange da war und ich sie übersehen hatte, oder ob sie erst so spät hier Platz gefunden, oder ob sie vorher anders ausgesehen und erst jetzt diese Züge angenommen hatte. Sie saß neben ihrem eleganten Mann, der heftig mit anderen redete, und sie schaute gleichmütig um sich in das Treiben der Masken, Redner, Sänger und Trinker. Und sie war einem Mädchen, um das ich in schönen, bangen Jugendjahren viel Leid gelitten hatte, ähnlich wie eine Schwester. Ein kleines Gesicht mit fast knabenhaften Formen, bräunlich bleich, und ein sehr schlanker Hals, schmale Schultern und lange, zarte Hände.

Als ihr Blick mich zufällig traf, nickte ich ihr zu und hob mein Glas, um ihr zuzutrinken. Sie lachte und stieß mit mir an. Ich schwieg aber und wollte kein Gespräch mit ihr anfangen, sie war ja nur ein Bild für mich. Und ich sah sie an, wie sie lachte und wie sie den kecken Bubenkopf so aufrecht und wehrhaft auf dem schmalen Halse trug, und hinter ihr stieg mir die Landschaft von Erlenhof auf: hohe Parkbäume in satten Wiesen, grüne Bergzüge und glühende Sommerhimmel. Und ich ward noch einmal Jüngling. Ich litt noch einmal köstliche Sehnsucht und wundervolle Leiden beim Anblick einer schönen, heiß begehrten, unerreichbaren Frau. Ich glaubte noch einmal an die Ewigkeit der Liebe und träumte noch einmal von jenem tiefen, seligen, völligen Hingeben und Einswerden und Zusammengehören, von dem jeder Jüngling träumt und das noch niemand erlebt hat. Ich wußte nicht mehr, daß jenes Mädchen mit dem kekken, fast knabenhaften Gesicht nicht gut gewesen war, daß sie mich ohne Worte belogen und auf eine unedle Art mit mir gespielt hatte. Das alles war nicht gewesen; ich sah wieder in ihr kluges Gesicht und liebte sie wieder, und ich tat es mit derselben herzlichen, wortlosen, redlichen Liebe von damals.

Es ging schon gegen vier Uhr. Ich sah, daß die Frau mit ihrem eleganten, jetzt stumm und verdrießlich gewordenen Manne zum Aufbruch rüstete, und ich spürte, daß ich von diesem Fest nun das Innigste und Beste genossen habe und daß es Zeit sei, ein Ende zu machen. Schnell bezahlte ich meinen Wein, ohne über die hohe Zeche zu erschrecken, ließ den Domino zurück und trat noch vor der Fremden auf die Straße hinaus. Da blies ein kühler, lärmender Sturm und trieb dünne, schnell schmelzende Schneeschleier über die Stadt.

Meinen Wandergenossen hatte ich nicht wieder gesehen, und da ich nicht wußte, wo ich hätte schlafen sollen, knöpfte ich den Mantel zu und marschierte zum Marktbrunnen, Münsterplatz und Tor vorüber allein zur Stadt hinaus, in der die letzten, ausgelassen lustigen Festklänge des Kehraus allmählich entschliefen. Bald konnte ich beim Zurückschauen nur noch den schwarzen Münsterturm sehen und bald auch den nicht mehr; mit den Tönen des Windes vermischte sich das laute Strömen des nächtlichen Rheins, und schon nach einer Stunde raschen Wanderns schien es mir, als läge der ganze Lärm dieser verjubelten Nacht Tage und Wochen weit zurück. Nur das bräunlich blasse, junge Frauengesicht und das tiefe, leise Klingen eines alten Jugend- und Liebesliedes verließen mich nicht und blieben bei mir, bis ich in der kühlen Morgenhelle, von frisch beschneiten Hügeln aus, durch die beweglichen Risse verstürmter Wolkenzüge die blassen Gipfel der Appenzeller Alpen schimmern sah. *(1906)*

Wanderschaft

Im Walde blüht der Seidelbast,
Im Graben liegt noch Schnee;
Das du mir heut geschrieben hast,
Das Brieflein tat mir weh.

Jetzt schneid ich einen Stab im Holz,
Ich weiß ein andres Land,
Da sind die Jungfern nicht so stolz
Der Liebe abgewandt.

Im Walde blüht der Seidelbast,
Kein Brieflein tut mir weh,
Und was du mir geschrieben hast,
Schwimmt draußen auf dem See,
Schwimmt draußen auf dem Bodensee,
Ja draußen auf dem See.

Mein Seidelbastgedicht ist in Gaienhofen geschrieben. Dort ist, gegen Radolfzell hin, nahe dem Dorf Iznang, wo [Franz] Mesmer geboren ist, ein Stück sumpfiger Wald am See, wo es oft schon im Februar voll von Schneeglöckchen war, und wo ich immer auch den ersten Seidelbast fand, ich rieche ihn noch, so scharfsüß und lila im kahlen Gehölz.

(Aus einem Brief Hesses vom 30. 4. 1932 an Otto Hartmann)

Reisebilder

Abfahrt

Der Untersee und unser kleines Dorf lagen tief im dicken Herbstmorgennebel, als ich mit meinem Reisegefährten am flachen Ufer in den Kahn stieg. Wir ruderten dem Kompaß nach rasch durch den milchig schimmernden Dunst über das dunkle, regungslose Wasser, und bald stieg mit spitzen Türmchen und langer Dächerflucht das gegenüberliegende Uferstädtchen undeutlich und verschlafen aus dem leis brodelnden Gewölk. Es war eine kühle Morgenstille in den sauberen Gassen, nur ein Bäckerladen hatte Licht brennen und wartete auf Zuspruch aus den behaglichen Häusern, die mit nebelfeuchten Erkern und geschlossenen Toren ohne Ungeduld den Tag erwarteten. Späte Dahlien, weiße und gelbe Buschastern blühten noch in einigen Gärten, und beim Bahnhof ließen einige Vogelbeerbäumchen ihre hellroten Fruchtbüschel leuchten.

Der Zug kam an und nahm uns mit, wir fuhren seelängs, doch ohne den See oder die schönen Hügel zu sehen, durch ein fremdes Nebelland und hatten nichts dagegen. Denn durch einen dichten Nebel der erwarteten Bergklarheit entgegenzureisen, ist ebenso ahnungsvoll schön und köstlich spannend, wie durch einen mächtigen Tunnel in ein fremdes Land einzufahren. Der Schaffner rief die Namen wohlbekannter Seedörfer, von denen wir nichts sahen, er rief Konstanz und Kreuzlingen und schließlich Arbon und Romanshorn, und wären die Bahnhöfe und die einsteigenden Menschen nicht gewesen, so hätten wir vom Wechsel der Landschaft nichts bemerkt. So aber spürten wir ihn wohl.

Es ist merkwürdig: Wenn ich vom Untersee her weiter in die Ostschweiz hinein reise, habe ich stets das Gefühl, in ländlichere Gegenden zu kommen, obwohl eigentlich das Gegenteil wahr ist. Unsere Unterseedörfer sind so still wie möglich, und schließlich ist auch Konstanz keine Großstadt, während von Arbon bis St. Gallen der Eindruck von Stadtnähe, Bahnverkehr und Industrie beständig zunimmt. Und doch erscheint es mir umgekehrt, und das liegt an den Menschen. Etwa von Romanshorn an fühlt man, daß andere Leute einsteigen, und diese Leute machen – Ausnahmen zugegeben – einen behaglichen und wohltuend phäakenhaften Eindruck. Sie steigen langsam ein, sie rufen noch auf der Treppe draußen stehenden Bekannten etwas zu und im Wagen grüßen sie und sind mit dem Schaffner oder mit den Reisenden schon im Gespräch, noch ehe sie Platz genommen haben.

So war es auch diesmal wieder. Ohne daß der Zug weniger rasch fuhr

Hesse mit Schmetterlingsnetz vor der Schiffslände beim Schloß Steckborn (Scherenschnitt von Otto Blümel).

und obwohl Publikum und Land eigentlich keinen agrarischen Eindruck machten, fühlte man eine freundliche Verlangsamung des Tempos, lediglich aufgrund des Dialektes, der Gestalten, Gesichter und Gesten. Etwas Munteres und Lebensfrohes klang auf, aber ohne jede Heftigkeit. Zwischen den Rorschachern, St. Gallern und Rheintälern tauchten auch schon manche Appenzeller auf, und je mehr ihrer wurden, desto behaglicher und frohsinniger wurde es in unserem Wagen. Es dauerte nicht lange, so waren wir mit ins Gespräch gezogen und wurden über Herkunft und Reiseziel freundlich und ohne lästige Neugierde befragt. Scherze und gute Wünsche wurden uns nachgerufen, als der Zug schließlich in St. Gallen hielt und alle auseinandergingen.

Hier begannen wir uns die Weiterreise zu überlegen. Wir wollten ohne feste Route ein paar Tage schön verschlendern, und da gerade die Straßenbahn nach Trogen zur Abfahrt bereit stand, stiegen wir ein und fuhren in einem schönen, bequemen und hellen Wagen durch die Stadt und langsam bergauf.

Noch immer steckten wir tief in Nebeln, doch drang aus der Höhe schon wärmeres Licht und eine Ahnung von blassem Blau uns entgegen, und im Berganfahren erlebten wir das alte, freudige Spiel, das Wogen und Verzagen der weißen Massen, das Auflachen und Versteckspielen eines blauen Stückleins Himmel, den Kampf der Sonne mit der Trübe und ihren stillen, herrlichen Sieg. Oben beim Vögelinsegg erreichten wir endgültig die klare Höhe, sahen einen glänzend blauen Mittagshimmel über herbstklare Fluren lachen und atmeten frische, durchsonnte Luft. Und nun fuhren wir rasch und fröhlich ins Appenzell hinein, durch ein reinliches und fröhliches Land mit lichten, sauberen Häusern und heiteren Menschen, bis zur Station Trogen, wo die Straßenbahn ein Ende hat und wo wir unsere Wanderschaft beginnen wollten.

Im Appenzell

Oft hatte ich im Appenzellerlande den Eindruck, auf einem besonders gesegneten Boden zu wandern und bei einem feiertäglich fröhlichen Volk zu Gast zu sein. Wenigstens erinnere ich mich nicht, jemals anderswo auf einem so kleinen Stücklein Erde so viele tüchtige und lebensfrohe Menschen gesehen zu haben, so heiter, herzlich und munter empfangen worden zu sein, so viele lustige Worte, Lieder und Jodler gehört zu haben. Das Land hat mich immer sonntäglich angemutet, und so war ich nicht erstaunt, als mir auch diesmal gleich am ersten Ort, in Trogen, Musik und Festlichkeit entgegentönte. Es war ein Jahrmarkt, Händlerbuden und Lebkuchenstände in den Gassen, und am liebsten hätte ich mich sogleich darin verloren und mitgefeiert. Aber wir wollten wandern, die grünen Höhen des Gäbris lagen verlockend vor uns, so nahmen wir nur einen Imbiß im Gasthof und wanderten dann auf guten Wegen bergauf.

Das ganze hügelige Land ist üppig grün und besteht ausschließlich aus Weiden, dazwischen steht je und je ein kleines schwarzes Tannengehölz und am Fuß der höheren Berge schöne Laubwälder. Und überall liegen saubere Höfe, einer wie der andere einladend, wohnlich, gepflegt, vielfenstrig, mit vorspringender Holzschutzwand auf der Windseite und mit

ein paar schönen Bäumen (meistens Eschen) davor. Darum her Weide an Weide, niedrig umzäunt, mit hölzernen Tränken und stattlichem Vieh.

Das Wandern in diesem hundertfach gefalteten Hügelland hat etwas Spannendes und Erwartungsvolles, das beständige Bergauf und Bergab öffnet von Augenblick zu Augenblick neue Bilder. Wir stiegen plaudernd die Matten hinan, an feisten Kühen und weißen graziösen Ziegen vorbei, in einer mäßigen Sonnenwärme. Der Himmel war ganz wolkenlos, und die sattgrünen Hügelköpfe mit ihren Tannen, Hofstätten, Kühen und Hecken leuchteten wie Kleinode. Im Höherkommen sahen wir da und dort klare und strenge Alpengipfel auftauchen, rötlich-warme Felswände, scheckige Rinnen, mildweiße Schneefelder.

Seit langer Zeit hatte ich kein so reines Wanderglück mehr genossen, und als allmählich unser Gespräch langsam wurde und schließlich aufhörte, besuchte mich ungerufen eine Erinnerung aus frühen Kinderzeiten. Damals, als kleiner Knabe, besaß ich ein Bilderbuch, darin waren Berge und Ströme, Ährenfelder und Alpenwiesen abgebildet und ihre Farben waren so frisch und satt und herrlich, daß ich daran zweifelte, ob irgendwo auf Erden wirklich so lachend schöne Gegenden zu finden wären. Und lange Zeit hielt ich mein Bilderbuch allen Ernstes für schöner als jede Wirklichkeit. Bis einmal an einem föhnblauen, warmen Frühlingstag mein Vater mich auf einen Ausflug mitnahm. An jenem Tage geschah es, daß mir die Augen aufgingen, ich sah Berge und Wald verklärter und prächtiger als auf den schönsten Bildern und faßte zum ersten mal eine erstaunte, zärtliche Liebe zur Erde, die mir erst in späteren Jahren wiederkehrte und mich seither oft und oft mit unwiderstehlichem Wanderheimweh ergriffen hat.

So ging es mir heute wieder. In manchen trüben Zeiten war mir das wahre Schauen abhanden gekommen, ich hatte sogar manchmal ein skeptisches Gefühl, als hätte ich in meinen eigenen Aufzeichnungen und Wandererinnerungen zu flott gemalt und allzu viel Wesens von der Schönheit der Erde gemacht. Und nun schritt ich wieder freudig ergriffen über Gras und Gestein und hatte wieder die Empfindung eines edleren, erhöhten Lebens und sah wieder jeden Tannenschatten und jede ferne Alp mit jener zärtlich-frohen Liebe an, die mir eine Zeitlang beinahe verlorengegangen war.

Indessen hatten wir die Höhe des Gäbris erreicht. Der nahe Säntis stand mit bläulichen Schatten uns gegenüber, weiter jenseits des Rheintales die Tiroler und Graubündener Berge und das Vorarlberg. Mit Befriedigung sahen wir die ganze Gegend um unseren Wohnort her in trübem Dunst verborgen, während wir, in die Bergklarheit entronnen, schleierlose Fernen sahen und Sonnenlüfte atmeten. Vom Bodensee sahen wir nur je einen schmalen Streifen durch Nebelwolken blinken, nach allen anderen Seiten aber war die Weite hell.

Obwohl es ein Werktag und schon spät im Herbst war, blieben wir auf unserem Berg keineswegs einsam. Die Appenzeller sind gute Fußgänger und haben eine Freude an ihrem Land, und wenn ein sonniger Herbsttag leuchtet, machen sie sich kein Gewissen daraus, ein paar Stunden an einen Ausflug zu wenden. Wir trafen Alte und Junge, darunter ein wohl siebzigjähriges Ehepaar und eine Menge von Kindern, denn es waren Schulferien. Buben und Mädchen aus Gais, aus Heiden, aus Bühler und aus Appenzell liefen barfuß und unermüdlich von einer Matte und einer Höhe zur anderen, eine kleine Schar schloß sich uns an und begleitete uns plaudernd wohl zwei Stunden weit, wobei sie uns Berge, Täler und Städte der Ferne mit Namen nannten und unter anderem ausführlich und lebhaft die Geschichte der Schlacht von Stooß erzählten.

Mit dem einbrechenden Abend schritten wir durch das wohlhabende, schön gebaute Gais und erreichten noch vor der Nacht die Stadt Appenzell, deren hübsche Gassen mit dem prächtigen alten Schloß und dem stattlichen Rathaus mich wieder vertraut und wohlig anmuteten.

Unter Bauern

Im Gasthaus, wo wir Nachtlager nahmen und uns ein Abendessen geben ließen, ging es behäbig und freundlich zu, doch war es recht still, und wir wären doch gern noch unter Leute gekommen. So drückten wir uns bald aus dem Haus und suchten ein anderes Wirtshaus, wo der Wein zwar vortrefflich, die Stube aber ebenso leer und ungesellig war. Endlich erfuhren wir, es sei heute Preisviehschau hier gewesen und alles sei jetzt bei der Verteilung. Wir fragten, wo die stattfinde, doch wußte die Wirtin das nicht. Dagegen meinte sie, wenn wir ein paar Gassen ablaufen wollten, würden wir es bald finden, wir sollten nur auf das Kuhglockengeläut hören. Wir dankten und gingen auf die Suche, und schon in der dritten Gasse hörten wir über uns Glockengeläute und Lärm. Da saßen in einem mächtigen Wirtshaussaal die Gäste, wohl über zweihundert Bauern aus der nächsten Gegend. Wir wurden freundlich zugelassen und bekamen sogar in dem überfüllten Saal noch Sitzplätze angeboten. An vier ungeheuren, parallel durch die ganze Länge des Saales stehenden Tafeln saßen die Bauern, Burschen von zwanzig und Alte von siebzig Jahren, doch kaum ein Dutzend Frauen dabei.

An der mittleren Tafel war für die Vorstände und Preisrichter ein Ehrenessen gedeckt, die Wirtin servierte dort selber in einer funkelneuen Tracht. Obenan saß der Präsident und drunten die beiden Sennen, die bei der Viehschau als eine Art Aufwärter gedient hatten. Beide waren ausgesucht schöne, mächtige junge Burschen und trugen ihre glänzende Tracht: rote Westen, weiße, hochgekrempelte Hemdärmel, Gürtel mit silbernen Beschlägen und im rechten Ohr einen goldenen Ohrring. Gang um Gang wurde aufgetragen und verzehrt, wobei mir ein weißbärtiger Alter auffiel, der seine kleine, silberbeschlagene Tabakspfeife während der ganzen Mahlzeit nicht ausgehen ließ.

Kaum war der letzte Kuchen abgetragen, so gebot der Präsident Stille und eröffnete die Preisverteilung mit einer kräftigen, zum Teil witzigen Rede. Er verlas auch die an die Preise geknüpften Bedingungen. Die hauptsächlichste war, daß jedes preisgekrönte Haupt Vieh nach halbjähriger Frist noch gesund im Stalle stehe und nicht außerhalb des Kantons verkauft worden sei. Darum wurde von jedem Preis nur die Hälfte ausbezahlt. Die zweite Hälfte konnte erst nach Ablauf jener Frist und nur, wenn alle Bedingungen erfüllt waren, erhoben werden.

Und nun las der Aktuar die Preise ab, zuerst die für Jungvieh, dann die für Zuchtstiere usw., eine unendliche Reihe. Neben mir saß ein alter Bauer aus Brülisau, der schien von den mehr als dreihundert zugetriebenen Tieren jedes im Gedächtnis behalten zu haben, denn bei jedem Preis gab er halblaut eine Kritik ab. Meistens war er einverstanden und nickte, manchmal auch fand er »Das ist zu wenig«, oder auch »Das wär' nicht nötig gewesen«. Die Preise betrugen zwischen zehn und dreihundert Franken, und sobald ein Preis verlesen war, trug einer von den beiden Parade-Sennen die Hälfte des Geldes in blanken Fünffrankenstücken auf einem Teller dem Gewinner zu.

Mein Nachbar aus Brülisau war eben mit mir und einigen Umsitzenden im Gespräch, da wurde sein Name ausgerufen, und der Senn schob ihm den Teller mit einem Diplom und fünfzig Franken zu. Ich freute mich und sah ihn mit Spannung an, er beherrschte sich jedoch vollkommen. Ohne eine Falte im Gesicht zu verziehen, setzte er unser Gespräch fort und steckte Geld und Diplom ruhig und unbesehen in die Tasche. Als er nach einer kurzen Weile nochmals ausgerufen ward und einen zweiten Preis von dreißig Franken erhielt, konnte ich nicht anders, als ihm bewundernd gratulieren. Da warf er mir einen kurzen, still triumphierenden Seitenblick zu, aus dem Winkel des Auges, sagte aber kein Wort.

Mittlerweile hatte die Verlesung nahezu eine Stunde gedauert und allenthalben wurden die privaten Tischgespräche wieder lauter, so daß der Aktuar nur mit äußerster Mühe sich noch hörbar machen konnte. Mehrmals bat der Präsident ohne viel Erfolg um Ruhe, einmal mit den Worten: »Sagt, wollt ihr unseren Aktuar töten?« Da auch das nur wenig half, kündigte der Präsident eine viertelstündige Pause an, damit die Leute sich vom Schweigen und der Aktuar sich vom Reden erholen könne. Das wurde mit Beifall aufgenommen.

Sogleich entstand in dem großen Saale das summende Getöse einer Volksversammlung, Witze und lautes Gelächter klangen auf. Da entstand am hintersten Tische eine Bewegung. Ein halbes Dutzend junger Leute rückte dort näher zusammen. Plötzlich begann einer zu jodeln. Er sang nur einen einzigen hohen Ton, stark und langangehalten, ein Zweiter fiel tiefer ein, und beide sangen nun langgezogene Töne in choralähnlichen Folgen und Akkorden, eine einfache Urmusik, ergreifend schwermütig. Ein Dritter fiel ein, und die anderen stießen in ungleichen Zwischenräumen seltsame Jodler aus – kurze, raubvogelartige, überraschende und aufregende Schreie. Die Stimmen, an Berghöhen und unendliche Räume gewohnt, klangen machtvoll beherrschend, und das Ganze mit seiner Schwermut und naiven Klage mutete mich an, als habe dies fröhliche und kraftvolle Volk ein instinktives Bedürfnis, zu Zeiten in ahnungsvollen Tönen den verborgenen dunklen Lebensmächten zu huldigen.

Ehe der Aktuar von neuem vorzulesen begann, nahmen wir von unseren Nachbarn Abschied, tranken unseren Wein aus und gingen still in die Herberge zurück, wo mir das klagende Lied der Jodler noch bis in den Schlaf hinein nachtönte. Die jungen Burschen, die es sangen, waren vergnügte Leute, die den Rotwein nicht sparten und vielleicht diese Nacht noch irgendwo Mutwillen verübten; aber ihr Gesang hatte geklungen wie aus Urtiefen der Menschenseele her.

Ebenalp

Der Weg zum Weißbad, der im Sommer so lebhaft ist, lag still und leer vor uns. Es war ein starker Tau gefallen, und die kühle, reine Luft versprach ein leichtes Steigen. Von Weißbad, dessen alte Bäume noch im Morgenschatten standen, ging es über prächtige Matten bequem bergan.

So schöne Herbstwälder hatte ich in meinem Leben nicht gesehen. Die dichten Laubwaldungen, die überall hügelan wachsen und manche Vorberge fast bis zum Gipfel bedecken, leuchteten in der morgendlichen Sonnenfrische so farbig und tief wie Glasmalereien. Von der Höhe gesehen, erschien das ganze grüne Vorland, mit diesen lebhaft roten und braunen Farbeninseln durchsetzt, wie eine große, bunte Stickerei.

Der Gang zur Ebenalp hat den Reiz einer angenehmen Spannung, indem man beständig einer hohen, senkrechten Felswand entgegenwandert, deren Unersteigbarkeit man immer klarer erkennt, bis der letzte Augenblick die verblüffende Lösung durch eine unterirdische Verbindung bringt. Der von weitem beinahe gefährlich aussehende Weg erweist sich schließlich als ein Spaziergang, auf den man jedes Kind mitnehmen kann.

Wundervoll ist die letzte Wegstrecke vor dem Wildkirchli. Aus dem Geröll und Niederholz um die Bergecke biegend, kommt man ganz auf Felsboden, wandelt auf bequemem Pfad an einer hohen, schönen Felswand hin und hat das tiefe tannenschwarze Seealptal zu Füßen.

Das Wildkirchli selber, bisher durch Scheffels »Ekkehard«, neuerdings durch wichtige Funde aus der Höhlenbärenzeit berühmt, ist eine niedere, breite Höhle, eigentlich nur eine horizontale Felsspalte in der hohen Wand, mit einem kleinen Altar und einigen einfachen Holzbänken zum Gottesdienst eingerichtet. Von den Höhlenbären, deren Gebeine hier in Mengen gefunden werden, bekam ich leider gar nichts zu sehen. Desto deutlicher ward ich an den »Ekkehard« und an Scheffel erinnert, denn mitten an der in der Sonne leuchtenden jähen Felswand hing wohlbefestigt eine dicke, rechteckige Bronzetafel mit dem Reliefbildnis und Namen des Dichters, der wohl schon von manchen jüngeren Kollegen um seine großen Erfolge, aber gewiß noch von keinem um seine Denkmäler beneidet worden ist.

In so und so viel Jahren, wenn die geplante Eisenbahn auf den Säntis ausgeführt sein wird, erhält die grotesk geschmacklose Tafel vielleicht die Plakate der Toilettenartikel- und Schokoladefabriken zu Nachbarn.

Neben dem Wildkirchli ist eine zweite natürliche Höhle, und diese führt nicht nur in den Felsen hinein, sondern in seinem Innern aufwärts bis an die Ebenalp. Hier waren wir nun völlig allein und lagen eine Stunde im kurzen, trockenen Gras. Diese Stunde hat uns für mehr als für die Stunde Steigens und den Bronzescheffel entschädigt. Hinter uns lag das grüne Weideland mit seinen vielen Hügeln bis zum Bodensee, dicht vor uns stand rötlich leuchtend, mit schmalen, blanken Schneescharten das Hochgebirge, wohin aus den Tälern der Menschen kein Ton und kein Staub zu dringen vermag und zwischen dessen mächtigen Felseneinöden schließlich auch die großartigste Eisenbahn nur ein kleiner Pfad sein kann, den wohl Schnee und Föhn und Steinschlag auch wieder einmal vernichten und auslöschen werden.

Der Dorfabend

Von der Ebenalp waren wir auf einem steilen und steinigen Pfad zum Seealpsee hinabgestiegen und hatten nach einem Fußbad in dem kalten, grünen Wasser den Rückweg durchs Tal über Wasserau, Schwendi und Weißbad nach Appenzell genommen. Und da wir am nächsten Tag eine andere Seite des Säntis besuchen wollten, waren wir noch am gleichen Abend nach Urnäsch gefahren.

Bei Beginn der Dunkelheit waren wir eingetroffen und hatten im Gasthause Betten bestellt. Nun schlenderten wir in dem feierabendlichen Dorfe langsam Gass' auf, Gass' ab, guckten den Leuten in die Erdgeschoßfenster, hörten dem Brunnen zu, wie er tönend in sein gewaltiges Steinbecken floß und sahen in dem Becken rote, lampenerleuchtete Fenster sich spiegeln. Wir beredeten für den kommenden Tag eine Tour am Säntis, und während des Redens und Bummelns bemerkte mein Kamerad mit plötzlichem Schrecken, daß sein Schuhwerk nicht mehr im besten Zustand war. Und da auch ich nichts dagegen hatte, mir noch ein paar gute Bergnägel in die Sohlen schlagen zu lassen, gingen wir zusammen auf die Suche nach einem Schuster.

Eigentlich verstieß das gegen meinen Grundsatz, den Schuhmachern an vielbesuchten Gebirgsorten nichts zu verdienen zu geben. Auf einer Graubündener Tour nämlich war es mir früher einmal ärgerlich gegangen. Ich fand, ein tüchtiges, neues Benageln könne meinen Stiefeln nicht schaden, obwohl es nicht durchaus notwendig war. Und da mein Weg mich gerade durch das schöne Städtchen Bergün führte, zog ich dort in einem Wirtshause meine Stiefel aus und schickte sie zum nächsten Schuhmacher hinüber, er solle sie mir recht schnell und gut beschlagen.

Da saß ich nun und sog immer langsamer und unfroher an meinem Schoppen Malanser, denn der Schuster beeilte sich nicht, sondern ließ mich volle zwei Stunden warten. Dann erschien er endlich, ein kleiner, verdruckter Kerl mit einer roten Nase, und gab mir die Stiefel zurück, die er recht sparsam mit wenigen Nägeln von der billigsten Sorte beschlagen hatte. Nun, ich war froh, daß er überhaupt wieder kam, darum unterdrückte ich meine Meinung über sein Spätkommen und fragte nur, was ich schuldig sei. Da heischte der Unhold nicht weniger als zweieinhalb Franken, was ich zuerst für einen Scherz hielt, denn das ist etwa das Fünffache, was man sonst dafür bezahlt. Es war aber ernst und mein Schelten und Vorstellen half nichts, ich mußte zahlen. Und während ich die Stiefel anzog und dazu fluchte, setzte der Schuster sich mir gegenüber und vergnügt an den Wirtstisch und bestellte, obwohl es am hellen Nachmittag war, eine Flasche guten Rotwein, damit ich auch sähe, wohin mein Geld kam.

Obwohl ich also damals beschlossen hatte, mich solchen Überraschungen nicht mehr auszusetzen, ging ich doch jetzt mit meinem Begleiter, um einen Schuster zu suchen. Grundsätze muß man haben, man muß sie aber auch gelegentlich übertreten können. Bald hatten wir eine Adresse erfragt und bald auch das Haus gefunden, aber die Frau Meisterin teilte uns mit, der Herr sei heute bei einer Festlichkeit in Gonten. Dagegen gebe es noch einen Schuhmacher, der heiße so und so und wohne da und da. Wir gingen dorthin und fanden eine alte Mutter, die uns weitläufig erzählte, ihr Sohn sei bei einer Festlichkeit in Gonten und käme erst spät wieder, und dann nagle er keine Sohlen mehr. Hingegen gebe es noch einen anderen Schuhmacher, der wohne da und da.

Es nahm uns nun wunder, ob wohl der dritte auch zu der Festlichkeit gegangen sei, und wir suchten sein Haus auf. Da war aber Licht in der Werkstatt, die Frau führte uns hinein, und wir fanden den Meister mit einem Gesellen bei der Arbeit sitzen. Wir brachten unser Anliegen vor und wurden freundlich auf zwei Dreibeine genötigt, damit wir die Stiefel ablegen und auf das Fertigwerden warten könnten. Der Geselle sprach die Mundart des Landes und der Meister auch, dieser aber hatte einen Tonfall im Reden, der mir nicht unbekannt klang, und es stellte sich heraus, daß er ein Landsmann von mir war, aber schon seit dreißig Jahren hier wohnte.

Nun gab er mir erfreut die Hand und ging mit doppeltem Eifer an die Arbeit. Während er in dem feinen hellen Lichtschein seiner Glaskugel die Nägel aussuchte und einschlug, fragte er mich nach der Heimat und nach alten Freunden aus, auch nach einigen, von denen ich nichts wußte, als daß sie seit Jahren tot waren. »Ist's möglich? Ei, ei!« sagte er und schlug stärker auf den Nagel. Dann schmierte er uns die Stiefel mit feinem Fett ein, verlangte eine Kleinigkeit und begleitete uns an die Tür. Wir gaben dem Gesellen ein Trinkgeld, drückten dem Alten die Hand und gingen durch das mittlerweile völlig eingeschlafene Dorf in den Gasthof zurück. Der große Dorfbrunnen rauschte laut durch die kühle Oktobernacht und die Sterne leuchteten groß und klar am reinen Himmel.

Vaduz

Es wurde nun allmählich Zeit, an die Heimkehr zu denken. Da sah ich von einem schönen Bergrücken aus einmal wieder das Rheintal liegen, studierte dazu die Landkarte und stieß auf den Namen Vaduz. Vaduz! Der Name klang so schön und merkwürdig, und es fiel mir ein, daß ich über Vaduz schon mehrmals Rühmliches hatte reden hören, auch erinnerte ich mich eines Vaduzer Rotweins, den ich vor Jahren je und je in einer Zürcher Weinstube getrunken und der nach guter Herkunft geschmeckt hatte. Dazu kam das Wenige, was ich über die Fürsten von Liechtenstein gelesen hatte, und die Erinnerung an ihr Palais in Wien und die herrlichen Bilder darin.

Aber das war nicht alles. Irgendwo in meinem Gedächtnis stieß der Klang »Vaduz« auf eine tiefere, reichere Schicht von Erinnerungen, von Liebe, von hehrer Wertung, und lange suchte und bohrte ich, ohne es zu finden, bis es mit einem Male da war und mich anlachte. Ja, nun wußte ich, was es war, das mir den Namen Vaduz so besonders lieb und beinah heimatlich machte! In Vaduz war es ja gewesen, wo der Armenadvokat Siebenkäs einst nach seinem Begräbnis wieder auferstanden war und als Bibliothekar des Fürsten von Liechtenstein geatmet hatte! Nun gab es kein Zögern mehr, ich wollte und mußte nach Vaduz hinüber und dort das letzte Nachtlager dieser Herbstreise halten. Wie schön klingt eine solche Erinnerung an geliebte Dichter und geliebte Dichtungen auf! Mochten sie nun drüben im Deutschen Reich ihre Wiederentdeckung des Dichters Jean Paul weiter betreiben oder wieder rückgängig machen, vorerst jedenfalls war Jean Paul noch nicht wieder in die Ehren eines großen Nationaldichters eingesetzt, vorerst war Jean Paul, war der Siebenkäs, war der arme scheinbegrabene Advokat und seine Zuflucht Vaduz noch eine Heimlichkeit, ein Schatz, ein Geheimbesitz, wenigen Getreuen bekannt. So wie die Leute nach Bayreuth reisten, nicht etwa, um die Heimat des großen Dichters Jean Paul zu sehen und dort anzubeten, sondern um dem Musikanten Wagner zu huldigen, so mochten sie auch nach Vaduz fahren, ohne zu ahnen, daß hier für den Wissenden ein heiliger Nachklang wehe.

Mein Freund war einverstanden, so gingen wir denn am nächsten Morgen über Gais und über die Schlachtkapelle am Stooß nach Altstätten hinüber. Das Rheintal lag voll weißen Nebels, in den wir, aus der Bergklarheit kommend, langsam und widerwillig eindrangen.

Ein Stündchen weit konnten wir die Eisenbahn benutzen, um nicht gar zu lange in dem dichten Nebel marschieren zu müssen. Dann gingen wir wieder zu Fuß und erreichten Vaduz nach Mittag, als der Nebel schon gelöst und vom Winde verblasen war. Wir fanden ein freundliches, sauberes Städtlein mit einem soliden alten Wirtshause; über dem Städtchen hing der steile Berg mit wundervollem Laubwald, der in frohen Farben leuchtete, und auf halber Höhe sahen wir einsam und steil das alte Schloß stehen, das mir Erinnerungen an südtirolische Burgen weckte.

Im Wirtshaus fragte ich die Wirtin: »Hat hier nicht längere Zeit ein Herr Advokat oder vielmehr Bibliothekar Siebenkäs gewohnt?«

Sie dachte nach und schüttelte bestimmt den Kopf. »Nein, Herr, so einer hat hier nie gewohnt, ich müßte es sonst wissen.«

»Ja«, sagte ich, »da fällt mir gerade ein, daß er wahrscheinlich unter einem anderen Namen hier gelebt hat. Er nannte sich nämlich auch Leibgeber.«

Aber auch dieser geliebte Name rührte die Frau Wirtin nicht, sie sah mich eher mißtrauisch an und gab weiter keine Antwort. Ich aber sah im Wirtshause, auf den Gassen und an den Gartenzäunen überall den hageren, armen Siebenkäs schleichen, eine der heiligen Gestalten der deutschen Dichtung, man wird sie gewiß bald wieder einmal entdecken und dann bald ihren Namen als Marke in den Warenhäusern antreffen. Überall spürte ich ihn und spürte den Hauch einer andern Zeit und Welt.

Aber genug von Jean Paul und Siebenkäs, das ist eigentlich viel zu gut, um jedermann davon zu erzählen. Ich vergaß ihn selbst denn auch bald wieder, da das anmutige Städtchen und der sonnig farbige Herbsttag mich mit lockender Gegenwart umgab. Aus dem Städtchen Vaduz aber führte unser Weg uns mitten in ein Märchen hinein.

Unsre Mittagsrast hielten wir in der Nähe des alten Schlosses im Wald, vielmehr am Rande des Waldes. Das alte Schloß ist kein Schloß mehr, und ein neues Herrenhaus steht oberhalb in den Wäldern. Wir dachten es uns schön, wenn so ein leerstehendes Herrenhaus einmal für eine Weile ein

Titelseiten der von Otto Blümel gestalteten Gedichtsammlung »Unterwegs«.

paar Dichtern oder Musikern oder Malern eingeräumt würde, fanden es aber im Grunde doch richtiger, daß in den Schlössern die Herren oder ihre Beamten und Kastellane hausen, und daß die Dichter und Spielleute daran vorübergehen, mit Fransen an den Hosen, und den Anblick durch ihre Seele spielen lassen, statt selber drin zu sitzen und das Heimweh der Heimatlosen zu verlieren. Dennoch nahmen wir wenigstens für ein paar Stunden mit Vergnügen vom Park und Walde Besitz. Wir waren in den weiten Waldungen anscheinend ganz allein und lagen rastend in Hemdärmeln auf dem weichen Rasen, dem Wolkenflug in der Höhe und den Elstern zuschauend, den letzten Tag einer schönen Wanderung genießend. Im alten Schloß waren Arbeiter, es hallte von dort hie und da ein Hammerschlag herüber, es schien friedlich zuzugehen bei dieser Arbeit, es pressierte ja nicht, das Schloß würde noch weitere Jahrhunderte stehen. Sonst war alles sehr still, nur der Wald rauschte leise und ließ rote und gelbe Blätter langsam durch die blauen Lüfte schwimmen.

Weiter waldeinwärts fanden wir abseits der Straße unter hohen alten Tannen einen großen dunkelgrünen Weiher liegen, in einer golden geheimnisvollen Dämmerung. Wasserpflanzen und Tannennadeln schwammen behutsam auf der stillen, dunklen Fläche, drehten sich langsam und traumhaft und schienen doch regungslos. Wenn man eine Weile in das Wasser sah, wurde es ungewiß, wo Wirklichkeit, wo Spiegelbild beginne und ende, und rings um den beschatteten Waldsee lag eine Luft von Unwirklichkeit und Fremde. Und wenn einer der seltenen Hammerschläge vom Schloß her wieder verhallt war, lag die Stille hier so tief und vollkommen dicht über dem Wasser. Wir legten uns am Ufer nieder, dessen altes Mauerwerk sich moosig im Wasser spiegelte, und fanden den Ort verwunschen, schön und einsam genug, um eine Stunde da zu bleiben und auf ein Märchen zu warten. Und das Märchen kam bald. Es war schon da. Wir brauchten nur eine Weile zu ruhen, unsere Augen an diese verhüllte schattige Welt zu gewöhnen und dann zu schauen.

Es begann damit, daß ein paar winzige, junge Goldfischchen erschienen und an der Oberfläche des Weihers spielten. Mit Goldschrift schrieben sie schnell bewegte, schnell erlöschende Ornamente in das grüne Dunkel und verschwanden, um bald mit anderen wiederzukommen. Wir blieben regungslos, um sie nicht zu erschrecken, und es wurden bald mehr und mehrere, schließlich schwärmten und schwänzten die kleinen rotgoldenen Fische zu Hunderten an uns vorüber. Sie flitterten weg wie Sternschnuppen, wie verglühende Raketenreste eines Feuerwerks, aber immer kamen neue und neue aus der grünen, glasigen Tiefe herauf. Plötzlich schwammen sie alle einmütig davon und waren weg, der Spiegel blieb leer; nun aber erschien ein großer alter Goldfisch und noch einer, und fünf und zehn, und am Ende war es ein großer feierlicher Zug, der zwischen den Wasserpflanzen und den Spiegelbildern der überhängenden Tannenkronen langsam und glänzend hin und wider schwamm. Es waren schwere, alte, ehrwürdige Tiere, mit trägen, würdigen Bewegungen, mit bleichen Bärten, mit blassen, gespenstig fahlen Leibern, an denen nur da und dort noch ein Glimmerchen Gold verblieben war. Die bleiche, schwach goldglänzende Prozession ging durch das unbewegte Wasser wie ein Traum.

Wir haben es versäumt, die Sehenswürdigkeiten der Gegend aufzusuchen. Wir haben das Innere des alten Schlosses, die Aussicht von der Berghöhe, die Neubauten und Anlagen alle nicht gesehen. Wir brachten unsere Vaduzer Stunden damit zu, die großen Goldfische zu betrachten – vielleicht hatte schon der Bibliothekar Leibgeber sie gefüttert – um den König mit dem Krönlein zu entdecken und uns darüber zu besinnen, welcherlei Festlichkeit oder Trauerzug diese lautlose Prozession bedeute. *(1906)*

Briefe vom Bodensee II

Hier war in letzter Zeit der See großenteils gefroren, und wir sind viel Schlittschuh gelaufen. Jetzt bläst wieder ein Föhn, es tropft vom Dach, und die Öfen wollen nicht ziehen.

Finckh[1] hat neulich Hochzeit gehabt und ist noch im Schwarzwald. Zu seinen Tieren (zwei Esel, zwei Bernhardiner, Katze, Forellen) sollen jetzt noch Hühner, Enten und eine Geiß kommen.

Über das Blatt mit Olafs[2] Zeichnungen lachen wir viel.

Neulich, als es noch Eis gab, bauten wir ein Segel und fuhren damit in einem Davoser[3] auf dem See, mit Eisenbahngeschwindigkeit und vielen Katastrophen. In solchen Sachen ist unser Freund Bucherer[4] erfinderisch und gut zu brauchen. Jetzt sind wir mit einem großen Denkmal-Schneemann für Finckhs Rückkehr beschäftigt.

(Aus einem Brief Hesses an Ludwig Thoma vom 30. 1. 1907)

Sie leben jetzt auf der schönen Insel im See. Einst bin ich hundert Mal an ihr vorbeigefahren, von Gaienhofen nach Konstanz und zurück, doch habe ich diese Gegend seit Jahrzehnten nicht mehr gesehen. Einmal, vor wohl 50 Jahren, habe ich im Winter [1906/07] an einem frischen hellen Morgen als erster den frisch gefrorenen See beschritten und auf die blanke Spiegelfläche als erster die Spur meiner Schlittschuhe geschrieben. Das Eis war so hell, daß man unten jeden Fisch sehen konnte.

(Aus einem Brief Hesses an Ellen Delp vom März 1958)

Sobald es möglich sein wird, will ich Papa Skizzen von unsrem Bauplan schicken[5]. Das Risiko beim Bau ist unbedeutend. Das Land ist hier sehr billig, daran ist nichts zu verlieren, und ein Wohnhaus wäre hier jederzeit ziemlich leicht zu verkaufen. Es ist sogar mehr als wahrscheinlich, daß in nicht allzu langen Jahren unser Ufer (vielleicht auch durch Bahnbau) belebter werden wird, sei es durch Sommerfrischen oder Industrie. Schon jetzt wird hie und da von Fremden hier ein Haus zum Mieten oder Kaufen gesucht.

Übrigens wird Vater Bernoulli[6] uns den größten Teil der Bausumme zinslos vorschießen, so daß wir das Haus gewissermaßen als ein vorzeitig erhaltenes Erbe betrachten können. Einige Tausend werde ich immerhin zulegen müssen, doch werden sämtliche Kosten wohl höchstens 20 000 Mark betragen. Für den Bau sind gegen 16 000 veranschlagt, dann kom-

1 Ludwig Finckh (1876-1964) Arzt und Schriftsteller, Jugendfreund Hesses seit 1897. 1905 folgte er Hesse nach Gaienhofen, wo er bis ins hohe Alter gelebt hat.
2 Olaf Gulbransson (1873-1958) norwegischer Maler und Karikaturist, seit 1902 Mitarbeiter und Illustrator des »Simplicissimus«, München; mit Hesse befreundet.
3 Schlitten.
4 Max Bucherer (1885-1974) Maler, Radierer und Lithograph; seit 1903 mit Hesse befreundet. Von 1905-1906 in Gaienhofen als Kunsterzieher am dortigen Internat.
5 Im Frühjahr 1907 baute sich Hesse in Gaienhofen ein eigenes Haus, das »Haus am Erlenloh«, das er bis August 1912 bewohnte.
6 Hesses Schwiegervater.

Brief des »Simplicissimus«-Zeichners Olaf Gulbransson an Hesse, mit Portraitskizzen von Otto Julius Bierbaum, Ignatius Taschner und Ludwig Thoma, um 1909.

men noch einige Möbel, Zaun, Herrichten eines Gartens dazu. Die Lage ist sehr schön, Quellwasser ganz nahe, das Ganze drei Minuten vom Dorf, mit weiter Seeaussicht nach 2 Seiten. Das Häusle wird bis zum 1. Stock massiv gemauert, oben Fachwerk und wahrscheinlich Schindelbekleidung, 7½ bis 8 Zimmer ohne Nebenräume. Der Boden, bisher Ackerfeld, gibt einen guten Garten.

(Aus einem Brief Hesses an die Familie in Korntal vom 17. 1. 1907)

Danke vielmals für Deinen lieben Brief! Es hat uns sehr gefreut, daß Ihr den Bauplan mit soviel Interesse studiert habt. Und es freut mich, daß ich auf Deine vier Einwände befriedigend antworten kann.

1.) Ein störend nahes Anbauen ist nur auf der Ostseite möglich und auch dort unwahrscheinlich. Wir sind vom Nebengrundstück durch einen 1½ Meter hohen Erdabhang getrennt, und selbst wenn in der Nähe gebaut würde, wäre unser Haus das höchst gelegene. Überdies gehört das Land daneben einem Bauer, mit dem ich sehr gut, fast freundschaftlich stehe und ich werde ihm entweder noch ein Stück abkaufen oder mir das Vorkaufsrecht sichern. Viel mehr Land kaufen mag ich nicht, obschon es billig ist. Aber die Grundsteuer ist ziemlich hoch und da ich, um Nutzen aus dem Boden zu haben, selber in größerem Stil gärtnern oder Leute anstellen müßte (was ich beides nicht will), wäre es völlig totes Kapital.

2.) Wasser ist da; die Leitung war nur im Plan noch nicht eingezeichnet. Es ist eine Quelle ziemlich nah, die ich fassen lasse, und Wasser und Druck genügen für 1 bis 2 Hahnen im Parterre. Das Abwasser geht in eine Senkgrube. Außen am Haus mache ich einen kleinen Trog mit Hahn, zum Gartengießen.

3.) Wegen mangelnder Tür zwischen Wohn- und Schlafzimmer ist zu sagen, daß über die Verwendung der Schlafräume noch nicht endgültig verfügt ist, und daß wir diesen Punkt auch schon erwogen haben. Doch möchte ich ungern das Wohnzimmer durch eine weitere Tür unschön machen.

4.) Wenn am Haus geläutet wird, sehen wir freilich aus keinem Fenster hin. Aber das ist hier, bei den vollkommen ländlich kleinen Verhältnissen, unwesentlich. Bis jetzt gibt es im Dorf überhaupt kein Haus, das eine Türglocke besitzt und vielleicht bringe auch ich keine an. Wenn man daheim ist, läßt man die Leute hereinkommen und fragen was sie wollen; ist man fort, so ist die Tür geschlossen. Handwerksburschen usw. sind selten, und vermutlich werden wir mit der Zeit doch einen Hund her tun.

(Aus einem Brief vom 31. 1. 1907 an seinen Vater Johannes Hesse in Korntal)

Hermann Hesse, Karikatur von Olaf Gulbransson.

Falls Sie hier vorsprächen, sähen Sie folgendes: ein neues kleines Häuslein mit Garten, eine Viertelstunde überm See, sehr sonnig und gegenüber im Thurgau einen schönen, sanften Hügelzug mit Wäldern, am Ufer Bauerndörfer mit Netzen und über die Hügel weg bei hellem Wetter die Ostschweizer Berge, Säntis und Glärnisch. Und vorgestern kam zu dem allem noch ein merkwürdiges Wunder: das große Luftschiff von Zeppelin, das über uns weg flog und rauschte wie ein Raubvogel.

(Aus einem Brief Hesses an Franz Vetter vom 3. 7. 1908)

Die Söhne Bruno und Heiner am Kinderwagen des 1911 geborenen Martin.

Bruno und Heiner im »Swimmingpool« von 1911.

Linke Seite:
Hermann Hesse auf der selbstgezimmerten Gartenbank mit seinem Sohn Bruno und den Malerfreunden Ludwig Renner, Els und Max Bucherer.

Hesse mit Fritz Widmann in dessen Atelier, 1910.

Das von Otto Blümel gestaltete Titelblatt zu Hesses Musikerroman »Gertrud«.

Der junge Komponist Othmar Schoeck, der Hesse im März 1911 in Gaienhofen besuchte und viele seiner Gedichte vertonte.

Im Ruderboot mit den Söhnen Bruno und Heiner, 1912.

Hesses erste, 1908 angeschaffte Schreibmaschine.

Lindenblüte

Jetzt blühen wahrhaftig schon die Linden wieder, und am Abend, wenn es zu dunkeln beginnt und wenn die schwere Arbeit getan ist, kommen die Frauen und die Mädchen daher, steigen an der Leiter in die Äste hinauf und pflücken sich ein Körblein voll Lindenblüten. Davon machen sie späterhin, wenn jemand krank wird und Nöte hat, einen heilsamen Tee. Sie haben recht; warum soll die Wärme, die Sonne, die Freude und der Duft dieser wundersamen Jahreszeit so ungenützt vergehen? Warum soll nicht in Blüten oder sonst wo etwas davon verdichtet und greifbar hängenbleiben, daß wir es holen, heimtragen und später einmal in kalten und bösen Zeiten einen Trost daran haben können? Wenn man nur von allem Schönen so einen Beutel voll aufbewahren und für bedürftige Zeiten aufsparen könnte! Freilich, es wären doch nur künstliche Blumen mit künstlichem Duft. Alle Tage rauscht die Fülle der Welt an uns vorüber; alle Tage blühen Blumen, strahlt das Licht, lacht die Freude. Manchmal trinken wir uns daran dankbar satt, manchmal sind wir müde und verdrießlich und mögen nichts davon wissen; immer aber umgibt uns ein Überfluß des Schönen. Das ist das Herrliche an jeder Freude, daß sie unverdient kommt und niemals käuflich ist; sie ist frei und ein Gottesgeschenk für jedermann, wie der wehende Duft der Lindenblüte.

Die Frauen, die emsig in den Ästen hocken und einsammeln, die haben hernach einen Tee für Atemnot und Fieber, aber das Beste und wahrhaft Feine davon haben sie nicht. Das haben nicht einmal die sommerabendlichen, lustwandelnden Liebespaare in ihrer süßen, dumpfen Trunkenheit; aber der Wanderer hat es, der vorübergeht und tiefer atmet. Der Wanderer hat das Beste und Zarteste von allen Genüssen, weil er neben dem Schmecken auch noch das Wissen von der Flüchtigkeit aller Freude hat. Ihn kümmert es wenig, daß er nicht an jedem Brunnen trinken kann, und der Überfluß ist ihm gewohnt; dafür schaut er auch dem Verlorenen nicht lange nach und begehrt nicht an jedem Orte, wo es einmal gut sein war, gleich Wurzeln zu schlagen. Es gibt solche Lustreisende, die gehen Jahr für Jahr an denselben Ort, und es gibt viele, die können von keinem schönen Anblick Abschied nehmen, ohne daß sie beschließen, recht bald wieder herzukommen. Das mögen gute Leute sein, aber gute Wanderer sind sie nicht. Sie haben etwas von der dumpfen Trunkenheit der Liebesleute und etwas von dem sorglichen Sammlersinn der Lindenblütenpflückerinnen. Aber den Wandersinn haben sie nicht, den stillen, ernst-fröhlichen, immer Abschied nehmenden.

Rechte Seite: Handschrift des Gedichtes »Bootreise« (Gaienhofen), später veröffentlicht u. d. T. »Bootnacht«.

Hier ist gestern einer durchgewandert, ein reisender Handwerksbursche,

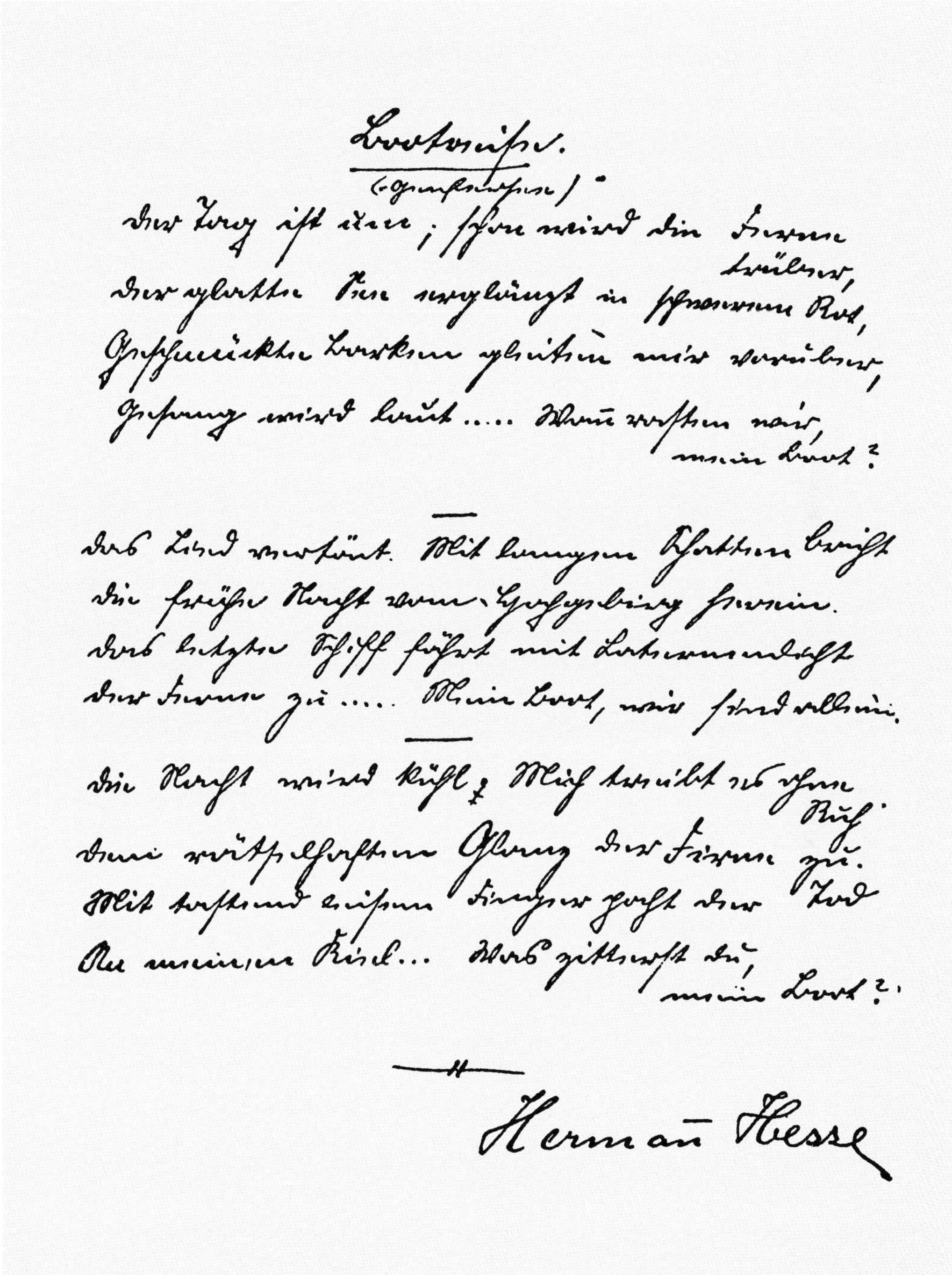

Bootreise.
(Genfersee).

Der Tag ist aus; schon wird die Ferne trüber,
der glatte See verglänzt in schwerem Rot,
Geschmückte Barken gleiten mir vorüber,
Gesang wird laut ..... Wann rasten wir, mein Boot?

—

Das Land verstummt. Mit langen Schatten kriecht
die frische Nacht vom Hochgebirg herein.
Das letzte Schiff fährt mit Laternenlicht
der Ferne zu .... Mein Boot, wir sind allein.

—

Die Nacht wird kühl; Mich treibt es ohne Ruh
dem rätselhaften Glanz der Ferne zu.
Mit tastend eisigem Finger pocht der Tod
An meinen Kiel... Was zitterst du, mein Boot?

—

Hermann Hesse

der grüßte in seiner Bettlerfreiheit die Sammler und Bewohner auf eine spöttische Art. Er nahm an der großen Linde, die voller Weibsleute war, die Leiter weg und ging davon, und obwohl ich selber den Frauen die Leiter wieder hingetragen und ihr Schmähen besänftigt habe, hat der Streich mich doch gefreut.

Oh, ihr Wanderburschen, ihr fröhlichen Leichtfüße, jedem von euch, auch wenn ich ihm einen Fünfer geschenkt habe, sehe ich wie einem König nach, mit Hochachtung, Bewunderung und Neid. Jeder von euch, auch der Verlottertste, hat eine unsichtbare Krone auf; jeder von euch ist ein Glücklicher und ein Eroberer. Auch ich bin euresgleichen gewesen und weiß, wie Wanderschaft und Fremde schmeckt. Sie schmeckt, trotz Heimweh und Mangel und Unsicherheit, gar süß.

Und immerzu strömt der honigsüße Duft aus den alten Bäumen den Weg entlang durch den lauen Sommerabend. Kinder singen unten am Strande und spielen mit Windmühlen aus rotem und gelbem Papier. Liebespaare spazieren langsam und lässig an den Hecken hin, und durch den rotgoldenen Staub der Straße surren Bienen und Hummeln in verzückten Kreisen und mit goldenem Getöne.

Wahrlich, ich beneide die Liebespaare an den Hecken nicht um ihre süße, dumpfe Trunkenheit, so wenig ich die spielenden Kinder um ihre rechenschaftslose Seligkeit beneide oder die schwärmenden Bienen um ihren taumelnden Flug. Nur die Wanderburschen beneide ich. Die haben den Duft und die Blüte von allem.

Noch einmal jung, unwissend, ungebunden, frech und neugierig in die Welt hineinzulaufen, hungrige Kirschenmahlzeiten am Straßenrand zu halten und bei den Kreuzwegen das »rechts oder links« an den Rockknöpfen abzuzählen! Noch einmal kurze, laue, duftende Sommernächte unterwegs im Heu verschlafen, noch einmal eine Wanderzeit in harmloser Eintracht mit den Vögeln des Waldes, mit den Eidechsen und Käfern leben! Das wäre wohl einen Sommer und ein Paar neue Stiefelsohlen wert. Aber es kann nicht sein. Es hat keinen Wert, die alten Lieder zu singen, den alten Wanderstab zu schwingen, die alten, lieben, staubigen Straßen zu gehen und sich einzubilden, man sei nun wieder jung und alles sei, wie es damals war.

Nein, das ist vorbei. Nicht, daß ich alt oder ein Philister geworden wäre! Ach, ich bin vielleicht törichter und zügelloser als je, und zwischen mir und den klugen Leuten und ihren Geschäften ist noch immer kein Verständnis und kein Bündnis aufgekommen. Ich höre auch immer noch, wie in den drängendsten Jünglingszeiten, die Stimme des Lebens in mir rufen und mahnen, und ich habe nicht im Sinn, ihr untreu zu werden. Aber sie ruft nicht mehr zu Wanderschaft und Freundschaft und zu Zechgelage mit Fackeln und Gesang, sondern sie ist leise und dringlich geworden und führt mich immer einsamere, dunklere, stillere Wege, von denen ich noch nicht weiß, ob sie in Lust oder in Leid enden sollen, die ich aber gehen will und gehen muß.

Ich hatte mir als junger Mensch das Mannesalter ganz anders vorgestellt. Nun ist es auch wieder ein Warten, Fragen und Unruhigsein, mehr Sehnsucht als Erfüllung. Die Lindenblüten duften, und Wanderburschen, Sammelweiber, Kinder und Liebespaare scheinen alle einem Gesetz zu gehorchen und wohl zu wissen, was sie zu tun haben. Nur ich weiß nicht, was ich zu tun habe. Ich weiß nur: weder die rechenschaftslose Seligkeit der spielenden Kinder noch das gleichmütige Vorübergehen der Wanderer, weder die dumpfe Trunkenheit der Liebesleute noch der sorgliche Sammelsinn der Blütenpflückerinnen ist mir beschieden. Beschieden ist mir, der Stimme des Lebens zu folgen, die in mir ruft, ihr zu folgen, auch wenn ich ihren Sinn und ihr Ziel nicht zu erkennen vermag und auch wenn sie mich immer mehr von der fröhlichen Straße hinweg in das Dunkle und Ungewisse führen will. *(1906)*

Abends

Abends gehn die Liebespaare
Langsam durch das Feld,
Frauen lösen ihre Haare,
Händler zählen Geld,
Bürger lesen bang das Neuste
In dem Abendblatt,
Kinder ballen kleine Fäuste,
Schlafen tief und satt.
Jeder tut das einzig Wahre,
Folgt erhabner Pflicht,
Säugling, Bürger, Liebespaare –
Und ich selber nicht?

Doch! Auch meiner Abendtaten,
Deren Sklav ich bin,
Kann der Weltgeist nicht entraten,
Sie auch haben Sinn.
Und so geh ich auf und nieder,
Tanze innerlich,
Summe dumme Gassenlieder,
Lobe Gott und mich,
Trinke Wein und phantasiere,
Daß ich Pascha wär,
Fühle Sorgen an der Niere,
Lächle, trinke mehr,
Sage ja zu meinem Herzen
(Morgens geht es nicht),
Spinne aus vergangnen Schmerzen
Spielend ein Gedicht,
Sehe Mond und Sterne kreisen,
Ahne ihren Sinn,
Fühle mich mit ihnen reisen
Einerlei wohin.

Aus »Taedium vitae«

Es ist Anfang Dezember. Der Winter zögert noch, Stürme heulen und seit Tagen fällt ein dünner, hastiger Regen, der sich manchmal, wenn es ihm selber zu langweilig wird, für eine Stunde in nassen Schnee verwandelt. Die Straßen sind ungangbar, der Tag dauert nur sechs Stunden.

Mein Haus steht allein im freien Feld, umgeben vom heulenden Westwind, von Regendämmerung und Geplätscher, von dem braunen, triefenden Garten und schwimmenden bodenlos gewordenen Feldwegen, die nirgendshin führen. Es kommt niemand, es geht niemand, die Welt ist irgendwo in der Ferne untergegangen. Es ist alles, wie ich mir's oft gewünscht habe – Einsamkeit, vollkommene Stille, keine Menschen, keine Tiere, nur ich allein in einem Studierzimmer, in dessen Kamin der Sturm jammert und an dessen Fensterscheiben Regen klatscht.

Die Tage vergehen so: Ich stehe spät auf, trinke Milch, besorge den Ofen. Dann sitze ich im Studierzimmer, zwischen dreitausend Büchern, von denen ich zwei abwechselnd lese. Das eine ist die »Geheimlehre« der Frau Blavatsky, ein schauerliches Werk. Das andere ist ein Roman von Balzac. Manchmal stehe ich auf, um ein paar Zigarren aus der Schublade zu holen, zweimal um zu essen. Die »Geheimlehre« wird immer dicker, sie wird nie ein Ende nehmen und mich ins Grab begleiten. Der Balzac wird immer dünner, er schwindet täglich, obwohl ich nicht viel Zeit an ihn wende.

Wenn mir die Augen weh tun, setze ich mich in den Lehnstuhl und schaue zu, wie die dürftige Tageshelle an den bücherbedeckten Wänden hinstirbt und versiegt. Oder ich stelle mich vor die Wände und schaue die Bücherrücken an. Sie sind meine Freunde, sie sind mir geblieben, sie werden mich überleben; und wenn auch mein Interesse für sie im Schwinden begriffen ist, muß ich mich doch an sie halten, da ich nichts anderes habe. Ich schaue sie an, diese stummen, zwangsweise treu gebliebenen Freunde, und denke an ihre Geschichten. Da ist ein griechischer Prachtband, in Leyden gedruckt, irgendein Philosoph. Ich kann ihn nicht lesen, ich kann schon lang kein Griechisch mehr. Ich kaufte ihn in Venedig, weil er billig war und weil der Antiquar ganz überzeugt war, ich lese Griechisch geläufig. So kaufte ich ihn aus Verlegenheit, und schleppte ihn in der Welt herum, in Koffern und Kisten, sorgfältig eingepackt und ausgepackt, bis hierher, wo ich nun festsitze und wo auch er seinen Stand und seine Ruhe gefunden hat.

So vergeht der Tag, und der Abend vergeht bei Lampenlicht, Büchern, Zigarren, bis gegen zehn Uhr. Dann steige ich im kalten Nebenzimmer ins Bett, ohne zu wissen warum, denn ich kann wenig schlafen. Ich sehe das

Fensterviereck, den weißen Waschtisch, ein weißes Bild überm Bett in der Nachtblässe schwimmen, ich höre den Sturm im Dach poltern und an den Fenstern zittern, höre das Stöhnen der Bäume, das Fallen des gepeitschten Regens, meinen Atem, meinen leisen Herzschlag. Ich mache die Augen auf, ich mache sie wieder zu; ich versuche an meine Lektüre zu denken, doch gelingt es mir nicht. Statt dessen denke ich an andere Nächte, an zehn, an zwanzig vergangene Nächte, da ich ebenso lag, da ebenso das bleiche Fenster schimmerte und mein leiser Herzschlag die blassen, wesenlosen Stunden abzählte. So vergehen die Nächte [...]. Ich denke nach, und die erfrorene Erinnerung kommt langsam in Fluß, bewegt sich, schlägt unsichere Augen auf und strahlt unversehens ihre klaren Bilder aus, die unverloren unter der Todesdecke schliefen.

Anfangs will es mir scheinen, die Bilder seien ungeheuer alt, zum mindesten zehn Jahre alt. Aber das taub gewordene Zeitgefühl wird zusehends wacher, legt den vergessenen Maßstab auseinander, nickt und mißt. Ich erfahre, daß alles viel näher beieinander liegt, und nun tut auch das entschlafene Identitätsbewußtsein die hochmütigen Augen auf und nickt bestätigend und frech zu den unglaublichsten Dingen. Es geht von Bild zu Bild und sagt: »Ja, das war ich«, und jedes Bild rückt damit sofort aus seiner kühlschönen Beschaulichkeit heraus und wird ein Stück Leben, ein Stück meines Lebens. Das Identitätsbewußtsein ist eine zauberhafte Sache, fröhlich zu sehen, und doch unheimlich. Man hat es, und man kann doch ohne es leben und tut es oft genug, wenn nicht meistens. Es ist herrlich, denn es vernichtet die Zeit; und ist schlimm, denn es leugnet den Fortschritt.

(Aus der Erzählung »Taedium vitae«, 1908)

Schönes Heute

Morgen – was wird morgen sein?
Trauer, Sorge, wenig Freude,
Schweres Haupt, vergoßner Wein –
Du sollst leben, schönes Heute!

Ob die Zeit im schnellen Flug
Wandelt ihren ewigen Reigen,
Dieses Bechers voller Zug
Ist unwandelbar mein eigen.

Meiner losen Jugend Brand
Lodert hoch in diesen Tagen.
Tod, da hast du meine Hand;
Willst du mich zu zwingen wagen?

»Man warnt vor dem Beruf des Dichters / auch vor dem Flöten Trommeln, Geigen, / weil Leute ähnlichen Gelichters / So oft zu Trunk und Leichtsinn neigen.«

Der Verfasser 1910 beim Rotwein.

»Wer seinen Dienst am Dienstag nie
auf Donnerstag vertagt,
der tut mir leid, er ahnt nicht wie
der Mittwoch dann behagt.«

Im Garten

Wer einen Garten hat, für den ist es jetzt Zeit, an die vielen Frühlingsarbeiten zu denken. Da geht man nachdenklich durch die schmalen Wegchen zwischen den leeren Beeten, an deren Nordrändern noch ein klein wenig Schnee liegt und die noch gar nicht frühlingshaft aussehen. Auf den Wiesen, an Bachrändern und am Saum der warmen, steilen Weingärten treibt aber schon mancherlei grünes Leben, es stehen auch schon die ersten gelben Mattenblumen mit schüchtern-frohem Lebensmut im Gras und schauen mit offenen Kinderaugen in die stille, erwartungsvolle Welt. Aber im Garten ist außer den Schneeglöckchen noch alles tot; hier bringt der Frühling weniges von selber, und die nackten Beete warten geduldig auf Pflege und Samen.

Die Spaziergänger und Sonntagsnaturfreunde haben es jetzt wieder gut; sie können umhergehen und dem Wunder der Wiederbelebung vergnügt zuschauen. Sie sehen das Wiesengrün mit frohen farbigen Erstlingsblumen bestickt, die Bäume mit harzigen Knospen besetzt, sie schneiden sich Zweige mit silbernen Palmkätzchen ab, um sie daheim ins Zimmer zu stellen, und betrachten alle die Herrlichkeit mit einem behaglichen Erstaunen darüber, wie leicht und selbstverständlich das zugeht, daß alles zur rechten Zeit kommt und treibt und zu blühen beginnt. Sie haben wohl Gedanken, aber keinerlei Sorgen dabei, da sie nur das Gegenwärtige sehen und weder Nachtfröste noch Engerlinge noch Mäuse noch anderen Schaden zu fürchten brauchen.

Vater und Sohn bei der Gartenarbeit, um 1910.

Die Gartenbesitzer haben es in diesen Tagen nicht so beschaulich. Sie gehen umher und merken, daß manches versäumt ist, was noch im Winter hätte geschehen können; sie besinnen sich, was denn dies Jahr werden soll, sie betrachten mit Sorge die Beete und Bäume, die sich im vorigen Jahr schlecht gehalten haben, überzählen ihre Vorräte an Samen und Knollen, untersuchen auch das Gartenwerkzeug, finden den Spatenstiel abgebrochen und die Baumschere verrostet. – Natürlich geht es nicht allen so.

Die Berufsgärtner haben ihre Gedanken auch den ganzen Winter über bei der Arbeit gehabt, und auch manche emsige Liebhaber und kluge Hausfrauen zeigen sich in allem wohlgerüstet. Bei ihnen fehlt kein Gerätstück, ist kein Messer eingerostet, kein Samenpaket feucht gelegen, keine Knolle noch Zwiebel im Keller verfault oder verlorengegangen; auch der ganze Gartenplan fürs neue Jahr ist fertig und durchgedacht, der etwa nö-

tige Dung im voraus bestellt und überhaupt alles musterhaft vorbereitet. Wohl ihnen; sie verdienen Lob und Bewunderung und ihre Gärten werden auch dieses Jahr wieder alle Monate hindurch die unsrigen beschämend überglänzen.

Aber dagegen ist kein Kraut gewachsen. Wir anderen, wir Dilettanten und Faulpelze, wir Träumer und Winterschläfer, sehen uns eben wieder einmal vom Frühling überrascht und betrachten mit Bestürzung, was alles die fleißigeren Nachbarn schon getan haben, während wir ahnungslos in angenehmen Winterträumen lebten. Nun schämen wir uns, es pressiert plötzlich schrecklich, und indem wir dem Versäumten nachlaufen und unsere Scheren schleifen und dringend an die Samenhändler schreiben, gehen schon wieder halbe und ganze Tage ungenützt dahin.

Wie die Alten graben, versuchen's die Knaben.

Am Ende sind aber auch wir fertig und greifen zur Arbeit. Die ist nun in den ersten Tagen zwar wieder, wie immer, ahnungsvoll beglückend und erregend, aber auch schwer, und während der erste Schweiß des Jahres an der Stirn quillt und die Stiefel im weichen, schweren Boden einsinken und die Hände am Spatenstiel zu schwellen und weh zu tun beginnen, will uns schon die harmlose, zarte Märzensonne fast ein wenig zu warm vorkommen. Müde und mit schmerzendem Rücken kehren wir nach ein paar sauren Stunden ins Haus zurück, wo uns die Ofenwärme ganz wunderlich fremd und komisch anmutet, und sitzen den Abend bei Lampenlicht über unserem Gartenbuch, das so viele verlockende Dinge und Kapitel enthält, aber auch von vielen herben und unlustigen Arbeiten erzählt. Immerhin, die Natur ist gütig und es wird am Ende auch im Garten des Bequemen ein Beet voll Spinat, ein Beet voll Lattich, ein wenig Obst und zur Augenweide ein fröhlicher Sommerflor gedeihen.

Beim ersten mühsamen Umgraben des Bodens erscheinen Engerlinge, Käfer, Larven und Gespinste, die wir mit frohem Grimm vertilgen. In vertraulicher Nähe aber singt die Amsel und plaudern die Meisen. Die Sträucher und Bäume haben gut überwintert, ihre braunen Knospen lachen fett und verheißungsvoll, die Rosenstämmlein wanken leise im Winde und nicken in Träumen zukünftiger Herrlichkeit. Mit jeder Stunde wird das alles uns wieder mehr vertraut, wir ahnen überall den Sommer, und wir schütteln den Kopf und begreifen nicht mehr, wie wir den langen dumpfen Winter haben aushalten können. Ist es nicht ein Elend: fünf lange dunkle Monate ohne Garten, ohne Duft, ohne Blumen, ohne grünes Laub! Aber

Hermann Hesse mit seinem Sohn Bruno nach der Kürbisernte, 1911.

nun beginnt das alles wieder, und wenn auch heute der Garten noch öde liegt, so ist für den, der darin arbeitet, doch alles im Keim und in der Vorstellung schon da. Die Beete haben Leben, hier wird lichtgrüner Lattich stehen, da die lustigen Erbsen, dort die Erdbeeren. Wir ebnen den gegrabenen Boden, ziehen schöne glatte Reihen nach der Schnur, worein die Samen kommen sollen, und in den Blumenrabatten verteilen wir voraussehend die Farben und Formen, häufen Blau und Weiß, schmettern ein lachendes Rot dazwischen, säumen die Pracht hier mit Vergißmeinnicht und dort mit Reseden ein, sparen nicht mit dem leuchtenden Kapuziner und lassen auch, an einen sommerlichen Imbiß und Weintrunk denkend, hier und dort Platz für ein Büschel Radieschen.

Und mit der fortschreitenden Arbeit legen sich die törichten Freudewogen und werden ruhig, und wunderlich ergreift uns dies kleine, harmlose Gartenwesen mit Anklängen und Gedanken anderer Art. Es ist ja etwas von Schöpferlust und Schöpferübermut beim Gartenbau; man kann ein

Stückchen Erde nach seinem Kopf und Willen gestalten, man kann sich für den Sommer Lieblingsfrüchte, Lieblingsfarben, Lieblingsdüfte schaffen. Man kann ein kleines Beet, ein paar Quadratmeter nackten Bodens zu einem Gewoge von Farben, zu einem Augentrost und Paradiesgärtlein machen. Allein es hat doch seine engen Grenzen. Schließlich muß man mit allen Gelüsten und aller Phantasie doch wollen, was die Natur will, und muß sie machen und sorgen lassen. Und die Natur ist unerbittlich. Sie läßt sich etwas abschmeicheln, läßt sich scheinbar einmal überlisten, aber nachher fordert sie desto strenger ihr Recht.

Man kann als Lustgärtner in den paar allzu kurzen warmen Monaten viel beobachten. Wenn man will und dazu veranlagt ist, sieht man nichts als Fröhliches: Überschwang der Erdkraft im Zeugen und Bilden, Spiellaune und Phantasie der Natur in Gebilden und Farben, lustiges Kleinleben mit manchen Anklängen ans Menschliche, denn es gibt auch unter den Gewächsen gute und schlechte Haushalter, Sparer und Verschwender, stolz Genügsame und Schmarotzer. Es gibt Pflanzen, deren Art und Leben philiströs und hausbacken ist, und andere, die es recht wie Herren und Genießer treiben; es gibt unter ihnen gute Nachbarn und schlimme, Freundschaften und Abneigungen. Es gibt Gewächse, die treiben und leben und sterben wild und zügellos und ohne Maß, und es gibt arme Benachteiligte, die hungern sich kümmerlich durch ein blasses und schweres Dasein. Manche zeugen, vermehren sich und wuchern mit einer fabelhaften Üppigkeit, anderen muß man die Nachkommenschaft mühsam entlocken.

Erstaunlich und bedenklich ist mir immer die ungeheure Schnelligkeit und Hast, mit welcher so ein Gartensommer kommt und geht. Ein paar Monate – und in dieser kurzen Zeit wachsen, brüsten sich, leben, welken und sterben in den Beeten die Geschlechter. Kaum ist so ein Beet voll junger Kräutchen gepflanzt, begossen, gedüngt, da treibt es schon und wächst und tut groß mit seinem vergänglichen Gedeihen – und kaum, daß der Mond zwei-, dreimal wechselt, da ist die junge Pflanzung schon alt und hat ihren Zweck erfüllt, wird ausgerottet und muß neuem Leben Platz machen. Bei keiner Beschäftigung und bei keinem Nichtstun geht ein Sommer so erschreckend rasch und eilig dahin wie beim Gärtnern.

Und dann ist in einem Garten der enge Kreislauf alles Lebens noch enger und deutlicher und einleuchtender zu sehen als irgendwo sonst. Kaum hat das Gartenjahr begonnen, so gibt es auch schon Abfälle, Leichen, abgeschnittene Triebe, gestutzte Stengel, erstickte oder sonst umgekommene Pflanzen, und jede Woche werden es mehr. Sie kommen alle zusammen

mit dem Küchenabfall, mit Äpfel-, Zitronen- und Eierschalen und allerlei Kehricht auf den Dunghaufen; ihr Welken und Vergehen und Verwesen ist nicht gleichgültig, es wird bewacht und nichts wird weggeworfen. Sonne, Regen, Nebel, Luft, Kälte zersetzen den unschönen Haufen, den der Gärtner sorgfältig bewahrt, und kaum ist wieder ein Jahr um und ein Gartensommer verblüht, so sind alle die Leichen schon verwest und kommen wieder in den Boden, den sie fett und schwarz und fruchtbar machen müssen, und es geht wieder nicht lange, so steigen aus dem trüben Schutt und Tod von neuem Keime und Sprossen, so kehrt das Faule und Aufgelöste mit Macht in neuen, schönen, farbigen Gestalten wieder. Und der ganze, einfache und sichere Kreislauf, der dem Menschen so viel und schwer zu denken gibt und an dem alle Religionen ahnungsvoll verehrend deuten, geht in jedem kleinen Gärtchen so still und rasch und deutlich vor sich. Kein Sommer, der sich nicht vom Tode des vorigen nährt. Und kein Gewächs, das nicht ebenso still und sicher zu Erde wird, wie es aus Erde zur Pflanze ward.

In meinem kleinen Garten säe ich mit froher Frühlingserwartung Bohnen und Salat, Reseden und Kressen und dünge sie mit den Resten ihrer Vorgänger, denke an diese zurück und an die kommenden Pflanzengeschlechter voraus. Wie jedermann nehme ich diesen wohlgeordneten Kreislauf hin als eine selbstverständliche und im Grunde innig schöne Sache; und nur zuweilen kommt es mir im Säen und Ernten für Augenblicke in den Sinn, wie merkwürdig es doch ist, daß von allen Geschöpfen der Erde nur allein wir Menschen an diesem Lauf der Dinge etwas auszusetzen haben und mit der Unsterblichkeit aller Dinge nicht zufrieden sind, sondern für uns eine persönliche, eigene, besondere haben wollen. *(1908)*

Kind im Frühling

So weiß im reichen Maienblust
Die schmucken Bäume stehen,
Es muß die ganze Blütenlust
Im nächsten Wind verwehen.

Auch deine jungen Tage, Kind,
Und deine Lustgebärden,
Sie müssen bald, so hold sie sind,
Verblühn und dunkel werden.

In Schmerzen nur und Dunkelheit
Wird süße Frucht geboren.
Doch ist sie reif, so war kein Leid
Und war kein Weh verloren.

Reiselust

Es ist mitten im Winter, der Schnee wechselt mit Föhn und das Eis mit Schmutz, die Feldwege sind ungangbar, man ist von der nächsten Nachbarschaft abgeschnitten. Der See kocht an kalten Morgen weißen Dampf und setzt glasig brüchige Eisränder an, jedoch beim nächsten warmen Winde wogt er wieder schwarz und lebendig und verblaut gegen Osten wie an den schönsten Tagen im Frühjahr.

Und ich sitze in der wohlgeheizten Studierstube, lese unnötige Bücher, schreibe unnötige Artikel und habe unnötige Gedanken. Irgend jemand muß doch am Ende alle die Sachen lesen, die jahraus, jahrein geschrieben und verlegt werden, und da sonst es niemand tut, tue ich es eben, teils aus Interesse und Kollegialität, teils um mich dann als kritischen Schirm und Prellbock zwischen das Publikum und die Bücherlawine zu stellen. Viele von den Büchern sind auch tatsächlich schön und klug und des Lesens wert. Dennoch scheint mir zuweilen mein Tun überaus überflüssig und mein Wollen auf ganz falsche Ziele gerichtet.

Manchmal, wenn es draußen schneit und stiebt, nehme ich träumerisch den Schweizer Baedeker zur Hand und betrachte mir das Kapitel Graubünden, sehe die Karten an, stelle mir aufatmend den Schneeglanz und die Sonnenbläue lachender Wintertage da droben in der Albulagegend vor und lege das Buch erst nach einem wehmütigem Blick auf die Sankt Moritzer Hotelpreise wieder weg. Hingegen, wenn es wärmt und überm See ein feuchter Föhnhimmel zwischen zartgrauen und bräunlichen Westwindwolken hervorgrüßt, dann trete ich häufig für einige Augenblicke ins Schlafzimmer, wo an der Wand die große Karte von Italien hängt, und streife mit begehrlichem Auge über den Po und Apennin hinweg, durch grüne toskanische Täler, an blau und gelben Strandbuchten der Riviera hin, schiele auch etwa nach Sizilien hinab und verirre mich dabei gegen Korfu und Griechenland hin. Lieber Gott, wie ist das alles nah beieinander! Und wie schnell kann man überall sein. Und pfeifend kehre ich in die Studierstube zurück, lese entbehrliche Bücher, schreibe entbehrliche Artikel und denke entbehrliche Gedanken.

Im vergangenen Jahre war ich sechs Monate auf Reisen, im vorhergehenden fünf Monate, und eigentlich ist das für einen Familienvater, Landmann und Gärtner ziemlich reichlich, und als ich neulich das letztemal heimkehrte, nachdem ich unterwegs in der Fremde krank geworden, operiert worden und eine gute Weile gelegen war, da schien es mir an der Zeit, nun für lange hinaus, wenn nicht für ewig, Frieden zu schließen und heimisch und häuslich zu werden. Allein kaum war die ärgste Abmagerung und Müdigkeit zur Not überwunden und ersetzt, kaum hatte ich mich wieder ein paar Wochen mit Büchern befaßt und Schreibpapier verbraucht, da schien eines Tages die Sonne wieder so unheimlich gelb und jung auf die alte Landstraße, und über den See lief ein schwarzer Nachen mit einem großen, schneeweißen Segel, und ich bedachte die Kürze des Menschenlebens, und plötzlich war von allen Vorsätzen und Wünschen und Erkenntnissen nichts mehr da als eine ganz echte, unheilbare, tolle Reiselust.

Gewiß, ich hielt mich im Zaume, ich reiste nicht. Ich blieb bei Frau und Kindern, Haus und Arbeit, ich ließ die Sonne scheinen, so gelb sie wollte, ich ließ das Segel schweben und die stahlgraue Seeferne locken. Wohl griff ich zuweilen nach dem Atlas oder Baedeker, stand eine Viertelstunde vor der großen Karte von Italien oder verweilte ein wenig auf dem Speicher, wo Stöcke und Riemen und Koffer und solche Dinge liegen; aber ich nahm kein Kursbuch in die Hand. So geht es nun seit Wochen, obwohl mich keine ernsthafte Arbeit hält. Es scheint wirklich, als sei mein Reisetrieb nun nicht mehr stärker als ich.

Vielleicht ist es so, vielleicht fange ich an, alt und gescheit und müde zu werden. Vielleicht lerne ich allmählich die Kunst, mir in Büchern so viel von der Welt und ihrer Weite zusammenzulesen, daß es der Sehnsucht genügt.

Allein das stimmt doch nicht. Im Gegenteil, ich las neulich mehrere Bücher, die meinen Wanderdrang wieder bis zur Qual gesteigert haben. Ich las unter anderem die »Eroberer« von Ludwig Brinkmann, ein schönes Buch über Amerika, und las die »Wälder« vom jüngeren Nordenskjöld, der mit ein paar Freunden sich ein Jahr lang zwischen Argentinien und Bolivien herumgetrieben hat. Und dabei dachte ich tausendmal: O verflucht! Wie haben's die Kerle gut! Und litt Neid und Pein der Entbehrung und war kaum minder erregt denn einst in Bubenzeiten beim Lesen des göttlichen Fenimore Cooper.

Allerdings, jene Bücher handeln nicht von Sankt Moritz und nicht von der Riviera, sie locken weiter und regen die alte Sehnsucht auf, die jeder ordentliche Kerl schon als kleiner Junge muß gekannt haben: nach fernsten Gebirgen und Seen, nach Weiten ohne Menschen und Eisenbahnen, nach wilden Pässen und halsbrechenden Reitsteigen über unwegsame Berge und Hochebenen unerforschter Länder, nach Herbergen unter Indianern, Portugiesen, Kreolen, Mulatten. Und das ist eine gefährliche Sehnsucht! Das ist eine Pein, die zur Qual und Krankheit wird.

Denn was schadet es schließlich, wenn einen die Reiselust nach dem Rhein oder nach Norwegen oder nach Toskana zu quälen beginnt? Man widersteht, so lange es geht, und wenn es nicht mehr gehen will, so reist man eben. Man reist erster Klasse und im Schlafwagen, wenn man Geld hat, und wenn man keines hat, reist man vierter Klasse, geht zu Fuß, prellt die Staaten um Billette, pumpt Trambahnschaffner an. Hingegen wider die Sehnsucht zu jenen großen, wilden Reisen ist kein Kraut gewachsen, wenn man einmal in Europa herangewachsen und mit hundert feinen, beim Wegreißen tief schmerzenden Fäden angebunden ist. Das sind Reisen, bei denen man nicht an die Zeit der Heimkehr und überhaupt nicht an die Heimkehr denkt! Das sind Reisen, die man antritt wie ein Jüngling seine erste, mit Aussichten ins Unendliche und ohne alle Absichten.

Ach, diese tiefste, wildeste Reiselust ist nicht anders und nicht besser als jene gefährliche Lust, unerschrocken zu denken, sich die Welt auf den Kopf zu stellen und von allen Dingen, Menschen und Ereignissen Antworten haben zu wollen. Die wird nicht mit Plänen und nicht aus Büchern gestillt, die fordert mehr und kostet mehr, man muß schon Herz und Blut daran rücken.

Vor meinen Fenstern wühlt der weiche, laute Westwind im schwarzen See, ohne Zweck, ohne Ziel, in seiner Leidenschaft rasend und sich verzehrend, wild und unersättlich. So wild und unersättlich ist die wahre Reiselust, der Erkenntnis- und Erlebensdrang, den kein Erkennen stillt und kein Erleben sättigt. Der ist stärker als wir und als alle Ketten, und über wen er herrscht, von dem will er immer wieder Opfer haben. Gibt es nicht Menschen, die toll und wild bis zum äußersten Wagnis und bis zum Untergang nach Geld jagen und nach Frauengunst und nach Fürstengunst? Nun, so jagen wir, wir Reiselustigen, nach einem Erfassen und Erleben der Erde, nach einem Einswerden mit ihr, nach einem so völligen Besitzen und sich Hingeben, wie es nicht zu haben und nicht zu erjagen, wie es nur zu träumen, zu begehren, zu ersehnen ist. Und vielleicht ist diese unsre Jagd und Leidenschaft nicht viel anders und um nichts besser als die des Spielers, des Spekulanten, des Don Juan, des Strebers.

Im Hinblick auf die Abendstunde aber scheint mir unsere Leidenschaft doch besser und wertvoller zu sein als manche andere. Wenn uns die Erde ruft, wenn uns Wanderern die Heimkehr, uns Rastlosen die Ruhestatt winkt, so wird das Ende kein Abschiednehmen und zages Sichergehen sein, sondern ein dankbares und durstiges Schlürfen des tiefsten Erlebens. Wir sind neugierig auf Südamerika, auf unentdeckte Buchten der Südsee, auf die Pole der Erde, auf das Verstehen der Winde, Ströme, Blitze, Lawinen – aber wir sind noch unendlich viel neugieriger auf den Tod, auf das letzte und kühnste Erlebnis dieses Daseins. Denn wir glauben zu wissen, daß von allen Erkenntnissen und Erlebnissen nur die wohlverdient und befriedigend sein können, um die wir gern das Leben hingeben. *(1910)*

Zunachten

Lau feuchte Winde schweifen
Nachtvögel hört man überm Ried
Mit schweren Flügeln streifen
Und fern im Dorf ein Fischerlied.

Aus nie gewesenen Zeiten
Sind trübe Sagen angestimmt
Und Klagen um ewige Leiden;
Weh dem, der sie bei Nacht vernimmt!

Laß klagen, Kind, laß rauschen!
Rings ist die Welt vom Leide schwer.
Wir wollen den Vögeln lauschen
Und auch dem Lied vom Dorfe her.

Winterbrief

Küblis im Prättigau, Anfang März [1911]

Lieber Freund!

Bei Euch drunten tropft jetzt vermutlich das letzte Schneewasser von der Nordseite der Dächer, Du gehst mit der langen Pfeife im Garten umher und überlegst Dir den Gemüseplan für den kommenden Sommer, die Amseln lärmen im Gebüsch, und die Hasen im Stall werden ungebärdig. Und da fragst Du mich, was ich von diesem Frühling halte, der so früh beginnen will, ob ich keinen Wildschaden am Obst habe und welcherlei Blumenkohl ich dies Jahr ziehen werde.

Auf das alles kann ich Dir heute keine Antwort geben. Die Samenhändlerkataloge liegen noch unausgepackt bei mir daheim, und wie groß die Fliederknospen schon sind, weiß ich nicht, denn ich bin nicht am See, sondern in Graubünden und interessiere mich nicht für Blumenkohl und Raupenleim, sondern für Frost und Schneefall, denn ich bin Skiläufer geworden und habe im Augenblick für nichts zu sorgen als dafür, daß ich womöglich jeden Abend ohne Schaden an Leib und Skibrettern wieder ins Dorf zurückkomme.

Das wundert Dich, gelt? Ich wäre auch von mir aus vielleicht nicht darauf gekommen. Aber meine Frau, die immer gern in die Berge geht, hat mir zu Weihnachten ein Paar Ski geschenkt und mich dadurch zur Reise genötigt. Es war natürlich ein Danaergeschenk; denn meine naive Meinung, zum Skilaufen gehöre nichts als ein Paar solcher Hölzer, hat mich elend betrogen. Man braucht nicht nur die Bretter und das Billett nach Graubünden, sondern man braucht Skistiefel, Skihosen, Skimützen, Skibrillen, Ziegenhaarsocken und alles mögliche, was zusammen eine Menge Geld kostet, und da meine Frau das alles auch brauchte, hat sie mit ihrem Geschenk nicht übel abgeschnitten. Ich war denn auch anfangs etwas mißvergnügt, und als wir daheim ein paarmal im weichen Schnee einen Hügel hinab fuhren und uns die Knöchel wund machten, schien mir dieser Sport wenig sympathisch. Aber jetzt habe ich doch Freude daran, wenn auch der eigentliche Sport dabei mir noch so fremd ist wie am ersten Tag. Ich kann noch gar nichts und habe noch nicht einmal gute Läufer gesehen, ich kann keine Bogen fahren und weiß nicht, wie die norwegischen Schwünge aussehen. Für den eigentlichen Sport haben wir wenig Talent, dazu muß man jünger und freier sein und mehr Zeit haben. Darum sind wir auch nicht nach Sankt Moritz oder Davos gegangen, sondern machen unsere Versuche ohne Gesellschaft und ganz unsportmäßig in der Gegend von Küblis, Pany und Sankt Antönien.

Ich will nicht verächtlich von einem Sport reden, der mir imponiert und sehr schön ist. Aber da es mir das ganze Jahr hindurch an Arbeit, auch an körperlicher, nicht fehlt, hätte der Sport allein mich wenig gelockt. Dagegen habe ich den Bergwinter immer geliebt und bin schon vor zwölf Jahren, als es in der Schweiz meines Wissens noch keinen Skilauf gab, zuweilen mitten im Winter ein wenig in die Berge gegangen. Da war freilich wenig zu machen als ein bißchen Spazierengehen und Rodeln, und es tat mir oft leid, die schönen weißen Berge in ihrem meterhohen Schnee unzugänglich stehen zu sehen; denn darin haben die Wintersportler recht: das Hochgebirg ist im Winter beinahe schöner als im Sommer, und das Wetter ist viel beständiger.

Wir haben denn auch, als wir hierher kamen, nur zwei Tage an schrägen Halden geübt und uns an die Brettchen zu gewöhnen versucht, und sobald wir einen ordentlichen Hügel hinunter fahren konnten, ohne zu fallen, und sobald wir heraus hatten, wie man etwa in Notfällen bremsen kann, ließen wir den Sport liegen und gingen unserm eigentlichen Ziele nach. Auf unsrer ersten Tour kamen wir schon auf zweitausend Meter und waren sieben Stunden unterwegs, und seither freut uns die Sache, und wir suchen die Gegend nach erreichbaren schönen Höhen ab.

Dazu haben wir natürlich einen Führer mit und üben alle Vorsicht, und viele Touren können wir mit unserer Anfängerkunst eben noch nicht machen, aber wir haben doch schon eine Anzahl von schönen Wegen gemacht und Höhen erreicht, wohin man im Winter ohne Schneeschuhe nicht kommen kann. Und das lohnt sich. Auf einer hohen Alp neben den bis ans Dach eingeschneiten Hütten zu stehen, wo acht Monate des Jahres kein Mensch hinkommt und wo viele Stunden weit nur Schneewildnis und weiße Einsamkeit ist, das ist unglaublich schön. Und dann ist es auch für Nichtsportleute eine merkwürdige Lust, weite Wege bergab bei gutem Schnee in erstaunlich kurzen Zeiten hinunter zu pfeifen, über verwehte Bäche und gefrorene Sümpfe wegzugleiten wie über glatte Straßen und zwischen den Stämmen eines stillen, verschneiten Fichtenwaldes hin sich einen Weg zu suchen. Das Beste ist natürlich, wie bei allen Touren, das Erreichen eines schönen Zieles und die Rast. Wir haben in ganz eskimohaften Lagen unsre Suppe und unsern Tee gekocht, wobei ich es allerdings ohne die wunderbaren Ziegenhaarsocken nicht ausgehalten hätte.

Im Anfang ist es nicht ohne Mühen. Berganwärts über eisige Steinpfade außer dem Rucksack auch noch die zwei recht schweren Bretter auf dem Rücken mitzutragen und sie dann stundenlang an den Füßen zu haben,

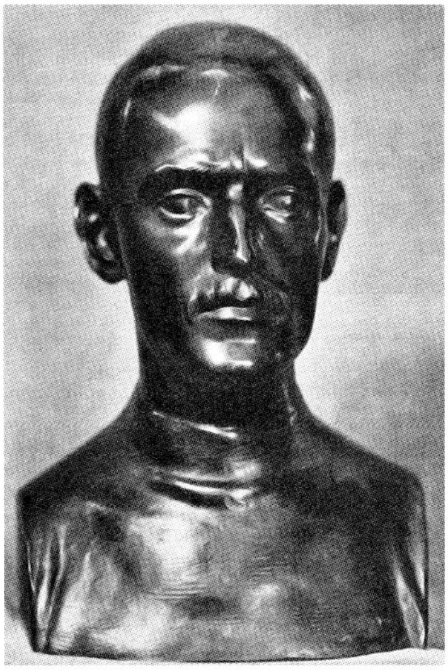

Die 1906 entstandene Hesse-Büste des Münchner Bildhauers Eduard Zimmermann.

macht Beschwerde, bis man daran gewöhnt ist. Und wenn der Schnee zu weich oder zu eisig ist, macht das Ersteigen von steilen Hängen viel Arbeit. Im metertiefen Schnee hat man nach einem ungeschickten Fall oft fast eine Viertelstunde zu schaffen, bis man wieder sichtbar und aufrecht steht. Unser Führer ist ein guter Berggänger, aber kein Skikünstler, und läßt uns gewiß manchen ganz unsportmäßigen Griff passieren, aber er läßt uns auch lernen und alles selber auskosten und hat uns nur selten beim Wiederaufstehen geholfen, so daß wir bald überaus vorsichtig und wirklich selbständiger geworden sind.

Also von den Frühjahrsarbeiten und vom Blumenkohl schreibe ich ein andermal. In ein paar Tagen fahren wir wieder heim, dann will ich daran denken. Man spürt nämlich den Frühling auch hier schon ganz wohl, trotz der kalten Nächte und des Schnees. Es ist ein Föhn in der Luft, der noch nicht recht herauskommt, aber seit vorgestern in der Höhe herumdrückt und die sonderbarsten Spielereien treibt. Gestern Vormittag habe ich auf einem Skiausflug dem eine Weile zugesehen und meine Freude daran gehabt wie ein Goldschmied an schönen Edelsteinen. Der Föhn ist doch das Schönste in den Bergen, wenn er auch Schnee und Wetter verdirbt! Ich bin viel unterwegs gewesen und habe viel Schönes und Tolles gesehen, aber die Lichter und Wolken von gestern haben mich überrascht, wie wenn ich zum ersten mal im Leben aus dem Hause und unter die Sehenswürdigkeiten der Natur käme.

Wir hatten einen etwas beschwerlichen Aufstieg, doch ohne Gepäck, und fanden dann, etwa zweihundert Meter höher als Pany, eine wunderbare Aussicht gegen die Scesaplana hinüber und auf der anderen Seite ins Prättigau und die Silvrettaberge, vor uns eine phantastisch schwarze, kalte Schlucht, vor deren Steile man jedes mal beim Hinunterblicken unwillkürlich die Skispitzen ein wenig zurückzog. Dann war ein großes Schneefeld da, fast ganz eben und eishart, darauf lief man wie auf Schlittschuhen über Spiegeleis. Und zufällig sah ich mich einmal nach der Sonne um, da merkte ich erst das Föhnspiel in der Höhe. Unten bei uns stand die Luft klar und regungslos, nur das Licht war golden weich und frühlingshaft. Aber droben am wenig bewölkten Himmel stoben die schnurrigsten Windwirbel und zerrten kleine Wolkenbänke mutwillig zausend zu haardünnen, federartigen Gekräuseln auseinander, die in Minuten entstanden und vergingen, während nahe dabei schöne weißgelbe Wattewolken völlig ruhig schwammen. Wir sahen dem sonderbaren Spiel eine Weile mit Verwunderung zu, und da tat der Himmel etwas Besonderes und gab uns ein Schauspiel, das ich so feuerwerkhaft exzentrisch und dabei so verklärt und herrlich noch nie gesehen hatte. Auch unser Führer, der da oben daheim ist, sagte, er habe das noch nie gesehen. Der merkwürdige Wirbelwind trieb ganz plötzlich eine kleine feste Wolke wie Schaum auseinander, bis zum allerfeinsten wolligen Gefaser, und zugleich kam das seltsame Wolkenbild so zur Sonne zu stehen, daß es vier, fünf Minuten lang in den brennendsten Regenbogenfarben aufleuchtete. Es war ganz aufgelöst und farbig durchglüht von dem kühlen grünen Irislicht wie eine große, gegen die Sonne schwebende Seifenblase und hatte solch heftige und doch abgestimmte Farben wie etwa manchmal ein auf einem Flußspiegel treibender Ölfleck. Nur war der Spiegel, auf dem dieses Farbenspiel hintrieb, ein weiter schimmernder Sonnenhimmel voll zarter Farben.

Du bist wie ich ein etwas verwöhnter Naturfreund, der gerne das Besondere sieht und sucht und dem ein wunderliches Naturspiel gelegentlich so wohl tun kann wie ein Segantini oder der Satz einer Mozartsymphonie. Wenn Du dabei gewesen wärest und hättest unsere Farbenwolke gesehen, so würdest Du künftig jeden Winter mit Schneeschuhen in die Berge gehen, nur um vielleicht wieder einmal dieses seltene Wunder vor die Augen zu bekommen.

Also, auf Wiedersehen am See, und gute Wünsche von

Deinem H. H.

(1911)

Ski-Rast

Am hohen Hang zur Fahrt bereit,
Halt ich am Stab für Augenblicke Rast
Und seh geblendet weit und breit
Die Welt in blau und weißem Glast,
Seh oben schweigend Grat an Grat
Die Berge einsam und erfroren;
Hinabwärts ganz in Glanz verloren
Durch Tal um Tal stürzt der geahnte Pfad.

Betroffen halt ich eine Weile,
Von Einsamkeit und Stille übermannt,
Und gleite abwärts an der schrägen Wand
Den Tälern zu in atemloser Eile.

Spazierfahrt in der Luft

Man wird älter, und der Kreis dessen, was man von außen an Bereicherung, Freude und neuen Vergnügungen erwartet, zieht sich enger zusammen. Zu den Freuden und neuen Erfahrungen, auf die ich mich seit Jahren freute und von denen ich mir besonders starke und schöne Eindrücke versprach, gehörte das Fahren in einem Luftschiff. Und nun liegt auch diese Erfahrung und Freude, die ich noch fern glaubte, schon hinter mir und ist Vergangenheit geworden.

Ich saß bei Büchern und studierte Sprachen für meine nächste Reise, als dieser Tage der Postbote einen Brief aus Friedrichshafen brachte, der mich zu einer Fahrt im neuen Luftschiff »Schwaben« einlud. Der Brief war lange unterwegs gewesen, und wäre er zwanzig Minuten später gekommen, so hätte ich seiner Einladung nicht mehr folgen können, denn das Luftschiff sollte nur noch den nächsten Tag am See bleiben, und in einer halben Stunde ging das letzte Schiff, mit dem ich Friedrichshafen noch erreichen konnte.

Ich segnete die Post, die täglich so viel Unnützes bringt und nun auch einmal im Guten sich bewährte, und bei brennender Hitze eilte ich, wie ich war, sofort zum Dampfschiff, erreichte in Konstanz den letzten Anschluß und fuhr an Meersburg und den schönen abendlichen Ufern vorüber durch die lange Dämmerung nach Friedrichshafen. Im ersten besten kleinen Gasthof bekam ich ein ordentliches und wohlfeiles Zimmer und war dadurch angenehm enttäuscht, denn man hatte mir erzählt, Friedrichshafen sei neuerdings unheimlich elegant und teuer geworden. Bald darauf, beim nächtlichen Schlendern durch das kleine alte Städtchen, sah ich nun allerdings an Neubauten und zweifelhaften Verschönerungen, daß immerhin ein bißchen Wahrheit in jenen Berichten gewesen war. Auch war großer Abendbetrieb in den Hotelgärten, und beim Kurhause ging es mit Militärmusik und Gesellschaft großartig her. Der alte Graf hatte eine große Offiziersgesellschaft eingeladen, und es war nicht leicht und kostete mehr als eine Stunde und mehr als ein Trinkgeld, bis es mir möglich wurde, jemand von der Zeppelingesellschaft zu finden und zu erfahren, ob und wann das Luftschiff morgen fahren werde. Dann hatte ich meinen Bescheid, zog mich zurück und sah im Stillen noch eine Weile mit Vergnügen dem farbigfrohen Gartenleben zu. Ein Tourist zog mich ins Gespräch, und wir redeten, wie das in Friedrichshafen unvermeidlich ist, vom Grafen Zeppelin und von seinen Luftschiffen. Dabei kamen wir auch auf die Angriffe zu sprechen, die [Maximilian] Harden gegen den Grafen gerichtet hat, das heißt, der Fremde sprach davon, und ich hörte zu, denn ich ver-

Das Luftschiff »Schwaben« über dem See bei Friedrichshafen.

stehe von technischen Dingen recht wenig. Doch sah ich mir anderntags einen der Harden'schen Artikel näher an und war geneigt, ihn nicht ganz ernst zu nehmen, da er offenbar im Einzelnen manche Irrtümer zu hegen schien. Unter andrem scheint er der Ansicht zu sein, die Luftschiffhüllen der Zeppelins seien immer noch, wie vor Jahren, aus Aluminium, und er führt die Aluminiumhülle eigens als ein Beweisstück an, während doch die neueren Luftschiffe Hüllen aus Seidenstoff haben. Indessen mag es dahingestellt sein, wie weit diese Irrtümer gehen; mich gehen sie nichts an, und ich hatte meinen Spaß an dem Touristen, der zu den Leuten gehörte, die aus Mangel an einer eigenen Meinung sich der Gründlichkeit hingeben. Er wußte jede Kleinigkeit zu nennen, die für Harden sprach, und jede, die dem Grafen zugute kam, und so ging seine Belehrung mit »einerseits« und »anderseits«, mit »trotzdem« und »hingegen« weiter wie die Kritik eines fleißigen Rezensenten, der nicht Geschmack und Persönlichkeit genug hat, um ein Buch mit Klarheit zu loben oder zu tadeln, und statt dessen mit Vorsicht und viel Kenntnissen zwischen Ja und Nein hin und wider schwimmt.

Am Schlusse bekannte sich indessen der Fremde wenigstens ehrlich und eindeutig zu dem sehnlichen Wunsche, einmal in einem solchen Luftschiffe fahren zu dürfen, und seufzte resigniert darüber, daß dies einstweilen nur hohen Herrschaften oder reichen Leuten möglich sei. Da war es nun

Hermann Hesse, 1909. Radierung von Karl Bauer.

an mir, mich überlegen und bedeutend zu fühlen, und ich tat es auch, doch ohne dem Manne zu sagen, daß ich selber morgen im »Zeppelin« werde fahren dürfen. Ich wollte ihn nicht ohne Not neidisch machen, und auch dem Geschick nicht vorgreifen, denn im Stillen mißtraute ich immer noch und war darauf gefaßt, daß möglicherweise das Wetter und andre Umstände mich doch noch um die Fahrt betrügen könnten.

Als ich indessen am nächsten Sonntagmorgen, nach Möglichkeit gebürstet und geglättet, auf der in aller Frühe schon heißen Fahrstraße zur Ballonhalle hinauswanderte, schnurrte über mir schon prächtig das Riesenspielzeug dahin, von seiner ersten Frühfahrt zurückkehrend, und es war ein merkwürdig erregender Anblick, auf dem weiten, mit sonntäglichen Gästen erfüllten Felde das Ungeheuer niedersinken und endlich gefesselt zu sehen.

Es dauerte nicht lange, so konnten wir einsteigen, eine bequeme kleine Holztreppe hinan, und merkwürdigerweise war dabei gar kein neues und fremdes Gefühl, weder Erregung noch Bangen, sondern es war die einfachste und vergnüglichste Sache von der Welt, da einzusteigen und in der eleganten, luftigen Kabine auf den behaglichen Rohrstühlen Platz zu nehmen, wo man saß wie in einem sehr bequemen Speise- oder Aussichtswagen. Die Arbeiter waren emsig an den Seilen beschäftigt, die vielen Zuschauer drängten sich neugierig um das Schiff, Touristen mit Gemsbärten am Hut und sonntägliche Radfahrer betrachteten sich das Ereignis, und wir Passagiere saßen stolz und kühl in unsrer Kabine. Die Sonne brannte freudig auf den dürren Rasen und flimmerte auf dem weiten See, gerade vor mir standen zwei Offiziere, die die letzte Fahrt mitgemacht hatten, und ihre Epauletten blitzten in der Sonne.

Aber plötzlich stieg das Schiff empor, und die beiden Offiziere wurden klein und begannen merkwürdig auszusehen, am Ende sah ich von ihnen nichts mehr als die runde Oberfläche der Mützen, die blanken Achselstükke und darunter die Spitzen der Schuhe, und als ich rasch aufstehend mich über die Brüstung beugte, entwich unter uns die Erde und ich hatte vom ersten Augenblick an nicht mehr das Gefühl, etwas mit ihr zu tun zu haben und zu ihr zu gehören. Die Menschenmenge wurde klein und komisch, die Stadt Friedrichshafen wurde erstaunlich übersichtlich und niedlich, auch die riesige Ballonhalle sank zu einem belanglosen Fleck zusammen. Dafür aber ging uns das Reich der Lüfte auf, und die Welt wurde erstaunlich groß und weit, wir sahen nahe und ferne Städte still um den See ste-

Der Zeppelin über dem Untersee.

hen, der auch an Größe verlor, und die großen Zusammenhänge der Landschaft, die Formen der Ufer, das Niedersinken der Berge von den Arlberger und Graubündner Alpen über die Vorberge und Uferhügel hinweg wurden klar, der Rhein war keine Vedute mehr, sondern in seiner Größe, Bedeutung und Geschichte zu übersehen weit hinauf, und bis zur Mauer der hohen Gebirge hin ordnete sich und klärte sich die mir seit Jahren wohlvertraute Gegend so überraschend und einfach, wie manchmal einem Studierenden nach langer Kleinarbeit ganz plötzlich Gefüge und Zusammenhang der Dinge sichtbar wird.

Wir flogen mit einer Schnelligkeit, die wir nur am eilig dahinrasenden Schatten des Luftschiffes annähernd schätzen konnten, über den See gegen Bregenz hin, über Wasserburg, Bad Schachen und Lindau weg, und waren plötzlich schon in Bregenz. In der Kabine war trotz der weiten, nicht verglasten Fenster kaum eine Spur von Luftzug zu bemerken, sobald man indessen Kopf oder Hände aus dem Fenster steckte, brauste die Luft wie ein Sturmwind vorüber. Unter uns wich nun der See, mit seichtem, wildem Binsenufer und sumpfigen Öden, und wir fuhren über Land, sahen Dächer und Höfe, Menschen und Tiere in wunderlicher Verkürzung, an die sich doch das Auge seltsam rasch gewöhnte, und hörten und sahen die Begrüßungen, mit denen überall das sonntägliche Volk seine Neugierde, Freude und Verwunderung kundgab. Mir fiel auf (obwohl bei einer solchen ersten Fahrt kaum eine Beobachtung aufkommt, nur wohliges Dahinschweben und rechenschaftslose Reiselust), mir fiel auf, wie alle Tiere ohne Ausnahme auf das Luftschiff reagierten, und alle mit Schrecken und Furcht. Ein Feldhase rannte in wahnsinniger Angst davon, einerlei wohin, und beschrieb die seltsamsten Kurven und Ovale, bis er sich in einem Bohnengarten verkroch. Die Vögel, auch die Habichte, flohen ebenfalls geängstigt davon, die Hunde bellten wütend oder zogen die Schwänze ein, und die Hühner waren ganz außer sich. Wir in der Kabine fanden uns vom Lärm der Maschine gar nicht belästigt, hie und da bei seitlichem Wind ein flüchtiger Benzingasgeruch war alles, von Vibration kaum eine leise Spur.

Und während unsre Propeller schnurrten, fuhren wir durch das sonnige Rheintal hinauf, der Kamor und der Hohe Kasten und viele andre vertraute Berge standen mächtig im strahlenden Licht. Während unten im fruchtbaren Stromtal die Sonne glühend auf die Reben brannte, flogen wir kühl und gelassen in der Höhe dahin, blickten senkrecht in den Rhein, in Dörfer, Klöster, Städtchen hinab, schauten seitwärts in kühle grüne Waldtäler und steile, enge Felstäler hinein und fuhren in kaum einer Stunde bis über Feldkirch hinaus. In Feldkirch standen die alten Häuser mit den Lauben seltsam verkürzt, den schönen, alten Festungsturm sah ich so direkt von oben, daß nur das runde, braune Dach wie ein Teller zu sehen war, und eine kleine Kapelle auf einem Hügel im Felde war so in der Perspektive verkürzt, daß ich ihre Form nur an dem großen Schatten erkennen konnte, der lang und spitz wie der Zeigerschatten einer Sonnenuhr neben ihr lag.

Wenn der Deutsche sich sehr erhoben fühlt, so trinkt er Sekt, und Sekt war auch im Luftschiff zu haben und wurde hübsch und nett serviert, und er war auch sehr gut, aber ich fand diese Beigabe doch als das einzige Stillose und Entbehrliche an der Fahrt.

Die Rückfahrt ging noch rascher, mit drei Motoren, und es war mir und uns allen viel zu früh, als wir nach zwei Stunden wieder über die Halle schwebten und vom Ameisengewimmel der Arbeiter empfangen wurden, die die ausgeworfenen Seile fingen und festhielten. Dabei flogen wir dicht über den Wipfeln eines Föhrenwäldchens hin und scheuchten noch einen Bussard auf.

Ich verstehe nichts von der Technik, und ich weiß nicht, wie weit es Graf Zeppelin noch bringen wird. Ich schließe die Augen und fühle wieder das schwebend leichte, weiche Reisen durch die Luft, ich genieße wieder den Anblick der weit erschlossenen Landschaft und das Gefühl des Draußenseins aus allen irdischen Kleinigkeiten; und ich weiß gewiß: sobald ich wieder Gelegenheit finden werde, zu fliegen, werde ich es mit tausend Freuden tun. *(1910)*

Werbeplakat zur ersten deutschen Luftfahrt-Ausstellung, die Hesse im Oktober 1909 in Frankfurt am Main besucht hat.

Hermann Hesse lernte damals autodidaktisch Englisch, um sich auf seine im September geplante Asienreise vorzubereiten. Das erste Ergebnis dieser Studien war das nachfolgende Briefchen an seinen Vater:

Dear father, Gaienhofen, 28. Juli 1911

last Sunday I was at Friedrichshafen, following to an invitation of the Zeppelin society, and I took a drive in the new airship »Schwaben«. I was two hours in the air, over Lindau and Bregenz, till up to Feldkirch, by the finest weather, and I was very astonished to see how comfortably the drive was effected. One has no uneasiness neither or other sensations and it seemed to me the best manner of travelling. I would like to drive in this way to India! Now my english acquirements are exhausted.[1]

1 »Am letzten Sonntag war ich auf Einladung der Zeppelin-Gesellschaft in Friedrichshafen und flog mit dem neuen Luftschiff ›Schwaben‹. Bei bestem Wetter war ich zwei Stunden lang in der Luft über Lindau und Bregenz bis hinauf nach Feldkirch und sehr überrascht, wie komfortabel der Flug war. Man empfindet dabei weder Unbehagen noch andere Aufregungen, und es schien mir die beste Art, unterwegs zu sein. Gerne würde ich auf diese Weise nach Indien reisen. Nun sind meine Englischkenntnisse erschöpft.«

Globetrotter

Wieder mit geraffter Schleppe
Eine fremde blasse Frau
Auf der steilen Landungstreppe,
Und dahinter kühl und blau
Fremder Himmel, Meeresweite,
Möwenflug und frischer Wind,
Felsgebirge steil zur Seite,
Das im Licht verrinnt.

Wartend stehn wir am Geländer,
Niemand, der uns Abschied winkt,
Fahnen wehn und Farbenbänder,
Grelle Blechmusik erklingt.

Taue fallen – sieh, wir fahren!
Und das lichte Land entweicht,
Frische Seeluft in den Haaren
Und im Schleier streicht.

Unten klingen Heimatlieder,
Hundert helle Tücher wehn;
Ohne Lächeln sehn wir wieder,
Was wir oft gesehn.

Kellner eilen, Sprachen schwirren,
Flüche drohen, Schlösser klirren;
Dort verstauen die Matrosen
Das Gepäck der Heimatlosen.

Sommerbriefe

I.

Sehr geehrter Herr Hesse!
Ich schreibe Ihnen diesmal aus dem Gebirge, elfhundert Meter hoch, und Sie müssen es mir recht hoch anrechnen, daß ich mich bei dieser maßlosen Hitze zum Korrespondieren entschließe. Aber ich möchte Ihnen doch wenigstens für Ihren letzten Brief Dank sagen. Einig werden wir wohl niemals werden, ja ich fürchte, Ihre Idiosynkrasie gegen uns arme Schullehrer gehe so weit, daß Sie eine solche Einigkeit zwischen uns gar nicht für wünschenswert halten.

Genug von diesen Dingen! Es ist jetzt Sommer und Ferienzeit, da sollen alle diese Fragen ruhen. In einem aber fühle ich mich mit Ihnen und mit jedermann von Herzen einig, nämlich im Erstaunen über die wahrhaft höllische Hitze dieses Sommers. Sogar hier in den Bergen lähmt dieser Sonnenbrand alle Kraft und Unternehmungslust, und noch schlimmer ist es für die armen Landleute, für die ja auch Sie immer ein Herz hatten. Ein Vetter von mir, der für die »F.er Neuesten Nachrichten« arbeitet, hat vorgestern ausgerechnet, daß allein in Schwaben und Franken die diesjährige Trockenheit einen Schaden von annähernd vier Millionen verursacht hat, beziehungsweise zu verursachen im Begriffe ist, denn noch könnte ein ausgiebiger Regen vieles retten. Doch scheint man darauf leider nicht zu rechnen, und so wollen wir uns eben in Geduld darein finden. Ich tröste mich mit Ihnen, der Sie es an Ihrem Bodensee ja noch weit heißer haben. Freilich haben Sie dafür auch die schöne Badegelegenheit!

Es ist ein wahrer Jammer, bei jedem kleinen Ausflug die Klagen der so schwer geschädigten Bauern mit anzuhören. Unsereiner, der sich so lang aus der Stadthitze heraus aufs Land gesehnt hat, ist immer geneigt, die Landleute zu beneiden; aber dies Jahr tun sie einem tatsächlich leid. Gestern zeigte mein Hauswirt mir zwei schöne junge Pflaumenbäume, die am Absterben sind, und mit dem Futter steht es natürlich ganz traurig. Die Natur ist eben, trotz aller anthropozentrischen Vorstellungen, grausam und hat andere Zwecke als menschliche.

Ich würde mich freuen, gelegentlich wieder von Ihnen zu hören, und verbleibe mit den besten Grüßen Ihr alter, Ihnen trotz allem gewogener Gegner

Julius Knayer.

II.

Sehr geehrter Herr Oberlehrer!
Danke schön für Ihren lieben Brief. Schade um die zwei jungen Pflaumenbäumchen! Doch wird Ihr Hauswirt den Schaden wohl verschmerzen können, da er bei dem Prachtwetter gewiß das Haus voll von Sommerfrischlern hat.

Leider muß ich nun gestehen, daß Ihr freundlicher Brief mich, wie fast alle Ihre werten Äußerungen, wieder lediglich zur Kritik und direktem Widerspruch reizt. Daß die Natur grausam sei, habe ich auch schon sagen hören, doch ist gerade das doch wohl eine typisch anthropozentrische Auffassung, und daß die Natur irgendwelche Zwecke habe, glaube ich auch nicht. Sie existiert, sie ist da und ist tätig, und wir gehören dazu und sind immer dann ganz sicher auf dem Holzweg, wenn wir uns über »die Natur« Gedanken machen und sie als etwas Fremdes und Feindliches empfinden.

Lieber Herr Oberlehrer, ich weiß, wie viel Sie von Ihrem Herrn Vetter halten, und ich zweifle nicht, daß er Verdienste hat. Aber seine Schadenberechnungen imponieren mir keineswegs. Voriges Jahr hat er, der Nässe wegen, noch viel größere Schadenssummen ausgerechnet, also müßte doch dieses Jahr ein kleiner Überschuß da sein? Aber Ihr Vetter rechnet eben nach Normaljahren, die es nirgends gibt als in seinem Kopf oder Notizbuch, und das halte ich für ganz willkürlich und irreführend. Daß der Hitze wegen manche Bäume und Felder nichts tragen, die sonst vielleicht auch nichts getragen hätten, ist ja nicht gar so schrecklich. An meinem Hause ist heute ein Automobil vorbeigefahren, aus dem ganz gut ein reicher Amerikaner hätte aussteigen, mich als entfernten Vetter begrüßen und mir ein Geschenk von zweihundert Talern hätte machen können. Da niemand ausstieg, habe ich also heute einen Schaden von zweihundert Talern erlitten, den Staub im Garten gar nicht gerechnet.

Sehen Sie, wir werden trotz Ihrer freundlichen Bemühungen immer »Gegner« bleiben. Nicht weil Sie Lehrer sind; denn ich kenne recht viele Lehrer, die ich hochschätze und mit denen ich sehr gut befreundet bin. Sondern aus ganz anderen Gründen. Zum Beispiel vor allem aus dem Grunde, weil Sie immer und immer etwas zu klagen und anzukreiden haben. Sie haben sich seit Monaten mit Inbrunst schönes Wetter für Ihre Sommerferien gewünscht, und nun, wo dieser Wunsch so glänzend in Erfüllung gegangen ist, wissen Sie nur zu klagen. Wenn Sie ausgehen, sehen Sie nur verbrannte Wiesen und eingehende arme Obstbäume oder Kartoffelstauden. Sehen Sie nicht auch Berge und Gletscher, Bachtäler und Felswände?

Der Untersee bei Öhningen.

Und sehen Sie die nicht klarer und leuchtender und farbiger, als irgendjemand sie seit Jahren gesehen hat? Aber davon sagen Sie nichts. Und Sie treffen immer Leute an, die zu klagen haben und unzufrieden sind! Mag der Bauer mit seinen Pflaumen und seinen Futterwiesen recht haben! Aber sehen Sie nicht auch Kranke, die der Sonne herzlich froh sind, Kinder, die sich der glänzenden Ferienzeit mit Jubel freuen, Käfer und Schmetterlinge, Eidechsen und andere Sonnenfreunde, die dies Jahr glänzender und schöner sind und ihres kurzen Lebens froher als je?

Ich muß sagen, mir macht dieser warme Sommer eine mächtige Freude, obwohl ich nicht in den Bergen sitze, sondern hier unten, und obwohl ich jeden lieben Tag ein paar Stunden lang im Garten Wasser tragen muß, was bei der Wärme nicht leicht fällt. Dafür hat man doch einmal warm und hell, wie es zum Sommer gehört! Ich gestehe, mir ist schon ein wenig bang auf den Herbst, und da ich nun einmal so schön durchgesonnt bin und mich an Licht und Wärme gewöhnt und verwöhnt habe, fällt mir der Abschied davon schon im voraus so schwer, daß ich beschlossen habe, mich darum zu drücken und im September durchs Rote Meer nach Ceylon und Sumatra zu fahren.

Sie werden nun wieder finden, das sei lauter Widerspruchsgeist bei mir. Aber es ist doch nicht so, wenn ich schon eine gewisse Freude daran habe, Sie immer und immer wieder auf der Seite der Opposition zu sehen und so in einer Art von Antipodenverhältnis zu Ihnen zu stehen. Sehen Sie, Sie stehen immer da, wo getadelt und geklagt wird. Sie sehen nicht den strahlenden Gletscher, sondern den verdorrenden Kartoffelakker, und Sie geben nicht den frohen Kindern, Touristen und Schmetterlingen recht, sondern dem wehklagenden Bauer und Ihrem gescheiten, gefährlichen Vetter! Und meine Meinung vom Leben ist nun einmal die, daß es besser ist, da zu stehen, wo die Kinder und Schmetterlinge stehen, daß es besser ist, das Leben und die Natur überall im Recht zu sehen und überall zu billigen, auch wo es mir einmal über die Finger geht. Ich habe auch Nerven, und ich seufze manche Nacht gewaltig, wenn Hitze und Schnaken mich nicht zu Schlaf kommen lassen; aber ich suche nicht, aus meiner Schwäche ein System zu machen und aus meinen Beschwerden Stoff zu Anklagen gegen die Natur. Ich tue das nicht aus Moral oder aus irgendeiner Theorie, sondern weil das Gegenteil keinen Wert hat, weil wir die Natur doch nirgends beeinflussen können. Das einzige, was der Mensch vielleicht ein wenig beeinflussen und regieren kann, ist sein Wille, obwohl auch das ja bezweifelt werden kann. Aber jedenfalls suche ich mein bißchen etwaiger Freiheit dazu anzuwenden, den Willen der Natur zu meinem zu machen und mir einzubilden, es geschehe mit meinem Willen, wenn es schneit oder heiß ist. Ich kämpfe nicht gegen das, was über meinen Kopf hinweg die Natur tut und läßt, sondern gegen das, was in mir selber dieser ewigen Natur widersprechen und mir dadurch das Leben erschweren will. Und das ist der Punkt, auf dem wir auch in Schul- und Erziehungsfragen nie einig werden können. Ich gestehe dem Menschen jedes erdenkliche Recht wider die Natur zu, er darf sie benützen, überlisten, auf seine Mühlen lenken, aber ich finde es schade und töricht, wenn er sein bißchen Geist und Freiheit dazu benützt, sie anzuklagen oder anzuzweifeln oder sich sonst irgendwie theoretisch zu ihr zu stellen. Ich habe vor pessimistischen Philosophien, wenn sie schön und großzügig sind, denselben Respekt wie vor andern, als vor schönen und imponierenden Leistungen des Geistes, aber ich habe für praktischen Pessimismus gar keine Achtung. Sie leiden an diesem Pessimismus, und

Sie sind darum nie zufrieden, weil Ihr schöner großer Beruf eigentlich als Voraussetzung gerade das Gegenteil brauchte.

Von Sumatra aus schicke ich Ihnen wieder einmal einen Gruß. Ich weiß nicht, wie es mir dort gehen wird; aber ich habe den Willen, auch dort möglichst zu allem ja zu sagen und möglichst überall zu bleiben

Ihr ergebener, doch konsequenter Gegner.

(1911)

Sommerwanderung

Weites, goldnes Ährenmeer
Wogt im Wind auf reifen Stengeln.
Hufbeschlag und Sensendengeln
Klingen fern vom Dorfe her.

Warme, düfteschwere Zeit!
Zitternd in der Sonne Gluten
Wiegen sich die goldnen Fluten
Reif und schon zum Schnitt bereit.

Fremdling, der ich ohne Pfad
Suchend pilgere auf Erden,
Werd ich reif befunden werden,
Wenn auch mir der Schnitter naht?

Wieder im Studierzimmer

Vor ein paar Tagen bin ich von Genua über den verschneiten Gotthard hergefahren, vor einer Woche saß ich noch in einem kühlen, ungeheizten Theater in Neapel und hörte Verdis »Forza del destino«, und in der Nacht sah ich still und bedrückt ein paar tausend arme schöne Burschen aus Oberitalien als Soldaten für Tripolis einschiffen. Ein paar Tage weiter zurück, da sah ich noch die Sonne hinter den kahlen Sandhügeln des Suezkanals glühend untergehen und morgens über dem Sinaigebirge hervorkommen, und wieder eine gute Woche weiter zurück, da stieg ich noch im weißen Leinenkleid und Tropenhelm in den Bergen von Ceylon herum und fing große Schmetterlinge und brach schöne, duftende Veilchen ab in einer Höhe von zweitausend Metern. Und nun sitze ich, als müßte es so sein, wieder in meinem Studierzimmer am Bodensee, der grüne Kachelofen brennt mächtig, im Erdgeschoß lärmen die Buben und vor den Fenstern tränt die neblige Landschaft, und ich muß sagen, es gefällt mir nicht. Das Wohnen in unsern Breitegraden, wo es zu Zeiten morgens acht Uhr noch Nacht ist und abends bald nach vier Uhr wieder Nacht wird, scheint mir eine üble Entgleisung der menschlich-natürlichen Instinkte, und das Sitzen am Ofen, am Schreibtisch und an der Schreibmaschine scheint mir eine entartete und notdürftige Beschäftigung für entartete Menschen.

Während ich draußen in der sonnigen indischen Welt herumlief und mir wenig Sorgen machte, stieg in meinem verlassenen Studierzimmer ein Berg von Drucksachen und Bücherpaketen an, und als ich heimkam, fiel er eben um und warf sich mir wie eine graue Lawine entgegen. Ehe ich nun wieder mit einigem Behagen hier sein und sitzen und arbeiten kann, muß ich diesen Berg abtragen und wegschaffen, und die Hälfte von der Masse war denn auch schon nach zwei Tagen verschwunden und erledigt, denn die Drucker drucken vielerlei, woran man sich nicht die Augen und das Gemüt zu verderben braucht. Hingegen drucken sie auch andres, und einiges davon hat mir trotz des Heimkehrkatzenjammers alsbald in die Augen gestochen und Freude gemacht, so daß ich meinen Freunden davon erzählen möchte. Denn es ist nicht anders, in dieser betrübten Nebel- und Winterszeit bleibt uns entarteten Nordländern kaum ein besserer Trost als das Lesen schöner Bücher.

Vielleicht am meisten hat mich eine neue Ausgabe des alten, herrlichen Johann Peter Hebel gefreut, die der Tempelverlag in Leipzig gemacht hat und die von Emil Strauß besorgt sein soll. Ich konnte nun das, so gut ich Strauß kenne und so herzlich ich ihn hochschätze, nicht gleich erkennen, bis ich am Schluß des schönen Bandes, der außerdem sehr billig ist, die Notizen zu Hebels Leben fand, in denen einige Sätze stehen, die nur von Strauß sein können. So ist denn der größte alemannische Dichter von ehemals vom größten heutigen geehrt und betreut worden, und in dem Buch treffen zwei Köpfe zusammen, auf die man zwischen Basel und Pforzheim stolz sein darf. Daß Hebel ein großer Dichter und vor allem einer der allergrößten deutschen Geschichtenerzähler gewesen ist, steht zwar da und dort in Literaturgeschichten, die niemand liest, angedeutet, ist aber meines Wissens gar nicht allgemein bekannt. Wir können neben ihm fast alle berühmten Geschichtenbücher von heute einpacken und uns schämen, daß wir alle das neue Zeug lieber und eifriger lesen als diese bewährten und unvergänglichen Sachen.

Sodann sind zwei neue Bände von Brehms Tierleben herausgekommen, in der neuen, großen, ganz und gar umgearbeiteten Ausgabe, mit wundervollen Bildern. Da finde ich mit Vergnügen meine Nashornvögel, Adler und Eisvögel von Sumatra wieder, und es fällt mir dabei der große alte Adler ein, den wir neulich am Ufer des Oganflusses erlegen wollten. Er saß ganz nahe, frei auf dem äußersten Ast eines Kapokbaumes, und war kinderleicht mit der Kugel zu holen; wir hatten aber nur ein altes holländisches Militärgewehr aus den fünfziger Jahren mit, das noch keiner von uns probiert hatte. Da schoß ich als erster eine von den lächerlich dicken Kugeln auf den stillen Adler und schoß vorbei; der Vogel flog träge auf, schaute um sich und nahm ein paar Meter weiter links wieder Platz. Hier belästigte ihn mein Freund mit einer zweiten Kugel, und wieder rückte er gutmütig nur um ein paar Ellen weiter auf seinem Baum. Wir schossen noch einmal, und erst jetzt, beim dritten Schuß, wurde es dem großen Vogel doch zu lärmig, er flog auf und verschwand schön und feierlich über dem Urwald. Diese und tausend Erinnerungen, von den ersten Käfern und Schmetterlingen der frühen Knabenzeit an, vom ersten Angeln im Bach bis zu den Reisen von gestern, ruft der Brehm in mir wach, und nebenbei belehrt er mich leicht und freundlich und hilft mir weiter auf dem schönen, schweren Weg der Erkenntnis und des Verständnisses für alles Lebende.

Das dritte Buch, das mir wie ein Goldfund aus dem Haufen entgegenlachte und das ich allen ernsten Menschen als Festgabe wünsche, ist die Biographie des Berner Malers Stauffer von (Otto) Brahm, die bisher merkwürdig wenig bekannt war und die der Verlag Meyer und Jessen in Berlin schön und gut wieder gedruckt hat. Das Buch, dessen schönster

Teil Stauffers Briefe sind, stellt das große, tragische Schicksal eines reinen, glühenden Künstlers dar und gibt über das Wesen der Kunst und das Wesen des Genies klareren Bericht als alle Ästhetiken und Psychologien der Welt.

(1911)

Februarabend

Bläulich dämmert am Hügel hinab zum See
Matten Schimmers im Schmelzen der weiche Schnee.
In den Nebeln gestaltlos wie bleiche Träume
Schwimmen vielästige Kronen erstorbener Bäume.

Aber durchs Dorf, durch alle schlummernden Gassen
Wandelt der Nachtwind, schlendert lau und gelassen,
Rastet am Zaun und läßt in den dunklen Gärten
Und in den Träumen der Jugend Frühling werden.

Das verlorene Taschenmesser

Gestern habe ich ein Taschenmesser verloren und habe dabei die Erfahrung gemacht, daß meine Philosophie und Schicksalsbereitschaft auf schwachen Füßen stehen, denn der kleine Verlust hat mich unverhältnismäßig betrübt, und ich bin auch heute noch mit meinen Gedanken bei jenem verlorenen Messer, nicht ohne mich selbst wegen solcher Sentimentalitäten auszulachen.

Es ist ein schlechtes Zeichen, daß der Verlust dieses Messers mich so betrüben konnte. Es gehört zu meinen Schrulligkeiten, die ich wohl kritisieren und bekämpfen, nicht aber völlig abtun kann, daß ich an Dingen, die ich eine Weile besessen, mit großer Anhänglichkeit festhalte, und es ist mir jedes mal ein Unbehagen, zuweilen sogar ein kleiner Schmerz, wenn ich mich von einem lang getragenen Kleide oder Hut oder Stock trennen muß oder gar von einer Wohnung, in der ich lange gewohnt habe, um von schlimmeren Trennungen und Abschieden ganz zu schweigen. Und jenes Messer gehörte nun zu den ganz wenigen Gegenständen, die bisher die Veränderungen meines Lebens überdauert und mich durch alle Wechsel jahrzehntelang begleitet haben.

Zwar besitze ich noch einigen geheiligten Trödel aus fernerer Vergangenheit, einen Ring meiner Mutter, eine Uhr meines Vaters, ein paar Photographien und Andenken aus meiner frühen Kinderzeit, aber alle diese Dinge sind ja eigentlich tot, sind Museum, liegen im Schrank und werden kaum alle Jahre einmal betrachtet. Das Messer aber ist viele Jahre lang ein beinahe täglich gebrauchtes Ding gewesen, ich habe es viele tausend Male in meine Tasche gesteckt, aus der Tasche gezogen, es zu Arbeit und Spielerei benützt, habe es hundertmal mit dem Abziehstein nachgeschliffen, habe es in früheren Zeiten mehrmals verloren und wiedergefunden. Es war mir lieb, dies Messer, und es ist wohl eines Klageliedes wert.

Es war kein gewöhnliches Taschenmesser – deren habe ich in meinem Leben sehr viele besessen und verbraucht. Es war ein Gartenmesser, eine einzige, sehr starke, halbmondförmig gebogene Klinge in festem, glattem Holzgriff, kein Gegenstand des Luxus und der Spielerei, sondern eine ernste, solide Waffe, ein gediegenes Werkzeug von uralter, bewährter Form. Diese Formen stammen aus den Erfahrungen der Väter, aus hundert und tausend Jahren her, und sie widerstehen oft lange dem Ansturm der Industrie, welche den Ehrgeiz hat, an Stelle dieser bewährten Formen unbewährte, neue, sinnlose und spielerische zu setzen, denn die Industrie baut ihre Existenz darauf, daß der moderne Mensch die Gegenstände, mit denen er arbeitet und spielt, nicht mehr liebt und sie leicht und häufig wechselt. Wenn, wie in alten Zeiten, jeder Mann ein einziges mal in seinem Leben sich ein starkes, gutes, edles Messer kaufen und es sorgfältig bis zu seinem Tode bewahren würde, wo blieben da die Messerfabriken? Nein, heute wechselt man Messer und Gabel, Manschettenknopf und Hut, Spazierstock und Schirm alle Augenblicke, es ist der Industrie gelungen, alle diese Dinge der Mode zu unterwerfen, und von diesen Modeformen, die für eine Saison berechnet sind, kann man ja wohl nicht verlangen, daß sie die Schönheit, Lebendigkeit und Richtigkeit der uralten, bewährten, echten Formen haben sollen.

Des Tages, an welchem ich den Besitz meines schönen sichelförmigen Gartenmessers antrat, kann ich mich noch wohl entsinnen. Ich war damals sehr auf der Höhe, in jeder Hinsicht, und fühlte mich dementsprechend. Ich war seit kurzem verheiratet, ich war der Stadt und dem Gefängnis eines Brotberufes entronnen und saß unabhängig und nur mir selber verantwortlich in einem schönen Dorf am Bodensee, ich hatte Erfolg mit Büchern, die ich schrieb und die mir sehr gut schienen, ich hatte auf dem See ein Ruderboot schwimmen, meine Frau erwartete ihr erstes Kind, und nun ging ich eben an eine große Unternehmung, deren Wichtigkeit mich ganz erfüllte: an den Bau eines eigenen Hauses und die Anlage eines eigenen Gartens. Der Boden war schon gekauft und die Maße abgesteckt, und wenn ich über das Grundstück ging, empfand ich manchmal feierlich die Schönheit und Würde dieses Tuns, es schien mir, dass ich da einen Grundstein für alle Zeiten lege und für mich, meine Frau und meine Kinder hier eine Heimat und Zuflucht gründe. Die Hauspläne waren fertig, und der Garten nahm in meiner Vorstellung allmählich Gestalt an, mit dem breiten langen Mittelweg, dem Brunnen, der Wiese mit den Kastanienbäumen.

Damals, ich mochte so gegen dreißig Jahre alt sein, kam eines Tages ein schweres Frachtstück für mich mit dem Dampfer an, und ich half es vom Landungssteg mit heraufschleppen. Es kam von einer Gartenbaufirma und enthielt lauter Gartenwerkzeuge: Spaten, Schaufeln, Pickel, Rechen, Hacken (unter denen namentlich die mit dem Schwanenhals mich sehr entzückte) und manche andere solche Dinge. Dazwischen lagen, sorgfältig in Lappen eingeschlagen, einige kleinere und zartere Gegenstände, die ich mit Freude enthüllte und besichtigte, und unter ihnen war auch das krumme Messer, das ich sogleich öffnete und prüfte. Blank funkelte mir sein neuer Stahl entgegen, hart und straff sprang die Rückenfeder, und die vernickelten Heftbeschläge blitzten. Damals war es ein kleines Anhängsel, ein winziges Nebenstück meiner Einrichtung. Ich dachte nicht, daß einmal dies Messer von all meinem schönen jungen Besitz, von Haus und Garten, Familie und Heimat das einzige kleine Stück sein würde, das noch mir gehörte und bei mir blieb.

Es dauerte nicht lange, so schnitt ich mir mit dem neuen Messer beinahe einen Finger ab, die Narbe trage ich noch heute. Und inzwischen war der Garten angelegt und bepflanzt, das Haus gebaut, und viele Jahre lang war das Messer mein Begleiter, sooft ich in den Garten ging. Ich habe mit ihm meine Obstbäume beschnitten und Sonnenblumen und Dahlien zu Sträußen abgeschnitten, habe Peitschenstiele und Pfeilbögen für meine kleinen Söhne damit geschnitzt. Täglich, mit Ausnahme kurzer Reisezeiten, brachte ich einige Stunden im Garten zu, den ich alle die Jahre hindurch selbst besorgt habe, mit Graben und Pflanzen, Säen und Begießen, Düngen und Ernten, und in den kühleren Jahreszeiten hatte ich stets ein Feuerlein in einer Gartenecke brennen, wo Unkraut und alte Wurzelstöcke und Abfall jeder Art zu Asche gebrannt wurden. Meine Söhne waren gern dabei, steckten ihre Gerten und Schilfrohre ins Feuer, brieten Kartoffeln und Kastanien darin. Dabei fiel mir einmal das Messer ins Feuer, und am Heft entstand ein kleiner Brandfleck, den es von da an trug und an dem ich es aus allen Messern der Welt heraus gekannt hätte.

Es kam eine Zeit, da reiste ich viel, denn es war mir nicht mehr so sehr wohl in dem hübschen Hause am Bodensee. Ich ließ oft meinen Garten stehen und fuhr in der Welt herum, als hätte ich irgendwo die Hauptsache liegen lassen und vergessen, ich fuhr bis nach dem hintersten Südosten von Sumatra und sah die großen grünen Schmetterlinge im Dschungel schimmern. Und als ich zurückkam, da wurde meine Frau mit mir einig, daß wir unser Haus und Dorf verlassen wollten. Es zeigte sich, daß für die heranwachsenden Söhne Schulen nötig waren und manches andere, und wir sprachen viel darüber. Aber darüber sprach ich mit niemand, daß das Hierbleiben eben seinen Sinn verloren hatte und daß mein Traum von Glück und Behagen in diesem Hause ein falscher Traum gewesen war und begraben werden mußte.

In einem herrlichen alten Garten mit gewaltigen uralten Bäumen, nahe bei einer schönen Schweizer Stadt, mit dem Blick auf die nahen feierlichen Schneeberge, zündete ich meine gewohnten Herbst- und Frühlingsfeuer wieder an, und wenn das Leben mir weh tat und auch an diesem neuen Ort vieles so schwierig ging und so verstimmt klang, dann suchte ich die Schuld bald hier, bald dort, oft auch im eigenen Herzen, und wenn ich mein starkes Gartenmesser betrachtete, dachte ich an Goethes vorzügliche Anweisung für sentimentale Selbstmörder, sich den Tod nicht allzu bequem zu machen, sondern ihn sich durch Heroismus zu verdienen und sich zumindest mit eigener Hand das Messer ins Herz zu stoßen. Und das konnte ich so wenig wie Goethe.

Es kam der Krieg, und nun dauerte es nicht mehr lange, bis ich die Gründe meiner Unzufriedenheit und Melancholie nicht mehr weit zu suchen brauchte, sondern sie klar erkannte und wußte, daß da nichts zu heilen war und daß die Hölle dieser Zeit zu durchleben trotz allem eine gute Kur gegen eigensüchtige Schwermut und Enttäuschung sei. Es kamen Zeiten, wo ich mein Messer wenig mehr brauchte, es war allzu viel andere Arbeit zu tun. Und es kam so allmählich alles ins Rutschen, zuerst das Deutsche Reich und sein Krieg, dem vom Ausland her zuzuschauen damals eine Qual ohnegleichen war. Und als der Krieg zu Ende war, da war auch in meinem Leben allerlei gewendet und verändert, ich besaß keinen Garten und kein Haus mehr und mußte mich auch von der Familie trennen und mußte Jahre der Einsamkeit und Besinnung antreten und durchkosten. Da saß ich oft, in den langen, langen Wintern der Verbannung, im kalten Zimmer vor dem kleinen Kamin, verbrannte Briefe und Zeitungen und schnitzelte mit meinem alten Messer am Holz herum, ehe ich es ins Feuer steckte, und sah in die Flammen und sah mein Leben und meinen Ehrgeiz und mein Wissen und mein ganzes Ich allmählich verbrennen und zu reinlicher Asche werden. Und wenn auch das Ich, der Ehrgeiz, die Eitelkeit und der ganze trübe Lebenszauber mich nachher wieder und wieder einspann, so war doch eine Zuflucht gefunden, eine Wahrheit erkannt, und die Heimat, die zu gründen und zu besitzen mir im Leben nie hatte glükken wollen, begann mir im eigenen Herzen zu wachsen.

Wenn ich nun das Gartenmesser, das mich diesen langen Weg begleitet hat, so sehr vermisse, so ist das weder heroisch noch weise. Ich will aber heute nun einmal weder heroisch noch weise sein, dazu ist morgen wieder Zeit. *(1924)*

Untersee

Beinahe acht Jahre habe ich nun am Untersee zwischen Konstanz und Stein gewohnt, und wenn ich nun ans Abschiednehmen denke und zum letzten mal meinen Garten bestelle, so tue ich's nicht aus Müdigkeit, weil mir die Gegend verleidet wäre, sondern aus Bedürfnis nach Menschennähe. Die Landschaft des Untersees wird mir zeitlebens fehlen, es sprechen an wenigen Orten so stark wie hier zu jedem Fenster herein See und Wald, Himmel und Wiese zu mir. Ich weiß nicht, ob ich jemals wieder ein Studierzimmer finden werde, zu dem von allen Seiten eine so weite, lichte, unverdorbene Landschaft hereinschaut, und ich meine schon im voraus zu fühlen, wie der Anblick des weiten Wassers, über dem alle Lufterscheinungen so rein und farbig wirken, mir später überall fehlen wird. Auch denke ich beim Spaten und Rechen mit betrübten Zweifeln daran, daß ich kaum irgendwo wieder ein so rein ländliches Gärtnerleben werde führen können, wie ich es hier den größten Teil des Jahres hindurch getan habe.

Aber alles Schöne zumal kann man eben nirgends haben, und ich glaube zu wissen, was ich tue, wenn ich das alles zum Opfer bringe, um irgendwo in einer guten, nicht zu großen Stadt Freunde und Nachbarn, Gespräch und Musik zu finden. Und es kann nichts schaden, wenn man ein Stück Besitz und Lebensführung aufgibt, sich noch einmal alles vor Augen zu halten, was man daran gehabt hat.

Nun, ich habe hier viel gehabt. Ich finde heute noch wie vor Jahren unsern Untersee schöner als irgendeinen anderen Teil des Bodensees, und besonders unser badisches Ufer, der »Höri«, wo kilometerweit fast ohne jede künstliche Unterbrechung das stille, flache Ufer unzerstört wie in Urzeiten mit Schilf und Gebüsch, mit jungem Fischgewimmel und mit Enten- und Kiebitznestern sich erstreckt. Unser Seeufer wird durch keine Bahn, durch keine Straße, durch keine Kaimauer noch andere Anlagen geschädigt, es spiegelt sich mit Pappeln, Weiden, Erlen, Wiesen und Schilf im seichten Wasser, kaum dass da und dort, weit voneinander entfernt, kleine Badehütten stehen. Gegenüber im Osten liegt die Reichenau mit Kloster und Dörfern, südlich drüben das Schweizer Ufer mit lauter schönen, alten, wohnlich freundlichen Dörfern und Städten, da und dort auf den Höhen zwischen Baumwipfeln ein alter Herrensitz, wie der Arenenberg und der Salenstein, an allen Hügeln trotz der Nordlage noch reichliche Reste des ehemals blühenden Weinbaues. In unserem Rücken liegt waldig und wenig bewohnt der langgestreckte Schienberg, der uns von der Welt abschneidet und in dessen weiten Wäldern wir im ersten Frühjahr Seidelbast und Schneeglöckchen, im Frühsommer Erdbeeren und Haselnußstecken

Hesse bei der Lektüre in seiner Gartenterrasse (Scherenschnitt von Otto Blümel).

für die Buben, im Herbst gute Pilze und schöne Ebereschenzweige holen. Im Winter ist der Schienberg auch ein ganz gutes Skigelände, doch haben wir wenig Schnee. Nahe bei Öhningen liegt ein alter Steinbruch, der wegen seiner Versteinerungen berühmt ist, in Stein am Rhein steht Haus an Haus in mittelalterlichem Reiz. Hierher kommen denn auch im Sommer Gäste genug, die Sonntagsschiffe sind immer voll, und wir können dort die Welt begrüßen, von der wir abgeschnitten sind. Denn zu uns, nach Gaienhofen und Horn, nach Iznang und Grundholzen, kommt fast kein Mensch, wir haben keine Eisenbahn und wissen nicht, ob wir je eine haben werden, obwohl eben jetzt wieder Aussichten dafür sich zeigen.

Vom Kulturleben des Bodensees, das ohnehin nicht eben heftig rauscht, dringen nur schwache Töne zu uns herüber. Wir sehen manchmal den Grafen Zeppelin schon in aller Morgenfrühe seine Luftschiffe spazieren führen, und es gibt nichts Schöneres, als das einmal selber zu probieren und ein paar Stunden in der Höhe zu reisen. Doch gibt man sich hier damit noch wenig ab, und ich glaube, noch der einzige Bewohner des badischen Untersee-Ufers zu sein, der das gekostet hat, und auch ich bin in allen den Jahren nur zweimal in Friedrichshafen gewesen. Denn das Wasser verbindet die Leute nicht; es trennt sie voneinander, zumal in den langen Wintermonaten, wo wenig Schiffe gehen und wo auch die wenigen durch Nebel und Sturm sich oft verspäten oder des Eises wegen gar nicht fahren können.

In Konstanz gibt es im Sommer Gelegenheit, ein Stück Welt auf Reisen zu sehen, und im Winter bekommt man je und je recht gute Musik dort zu hören. Während der warmen Jahreszeit kommen auch manche Maler an den See, auf unsere Höri aber sehr wenige. Den Untersee haben die Basler Maler Meyer und Voellmy oft und gut gemalt, am besten aber hat ihn Bruno Goldschmidt verstanden, dessen frech und sorglos mit Wassertempera gemalte Bilder unsere typischen Luftstimmungen oft erstaunlich frisch und suggestiv wiedergeben.

Mitten in unserer schönen, von der Kulturwelt her so wenig besuchten und besiedelten Landschaft aber blüht doch ein Stück Kultur, und wie mir scheint, ein sehr wichtiges und schönes. Es sind in den letzten zehn Jahren zwei Landerziehungsheime am Untersee entstanden, vorzügliche moderne Erziehungsschulen nach Lietzschem System, in Glarisegg drüben eine für Knaben und hier in meinem Gaienhofen eine für Mädchen. Diese vortrefflichen Schulen, zusammen mit ihren Schwesternanstalten in Norddeutschland und Bayern, stellen nach meiner Meinung den aussichtsvollsten und wertvollsten Versuch einer grundsätzlichen Erneuerung des Schul- und Erziehungswesens dar, hier gedeiht ein gesundes Leben, dem die Zukunft gehören wird. Oft sehe ich den Mädchen drunten, die in ihrem schönen alten Schloß wohnen und ihre Schuljahre in dieser herrlichen Landschaft verleben dürfen, mit einem gewissen Neide zu; es wird ihnen viel erspart, und es wird ihnen vieles gelehrt, was wir entbehren mußten; sie sind denn auch alle anhänglich und denken gern an ihre hiesigen Jahre zurück, sie besuchen den Untersee häufig wieder, und ein heimlicher Kern dieser jungen Gesellschaft arbeitet da und dort schon wieder im Sinne ihrer Erziehung weiter. Die badische Schulbehörde ist mit Einsicht der neuen Unternehmung entgegengekommen, die Sache gedeiht, und wir sehen, zumal im Sommer, häufig Eltern aus allen Ländern hier ihre Kinder besuchen und deren Leben verwundert und dankbar mit den wachgerufenen Erinnerungen der eigenen Schülerjahre vergleichen.

Das Schönste, was der Winter uns hier bringen kann, ist eine »Seegfrörne«. Es kommt nicht jedes Jahr dazu, aber wenn es einmal glückt, gibt es nichts Herrlicheres, als den weiten Seespiegel mit frischem Eise vor sich

Rechte Seite: »Seegefrörne« mit Schlittschuhläufern auf dem zugefrorenen Bodensee.

zu haben und meilenweit darauf losfahren zu können. Dann vermißt niemand mehr die Dampfschiffe, die freilich vom ersten Beginn der Eisbildung an ausbleiben.

Noch schöner ist eine Rheinfahrt im Sommer von hier nach Schaffhausen. Man kann sie im Dampfboot machen, und auch so ist sie wundervoll; schöner aber ist sie im kleinen Ruderboot, zu dreien oder vieren, mit einem Topf Himbeeren und einer Flasche Wein unterm Rudersitz. Da fährt man ein paar Stunden lang auf dem See und dann auf dem raschen, kräftig treibenden Rhein abwärts durch eine lichte, edle Landschaft, unter alten Brücken durch und an alten Städten und Kirchen vorüber, durch Waldufer und Binsen. Das möchte ich diesen Sommer noch einmal haben, an einem schönen, warmen Tage, wo man mehr im Wasser als in den Kleidern ist, und dann will ich Abschied nehmen von meinem kleinen, grünen Ruderboot, von See und Rhein und von vielen Erinnerungen, deren beste ich doch mit mir nehmen werde und nie verlieren will. *(1911)*

Gartenansicht von Hesses Haus am Erlenloh.

Der Ort, an den der Postbote Ihre Sendung brachte, würde Ihnen gefallen, ich habe Wiesen und ein Dutzend Kilometer See vor den Fenstern und ums Haus her meinen bäuerlichen Garten mit vielen Dahlien, Sonnenblumen, Malven und Nelken, auch drei Buben drin, die den Himbeeren nachstellen. Die Außenseite meines Lebens hier ist hübsch und verlockend, und ich weiß nicht, ob ich es in Bern halb so schön haben werde. Zwar habe ich dort ein altes, etwas verwahrlostes Berner Landhäuschen weit vor der Stadt gemietet, mit Garten und alten Bäumen, aber im Augenblick ist doch die Anhänglichkeit an das Bisherige größer als die Freude aufs Neue.

(Aus einem Brief Hesses vom 23. 7. 1912 an Heinrich Wolfgang Seidel)

Sommers Ende

Gleichtönig, leis und klagend rinnt
Den lauen Abend lang der Regen,
Hinweinend wie ein müdes Kind
Der nahen Mitternacht entgegen.

Der Sommer, seiner Feste müd,
Hält seinen Kranz in welken Händen
Und wirft ihn weg – er ist verblüht –
Und neigt sich bang und will verenden.

Auch unsre Liebe war ein Kranz
Auflodernd heißer Sommerfeste,
Nun löst sich sacht der letzte Tanz,
Der Regen stürzt, es fliehn die Gäste.

Und eh wir der verwelkten Pracht
Und der erloschenen Glut uns schämen,
Laß uns in dieser ernsten Nacht
Von unsrer Liebe Abschied nehmen.

Umzug

Es gibt nichts Häßlicheres als das Verlassen eines Hauses, in dem man jahrelang gewohnt und gearbeitet hat. Da, wo dein schwerer Schreibtisch von den Arbeitern weggerückt wurde, gähnt ein leerer weißer Fleck auf dem Fußboden, aus allen Wänden ziehst du mühsam und unwillig die Nägel wieder heraus, an denen deine Bilder hingen, und die du vor Jahren bedachtsam und vergnügt eingeschlagen hast. In den heiligsten Räumen liegen Schmutz und Stroh, Holzwolle und Papierschnitzel auf dem Boden. Verdrossen gehst du durch die Stuben, die so scheußlich leer stehen und in denen deine Schritte ungewohnt widerhallen, und hast immerfort das Gefühl, du seiest nun zum letzten mal hier drinnen und es müsse irgendein schöner und feierlicher Abschied stattfinden; aber nichts klingt in dir, nichts als Überdruß und der sehnliche Wunsch, du möchtest schon weit fort und alles vorüber sein.

So ging es auch mir, als ich mein Häuschen am Bodensee ausräumte. Ich floh schließlich in den Garten. Auf dem zertretenen Sandhaufen der Kinder standen Kisten und eingenähte Möbel, jenseits der beschädigten Buchenhecke wartete grau und drohend der Möbelwagen. Ich ging die Hecke entlang, die ich vor fünf Jahren gepflanzt hatte, zum Holzschuppen. Da lag wenigstens noch ein Vorrat Holz, den ich gesägt und gespalten hatte, aber Beil und Axt, Säge und Schaufel, Spaten und Rechen waren alle schon weggeräumt, und vorn auf dem Sandweg, den ich in der letzten Zeit vernachlässigt hatte, wuchs Gras. Daneben aber standen in zwei langen, stolzen Reihen meine roten Malven, eine mächtige Allee, die ich alle aus Samen gezogen hatte und aus deren Samen ich mir eine ähnliche Pflanzung am neuen Wohnort zu ziehen gedachte. An den schweren Sonnenblumen hingen die Meisen und pickten Körner, an den Stauden hingen späte, blutrote Himbeeren, die Jungfernreben an der nördlichen Hauswand begannen auch schon purpurn zu glühen. Auf einem vergrasten Weglein zwischen den Gemüsebeeten fand ich im wehmütigen Schlendern einen Gummiball und ein zerbrochenes Holzpferdchen liegen, von den Kindern. Die waren nun schon seit Tagen fort und hatten die alte erste Heimat über dem Warten auf die neue schon vergessen. Hier hatte der älteste Bub mir beim Säen und Gießen der Gemüse geholfen, dort lag sein eigenes kleines Gärtchen mit Sonnenblumen und Dahlien.

Und jenseits der Hecke schlief in seinem Herbstgrau das stille Land und der See, auf den ich nun manche Jahre lang zu allen Jahreszeiten und bei jedem Tun den Blick gehabt habe. In der Ferne stand klein und schattenhaft der Konstanzer Münsterturm, nahe gegenüber der graue, kühne Turmhof

Das von der Hesse-Familie im September 1912 bezogene Haus des Malers Albert Welti am Melchenbühlweg bei Bern.

von Steckborn, über der Reichenau hing Regennebel, und ringsum war kein Ort, den ich nicht tausendmal gesehen hatte und dessen Bild mir nicht mit tausend kleinen Erlebnissen verbunden war. Über diesem stillen, weiten Seespiegel hatte ich Jahr für Jahr den Föhn und den Nordwind, den Regen und den Schnee, den Nebel und die Sonnenglut betrachtet, an hundert kleinen Buchten hatte mein Boot auf mich gewartet, während ich im Grase ausruhte oder im See draußen schwamm; überall hatte ich meine Wettermerkmale und Gedenkplätze.

Es war unerträglich, dazwischen das Klopfen und die scheltenden Stimmen der Packer zu hören. Ich nahm meinen Koffer mit, fuhr über den See und stieg im alten, berühmten »Adler« in Ermatingen ab, um die letzten Tage am See noch zu genießen. Mit einem Freunde, der die Gegend kennt und liebt, fuhr ich im Wagen über Land, durch die beste Weingegend, und sprach da und dort in stillen Landwirtshäusern ein Abschiedswort mit den Rotweinen des vergangenen Jahres, mit dem Bachtobler und dem Neftenbacher, mit dem Traminer und dem Schiller. Und so kam schließlich trotz Regen und Kälte und Umzugssorgen ein schöner, bedächtiger Abschied zustande, dessen ich mich nicht zu schämen brauchte.

Zwischen dem Auszug am See und dem Einzug in Bern erlebte ich ein paar Tage beschaulichen Reisens. Es war soeben der deutsche Kaiser dagewesen, und die noch anwesenden Journalisten waren von der Direktion der Jungfraubahn zu einer Fahrt und einem Imbiß droben eingeladen worden.

Blick vom Garten auf das Haus am Melchenbühlweg mit Hesses Söhnen Heiner und Bruno auf der Treppe.

Man nahm mich mit, da der Zufall es wollte, und ich fuhr durch verregnete Täler den wilden Berg hinan, in den Schnee und in den tiefen Nebel hinein, bis wir oben dickes Schneetreiben und 6 Grad Kälte antrafen. Vom Berg und von der Aussicht war nichts zu sehen, aber ich atmete wieder einmal unvermutet Schneeluft und Bergkälte und sah mit Erstaunen das kühne Werk dieser Bergbahn, die ich wieder besuchen und von der ich ein andermal reden werde. Nach der Suppe fuhr ich weg und suchte das Tal von Grindelwald auf, wo ich vor Jahren als Kranker schöne Winterwochen zugebracht hatte, hielt zwei Tage im alten Thun Rast und fand mich nun, durchgeweht und von allen Abschiedsgedanken gereinigt, am neuen Wohnort ein.

Ausziehen ist kein Vergnügen, es ist sogar scheußlich. Aber die Dinge haben zwei Gesichter, und so widerwärtig das Ausräumen ist, so hübsch und amüsant scheint mir das Einziehen. Zwischen Handwerkern und Arbeitern traf ich meine Frau am Werk; man war so weit, daß im Hause zur Not geschlafen und gegessen werden konnte. Und so begannen wir das Einräumen. Ein altes Berner Landhaus, weit von der Stadt in den Feldern gelegen, mit einem streng symmetrisch angelegten alten Garten, einem laufenden Brunnen, Hunden und Vieh, einem Wäldchen von Ahornen, Eichen und Buchen. Eine Menge kleiner Stuben mit angegilbtem Getäfel und rissigen alten Tapeten, eine steinerne, sehr herrschaftliche Wendeltreppe, ein hübsches, lichtes Sälchen, sonst alles primitiv und bescheiden. An den Wänden hängen die Porträts von ehemaligen Besitzern des Hauses, mit Perücken und Jagdhüten, Ansichten vom Vesuv aus dem 18. Jahrhundert und alte Stiche, Glockenzüge aus Glasperlen und mit gestickten verblaßten Bändern.

Da wird nun rumort und gearbeitet, gemessen und ausprobiert, und alles, was man tut, ist vergnüglich und macht Spaß, weil es provisorisch ist und zu nichts verpflichtet, und überall, wo man etwas fertig gerückt, gestellt, gespannt und geklopft hat, sagt man dazu: »Fürs erste ist's gut, später kann man ja immer noch ändern.«

Die großen schweren Bildnisse mit den Perücken werden im Treppenhause, am Kamin des Sälchens, im Schlafzimmer probeweise aufgehängt, schlimme Stellen an den Tapeten werden nach Möglichkeit mit Bildern

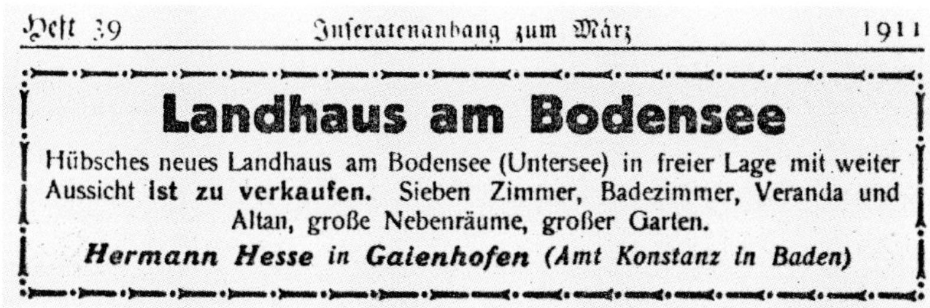
Heft 39 Inseratenanhang zum März 1911

Landhaus am Bodensee

Hübsches neues Landhaus am Bodensee (Untersee) in freier Lage mit weiter Aussicht **ist zu verkaufen.** Sieben Zimmer, Badezimmer, Veranda und Altan, große Nebenräume, großer Garten.

Hermann Hesse in Gaienhofen (Amt Konstanz in Baden)

Verkaufsannonce des Gaienhofener Hesse-Hauses im Inseratenteil der Zeitschrift »März«, München.

und Möbeln zugedeckt, da und dort knabbert man an einer geöffneten Bücherkiste und findet zwischen Packpapier alte Freunde wieder, sinkt zwischenhinein erschöpft in einen Stuhl und muß immerfort nach Dingen und Werkzeugen suchen, die man eben noch in der Hand gehabt hat.

In einer Pause geht man dann einmal auf die Veranda, die von einem alten Glyzinenbaum über und über eingewachsen ist, und späht, ob vielleicht das Wetter hell werde, daß man die Berge sieht. Oder man schaut in den verwilderten Garten und überlegt ein wenig, was sich bei gutem Willen daraus machen ließe, man findet Obst unter den Bäumen und späte Blumen in den Rabatten, verwildertes Erdbeergeschlinge mit verspäteten kleinen Früchten und Kastanien, die blankbraun aus geborstenen Hülsen leuchten. Man denkt sich ein fleißiges und verträgliches Leben und hat Lust zu guten Vorsätzen. Vor sich, in kleiner Entfernung, weiß man die Stadt mit Musik und anderen Genüssen, und drüben auf der anderen Seite in tröstlicher Nähe weiß man die Jungfrau und den Eiger, das Wetterhorn und alle die vielen grünen Täler und Alpen des Oberlandes. *(1912)*

Mit Deiner Analyse des Ethnologischen in mir wirst Du ziemlich recht haben, ich schätze mich ähnlich ein, eben darum herrschen die 50 Prozent Luftikus vor und jagen mich wahllos in der Welt herum.[1] Nach Schwaben kann ich nicht, weil meine Frau das nicht will; in der ganzen Sache höre ich vor allem auf sie, sie möchte auch die Kinder zu Schweizern machen. Mir ist es einerlei, da ich das Gefühl habe, daß ich selbst doch nirgends anwachsen kann, so sollen wenigstens Frau und Kinder es versuchen. Ich selber werde wohl immer viel reisen und wandern, und das Verhältnis zu meiner Familie beschränkt sich seit Jahren mehr und mehr darauf, daß ich mich plage, das Geld für ihren Unterhalt zusammenzubringen, was durch den Umzug in das teure Bern noch gesteigert wird [...]. Da ich im Grund gesellig bin und kein Talent habe, nein zu sagen und mich durchzusetzen, wäre eine große deutsche Stadt für mich lockend, aber gefährlich; und in

1 Anläßlich von Hesses Umzugsplänen in die Schweiz hatte Conrad Haußmann ihm geschrieben: »Ich zerlege Dich in Gedanken, erkenne das Schweizerische und das Schwäbische in Dir und finde 35 % Schwäbisches, 15 % Schweizerisches und 50 % Undefinierbares, aber doch ziemlich stark Deutsches in Dir stekken.«

eine kleine zu gehen, hat keinen Sinn. Die Heimat will ich mir nicht dadurch verderben, daß ich meinen Werktag dahin verlege; Kindheit und Schwarzwald sind für mich Heiligtümer erster Ordnung, die ich nimmer gefährden will.

(Aus einem Brief Hesses vom 10. 6. 1912 an Conrad Haußmann)

Jetzt habe ich Ihr Bodenseebuch ausgepackt und habe es mir gut angesehen [und mich] an meine eigene Bodenseezeit erinnert, die freilich schon beinahe prähistorisch ist (ich habe den See und Deutschland 1912 verlassen und seither immer in der Schweiz gelebt).

Ich nehme an, Sie seien die Tochter des berühmten Luftschiffers. Mit dem habe ich auch einmal einen kleinen Flug gemacht, so etwa um 1910 herum [...], woran mir eine angenehme Erinnerung geblieben ist.

(Aus einem Brief Hesses an Lotte Simon geb. Eckener, um 1937)

See- und Himmelsweite, Duft von Wasser und Tang, wehendes Schilf, Schreiten auf feuchtem Ufersand, über mir im unendlichen Himmel die Wolken und ein paar Vögel – wie sehr habe ich das einst geliebt! Seither habe ich, ohne es so recht zu wissen, immer in Landschaften etwas näher beim Hochgebirge gelebt, deren Charakter das Feste, genau Umrissene war, die nicht wie die hiesige vor allem aus Himmel, Luft, Dunst, Wind, Bewegung bestanden. Es ist mir zur Zeit nicht um das Grübeln und Deuten zu tun, es ließe sich sonst über diese Rückkehr aus einer statischen in eine dynamische Welt manches Hübsche phantasieren. Da ist es denn nun wieder und spricht mich in unvergessener Sprache an, das Grenzenlose Meerähnliche, Feuchte, Spiegelnde, sich Verschleiernde und Entschleiernde, ewig Verändernde und Wechselnde einer Welt, in welcher Wasser und Himmel alles andre beherrschen.

(Aus »Beschreibung einer Landschaft«, 1946)

Gruß vom Bodensee

Aus Konstanz kommt ein literarischer Gruß zu uns herüber, das »Bodenseebuch 1915«, der zweite Jahrgang eines schönen Kalenders, den K[arl] H[einrich] Maurer begründet hat und herausgibt. Da ich selber diesmal im Bodenseebuch bloß mit ein paar Versen vertreten bin, darf ich das schöne Buch empfehlen, ohne Partei zu sein. Daß es für Bern noch etwas Besonderes bietet, wird man gleich erfahren. Zunächst betrachten wir das hübsche Buch, das mit einem illustrierten Kalendarium beginnt und im Übrigen aus Dichtungen, Aufsätzen, Bildern der am See wohnenden oder sonst dorthin gehörenden Künstler und Literaten besteht. Der Untertitel »Ein Buch für Land und Leute« weist schon ein wenig darauf hin, daß es weniger auf eine zufällige literarische Anthologie von Leuten, die in Konstanz ihren Abendschoppen trinken, abgesehen ist, als auf ein Buch, das den Einheimischen und den Freunden des Bodensees das innere Wesen der Seegegend erschließen hilft. Ganz ist es das noch nicht, aber dieser Jahrgang macht schöne Anläufe dazu und verdient schon darum Beachtung. Die Bilder sind gut, einige sehr feine Aufnahmen von verschwiegenen Seewinkeln darunter, und sehr gut paßt als künstlerische Mitte und rein alemannische Beigabe das vortreffliche Bild Ernst Würtenbergers hinein. Die poetischen Beiträge sind, wie sie in solchen Büchern sein müssen, vom Zufall abhängig. Es fehlt Emanuel von Bodman, der liebe Lyriker vom See, es fehlt auch Ludwig Finckh, der einzige zugewanderte Dichter, dem die Gegend am See wirklich und völlig zur Wahlheimat geworden ist. Indessen, trotz aller Zufälligkeit hat man vom Ganzen merkwürdig stark den Eindruck einer Einheitlichkeit, und noch ohne die Bilder zu betrachten, fühlt man sich bald von der eigentümlichen Bodenseeluft umweht, von dieser weichen, blaudunstigen, feucht malerischen Luft voll Opal und Perlmutter, und wer einmal eine entscheidende Zeit seines Lebens an jenen milden Ufern gewohnt und jene weiche Luft geatmet hat, den überfällt für Augenblicke Erinnerung und Heimweh mit Liebesmacht. Unter den Lyrikern des Almanachs entdeckt man mit Vergnügen als markante Figur den alemannischen Landsmann Dominik Müller aus Basel, unter den Erzählern begrüßt man mit Freude den tapferen Wilhelm Schussen, den lieben Schwärmer Hans Heinrich Ehrler, den Stilsucher und Former Wilhelm v. Scholz. Der Herausgeber Maurer bringt von sich eine feine, empfundene Jugendgeschichte, und glücklicherweise fehlt die charakteristische Figur Fritz Mauthners nicht, er sitzt zwischen der schönen Bodenseeträumerei wie das Salzkorn in der Suppe.

Unter den Malern fällt kein neuer auf, doch werden viele hier zum er-

Der Schutzumschlag.

stenmal K[arl] Einhart kennen lernen, soweit eine Reproduktion das vermitteln kann, und werden Freude an diesem Gestalter und Dichter haben. Gern sähe man Rudolf Sieck wieder mehr im Kalender vertreten, und auch Bruno Goldschmitt muss einmal mittun.

Ganz recht, denken nun die Berner, aber was sollen wir hier mit diesem Konstanzer Bodenseebuch anfangen? Nun, es ist erstens ein schönes, dabei wohlfeiles Buch, mit dem man zur Weihnacht eine Freude machen kann, und außerdem ist es eins der wenigen neuen Kalenderbücher aus Deutschland, das noch ganz und gar vor dem Kriege entstanden ist, so daß der Verleger im letzten Augenblick nur noch einen verzweifelten Ruf an den Leser anheften konnte, in dem er heftig bedauert, daß in dem Bodenseejahrbuch gar nichts vom Kriege steht. Wir aber schätzen gerade das, und es paßt für einen Kalender aus jener Gegend um so besser, als der See ja doch zu einem guten Teil schweizerisch ist.

Weiter aber enthält dieser Kalender, als besten Beitrag, einen größeren Aufsatz von Otto von Greyerz. Jetzt horcht man schon auf. Und man erinnert sich, daß Otto von Greyerz seit Jahren am Untersee sitzt und, wie es einem Manne zukommt, einer geliebten und großen Idee die äußere Zugehörigkeit zur Vaterstadt geopfert hat. Sein Aufsatz heißt »Meine Sprachgeschichte«, und Greyerz erzählt darin in einer gesunden, erlebten, kraftvollen Sprache, wie er Deutsch gelernt hat, wie ihm die Welt von Kindesbeinen an auf dem Wege der Sprache zu eigen geworden ist, wie er zwischen Stadtbernisch, Berner Patrizierdeutsch, Hochdeutsch, Mattenenglisch und (von der Mutter her) Zürcherdeutsch aufgewachsen ist, wie er als spielendes Kind, als lernender Schüler, als Student in Deutschland und Paris, in exotischen Wanderjahren in Konstantinopel und anderwärts, wie er überall mit langsam wachsendem Bewußtsein an der Sprache hing und sich um sie gemüht hat, aber nicht an der der Bücher, sondern an der, die von Mund zu Ohr geht. Der Dialektforscher und Volksliedsammler, der mundartliche Dichter und der Lehrer Greyerz zeigt sich in dieser Erzählung seiner »Sprachgeschichte« von seiner fruchtbarsten und schönsten Seite, als der Forscher und Liebhaber, dem nur im Erleben Werte zuwachsen können, den immer das Leben anzieht, nicht irgend ein Abstraktum. Im Erzählen seiner Erinnerungen verweilt er natürlich bei der heimatlichen Mundart mit besonderer Liebe, und er spricht jedem Dichter, jedem

aus Quellen volkstümlicher Sprache schöpfenden Liebhaber der Mundart tief aus dem Herzen, wenn er neben die feiertägliche Kühle des Hochdeutschen das herrliche Hausbrot des Berner Dialektes stellt. Was ist die Schriftsprache mit ihrem armen, gotteseinzigen Ausdruck »Mann« gegen das Berndeutsch, das je nach Stimmung, Wertschätzung und Absicht die Wahl hat zwischen Ma – Mano – Mannli – Männli – Mändel – Mandeli – Mantschi – Manoggel – Manöggeli!

Und wie schön und richtig ist es, wenn Greyerz ein Mißtrauen gegen die Allerweltsprache der meisten Vielschreiber und ein tiefes Vertrauen in die Redlichkeit der Mundarten so deutet, daß es gar nicht so leicht sei, jemand ins Gesicht hinein anzulügen, während das schriftliche Lügen gar leicht gehe. Er bekennt sich zum Leben, nicht zur Literatur, und wäre damit ein liebenswerter Sonderling und Dialektonkel, wenn er nicht »Literatur« und Dichtung genau zu scheiden wüsste. Das erst gibt ihm die Reife einer männlichen und edlen Kultur, das erst macht ihn uns ganz liebens- und vertrauenswert, daß neben seiner instinktiven Liebe zur Mundart eine früh ausgebildete, lang und treu gepflegte Liebe zur deutschen Dichtung steht, eine tiefe Verehrung für die Würde und Geistigkeit der deutschen Schriftsprache in ihren edelsten Äußerungen.

Ich habe lange nichts so Liebenswertes und Erfreuliches gelesen wie diese Aufzeichnungen des Glarisegger Lehrers, und es freut mich und macht mir ein kleines Extravergnügen, daß sein Gruß von meinem Bodensee her kommt, und ich zweifle nicht daran, daß die jetzige Trennung von der Heimat sich als gesteigerte Intensität, als erhöhte Liebe zur Heimat und heimischen Mundart fruchtbar erweisen wird. *(1914)*

Quellennachweis

Alemannisches Bekenntnis: Erstdruck in »Alemannenbuch«, herausgegeben von Hermann Hesse, Seldwyla Verlag, Bern 1919. In Hermann Hesse, »Sämtliche Werke«. Herausgegeben von Volker Michels, Suhrkamp Verlag, Frankfurt am Main, 2003. Bd. 12, S. 115 ff.

Die erste legitime Werkstatt meines Berufes: Aus »Beim Einzug in ein neues Haus«, 1931. In H. Hesse, »Sämtliche Werke«, a. a. O. Bd. 12, S. 134 ff.

Das Haus am Erlenloh: Aus »Beim Einzug in ein neues Haus«, 1931. In H. Hesse, »Sämtliche Werke«, a. a. O. Bd. 12, S. 134 ff.

Besuch bei einem Dorfarzt: Aus »Ein paar Erinnerungen an Ärzte«. Erstdruck in »Ciba-Symposium«, Basel vom Dez. 1960. In H. Hesse, »Sämtliche Werke« a. a. O. Bd. 12, S. 515 ff.

Septembermorgen am Bodensee: Erstdruck in »Neue Freie Presse«, Wien vom 22. 9. 1904. In H. Hesse, »Sämtliche Werke« a. a. O. Bd. 13, S. 48 ff.

Herbstnächte: Erstdruck in »Neue Freie Presse«, Wien vom 2. 12. 1904. In H. Hesse, »Sämtliche Werke«, a. a. O. Bd. 13, S. 55 ff.

Vor meinem Fenster: Erstdruck in »Zeit«, Wien vom 12. 1. 1905. In H. Hesse, »Sämtliche Werke« a. a. O. Bd. 13, S. 63 ff.

Am Ende des Jahres: Erstdruck u. d. T. »Abends« in »Die Rheinlande«, Düsseldorf vom Januar 1905. In H. Hesse, »Sämtliche Werke«, a. a. O. Bd. 13, S. 69 ff.

Wenn es Abend wird: Erstdruck in »Neue Freie Presse«, Wien vom 10. 3. 1905. In H. Hesse, »Sämtliche Werke«, a. a. O. Bd. 13, S. 42 ff.

Winterglanz: Erstdruck u. d. T. »Ein Wintertag« in »Neues Wiener Tagblatt« vom 22. 1. 1905. In H. Hesse, »Sämtliche Werke«, a. a. O. Bd. 13, S. 73 ff.

Am Gotthard: Erstdruck in »Neue Freie Presse«, Wien vom 11. 2. 1905. In H. Hesse, »Sämtliche Werke«, a. a. O. Bd. 13, S. 76 ff.

Dem Sommer entgegen: Erstdruck in »Neue Freie Presse«, Wien vom 7. 7. 1905. In H. Hesse, »Sämtliche Werke, a. a. O. Bd. 13, S. 85 ff.

Der Schnitter Tod: Erstdruck in »Neues Wiener Tagblatt« vom 11. 6. 1905. In H. Hesse, »Sämtliche Werke«, a. a. O. Bd. 13, S. 87 ff.

Ein Bummeltag: Erstdruck u. d. T. »Hochsommer« in »Frankfurter Zeitung« vom 25. 6. 1905. In H. Hesse, »Sämtliche Werke«, a. a. O. Bd. 13, S. 93 ff.

Sommerreise: Erstdruck in »Münchner Neueste Nachrichten« vom 23. und 24. 8. 1905. In H. Hesse, »Sämtliche Werke«, a. a. O. Bd. 13, S. 97 ff.

Herbstbeginn: Erstdruck in »Neues Wiener Tagblatt« vom 10. 9. 1905. In H. Hesse, »Sämtliche Werke«, a. a. O. Bd. 13, S. 112 ff.

Seeüberfahrt: Aus »Eine Fußreise im Herbst«. Erstdruck in »Die Rheinlande«, Düsseldorf vom Februar 1906. In H. Hesse, »Sämtliche Werke«, a. a. O. Bd. 6, S. 529 ff.

Sturm: Aus »Eine Fußreise im Herbst«. Erstdruck in »Die Rheinlande«, Düsseldorf vom März 1906. In H. Hesse, »Sämtliche Werke«, a. a. O. Bd. 6, S. 534 ff.

Nebel: Aus »Eine Fußreise im Herbst«. Erstdruck in »Die Rheinlande«, Düsseldorf vom März 1906. In H. Hesse, »Sämtliche Werke, a. a. O. Bd. 6, S. 554 ff.

Wintertage in Graubünden: Erstdruck u. d. T. »Winternotizen aus Graubünden« in »Neues Wiener Tagblatt« vom 11. 2. 1906. In H. Hesse, »Sämtliche Werke«, a. a. O. Bd. 13, S. 122 ff.

Fastnacht: Erstdruck u. d. T. »Karneval« in »Simplicissimus«, München vom 10. 2. 1906. In H. Hesse, »Sämtliche Werke«, a. a. O. Bd. 13, S. 117 ff.

Reisebilder: Erstdruck in »Neues Wiener Tagblatt« vom 1. 1. 1907. In H. Hesse, »Sämtliche Werke«, a. a. O. Bd. 13, S. 133 ff.

Lindenblüte: Erstdruck u. d. T. »Abende im Sommer« in »Neues Wiener Tagblatt« vom 6. 7. 1907. In H. Hesse, »Sämtliche Werke«, a. a. O. Bd. 13, S. 148 ff.

Aus »Taedium vitae«: Erstdruck in »Die Neue Rundschau«, Berlin vom Juli 1908. In H. Hesse, Sämtliche Werke«, a. a. O. Bd. 7, S. 214.

Im Garten: Erstdruck u. d. T. »Gartenfrühling« in »Neues Wiener Tagblatt« vom März 1908. In H. Hesse, »Sämtliche Werke«, a. a. O. Bd. 13, S. 165 ff.

Reiselust: Erstdruck in »Neues Wiener Tagblatt« vom 23. 1. 1910. In H. Hesse, »Sämtliche Werke«, a. a. O. Bd. 13, S. 187 ff.

Winterbrief: Erstdruck in »Neues Wiener Tagblatt« vom 3. 3. 1911. In H. Hesse, »Sämtliche Werke«, a. a. O. Bd. 13, S. 196 ff.

Spazierfahrt in der Luft: Erstdruck in »Neues Wiener Tagblatt« vom 30. 7. 1911. In H. Hesse, »Sämtliche Werke«, a. a. O. Bd. 13, S. 190 ff.

Sommerbriefe: Erstdruck in »Neues Wiener Tagblatt« vom 20. 8. 1911. In H. Hesse, »Sämtliche Werke«, a. a. O. Bd. 13, S. 203 ff.

Wieder im Studierzimmer: Erstdruck in »Neues Wiener Tagblatt« vom 14. 1. 1912. In H. Hesse, »Sämtliche Werke«, a. a. O. Bd. 17, S. 71 ff.

Das verlorene Taschenmesser: Erstdruck in »Vossische Zeitung«, Berlin vom 14. 9. 1924. In H. Hesse, »Sämtliche Werke«, a. a. O. Bd. 13, S. 433 ff.

Untersee: Erstdruck in »Neues Wiener Tagblatt« vom 19. 3. 1912. In H. Hesse, »Sämtliche Werke«, a. a. O. Bd. 13, S. 284 ff.

Umzug: Erstdruck in »Neues Wiener Tagblatt« vom 13. 10. 1912. In H. Hesse, »Sämtliche Werke«, a. a. O. Bd. 12, S. 93 ff.

Gruß vom Bodensee: Erstdruck in »Der Bund«, Bern vom 24. 11. 1914. In H. Hesse, »Sämtliche Werke«, a. a. O. Bd. 17, S. 377 ff.

Gedichte: Die hier nicht einzeln aufgeführten Gedichte wurden den »Sämtlichen Werken«, a. a. O. Bd. 10 entnommen.

Inhalts-verzeichnis

* = Gedicht